NOESP

中国教育科研报告

ZHONGGUO JIAOYU KEYAN BAOGAO

2010年第2辑

全国教育科学规划领导小组办公室 组编

人民教育出版社

·北 京·

图书在版编目（CIP）数据

中国教育科研报告．2010年．第2辑/
曾天山，刘立德主编．
全国教育科学规划领导小组办公室组编．
—北京：人民教育出版社，2010
ISBN 978-7-107-23232-9
Ⅰ．①中…
Ⅱ．①全…
Ⅲ．①教育科学-科学研究-研究报告-中国-2010
Ⅳ．①G40-03
中国版本图书馆CIP数据核字（2010）第216089号

人民教育出版社 出版发行
网址：http://www.pep.com.cn
北京新华印刷有限公司印装　全国新华书店经销
2010年6月第1版　2010年6月第1次印刷
开本：890毫米×1 240毫米　1/16　印张：6.5　字数：185千字
ISBN 978-7-107-23232-9　定价：12.00元
如发现印、装质量问题，影响阅读，请与本社出版科联系调换。
（联系地址：北京市海淀区中关村南大街17号院1号楼　邮编：100081）

《中国教育科研报告》编委会

中国教育科研报告

人民教育出版社

出版人
李志军

总编辑
徐　岩

监制
魏运华

特约责编
王黎云

特约审稿
朱　珊

丛刊责编
赵云来

主审
吕　达

中国教育科研报告

目录

第5卷第2辑 ，2010

研究报告

成果公告

论点摘要

学界大视野

教育科研大家谈

教育著作评论

中国教育科研报告
第5卷第2辑
（总第18辑）

编辑部电话
010－62012570 62003308
传真
010－62003859 62019388
邮政编码
100088
地址
北京市北三环中路46号
电子邮箱
jks. qgb@ cnier. ac. cn
网址
http://onsgep. moe. edu. cn

目录

第5卷第2辑 ,2010

Report on Education Sciences Research in China

CONTENTS

Vol. 5, No. 2, 2010

Report on Education Sciences Research in China

CONTENTS

Vol. 5, No. 2 , 2010

高校毕业生雇佣能力养成导向的人才培养体系*

袁庆宏
（南开大学）

高等教育阶段是学生形成知识、技能、人生观、价值观的重要时期，高校在形成大学生职场胜任力和雇佣能力方面处于最重要的地位。但职场胜任力和雇佣能力的养成光靠高校单方主体是不够的，还需要高校、个人、用人单位三方主体形成联动作用。本课题组构建的雇佣能力养成导向的人才培养体系的主体即由学生个体、高校、用人单位组成。学生是雇佣能力养成的载体。学生入学前的个性特征、家庭背景、入学准备是其入学后的雇佣能力养成的基础。入学后是雇佣能力养成的重要阶段，通过知识、精神、技能三个层面的相互作用共同支撑学生的雇佣能力。而高

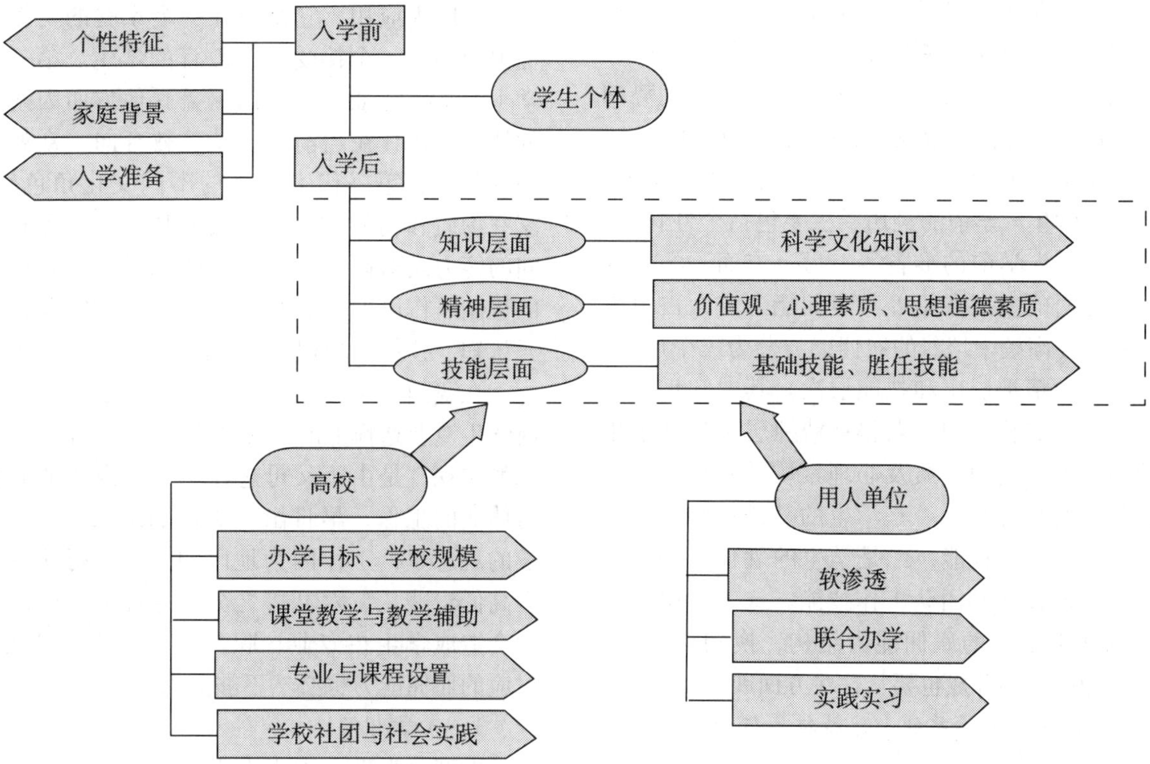

图1　雇佣能力养成导向的人才培养体系

* 本文是袁庆宏教授主持的国家社科基金“十一五”教育学规划一般课题“高校毕业生就业指导体系建设：雇佣能力开发、职业生涯指导、就业质量追踪的职能拓展”（课题批准号：BIA070031）结题报告的主要内容。

校作为学生雇佣能力培养的主体，通过办学目标、学校规模、课堂教学与教学辅助、专业与课程设置、校园文化与学生社团等方面进行能力构建。用人单位是雇佣能力的最终使用者和能力的评判者，现在，越来越多的用人单位开始逐渐走入校园，参与学生雇佣能力的培养。雇佣能力是一种与职业相关的综合能力，是一种适应性和灵活性，涉及能力本身，包括态度、个性等的可变化的核心技能群，即雇佣能力是个人具有的各种有益于就业的能力组合，在个人求职、就业、晋升发展的不同职业生涯发展阶段具有动态发展的倾向。显而易见，雇佣能力更多的关注学生的就业质量，对于与生产实际密切联系的职业教育来说有着极其重要的理论与现实意义。

一、个体在雇佣能力养成中的角色

对于学生而言，自我发展应该是贯穿一生的主要任务，而雇佣能力的培养则是社会对于个体的客观要求。学习生活和职业生活应该是人的发展的重要的有机组成部分。学生在雇佣能力养成的过程中，要明确自身的优势是什么，劣势在哪里，同时还要识别哪些因素对自己是机会或威胁。德鲁克指出，一个人只有在充分发挥自身优势的前提条件下，才能有成就、有绩效、作贡献。

对于学生个人来说，可雇佣性将分为两部分，一部分是学生入学前的经历，主要包括个性特征、家庭背景、入学前的准备等。另一方面，学生入学后各方面的发展在培养其雇佣能力方面占更大的比重。在高校中培养的雇佣能力分为三个层次：知识层次、精神层次和技能层次。其中知识层次主要是科学文化知识的获得；精神层次包括学生价值观、思想道德素质及心理素质的养成；技能层次包括两个部分，一是学生的基础技能，包括基本技能、思维技能，二是学生的胜任技能，包括个人管理技能和团队工作技能。这三个层次共同形成学生个体的雇佣能力结构，换句话来说，学生雇佣能力的养成也要从这些方面展开。

（一）学生入学前的个体特征和行为

1. 个体特征

学生入学前的个体特征包括学生的年龄、性别、宗教信仰、民族和种族、持续性、对受教育的渴望程度等。这些特征对于学生雇佣能力的养成都有着重要的作用。目前比较突出的问题是女大学生的就业问题，性别的因素使得女性在进入职场时、进入职场后都会面临许多压力和困难。学生对于接受教育的渴望程度也直接影响其养成雇佣能力时的效果。学生虽然是雇佣能力培养的接受方，但自身的能动作用才是能否形成能力的关键。但由于个性特征因素比较不易改变，在本课题组研究的过程中仅作为控制变量。

2. 家庭背景

家庭环境对于学生早期的价值观、人生观、思想道德素质等方面的影响是潜移默化的，学生在职业生涯上的许多选择都是建立在家庭的诉求之上、是家庭期望的体现。父母的教育方式直接影响到子女的性格、兴趣爱好的养成，家庭经济状况也是学生构建其职业生涯必须考虑的因素。

我国学者和教学工作者很早就关注学生的家庭背景因素，尤其对来自农村地区、贫困家庭、单亲家庭、少数民族地区的学生予以特别关注。但是对家庭的教育背景关注不够。国外的相关研究表明，学生的家庭教育背景对其学业坚持和大学期间的活动、表现、参与及最终能够取得学业和能力上的成果有极大影响。“第一代大学生”的概念被广为应用，它是指在一个家庭的受教育史上出现的第一个接受大学教育的学生。第一代大学生的某些特征往往可以涵盖其他方面因素导致的特征，尤其在当前我国精英教育向大众教育转型的阶段，第一代大学生的不同文化角色转换、家庭物质和精神支持、有效的利用资源和管理时间的能力及对高等教育的了解和对一些官僚机构的机制、作风的体验与学生的自我效能及他们的元认知、技能间的相互作用机制非常值得探讨。

在我国，家长普遍希望子女“成龙成凤”，目前学生专业选择上的“冷热门”，也多半是父母意志的体现，是由于父母想让子女能在毕业时找一份体面的工作，早日出人头地的结果。在许多家长的观念里，工作因为地区的差距、行业的差异有高低贵贱、三六九等之分，这种落后的观念必然会造成学生在专业、职业选择时的盲目性，相对应的雇佣能力也必然不够全面。

3. 入学准备

大部分学生在进入大学前都通过了统一的测试，合格者并不代表其完全能胜任大学的教育，现阶段的大学教学中就发现很多学生的阅读能力降低和英文的应用能力的弱化问题。这样的入学准备一方面自然可以通过大学前的教育来奠定基础，另一方面需要大学阶段的培养来弥补。否则带着这些“先天内伤”的学生在其大学和以后的职业生涯发展中迟早会遇到瓶颈。

学生受教育的渴望对其在大学阶段的成功很有影响。受教育渴望越强烈，学生坚持完成学业，对学科的理解就越投入，对促进能力和技能的活动的参与就越多，获得成功的可能就越大。当前，很多学生从高中到大学只是一种社会或亲人压力下的屈从，本身的受教育渴望极低，一旦进入大学后极可能迷失自我。

（二）学生入学后的雇佣能力构成成分

1. 知识层面

知识层面的雇佣能力主要指学生在校对科学文化知识的学习。学生在大学期间最主要的精力都放在了对科学文化知识的学习上，通过对高校设置的基础课程和专业课程的学习，逐渐形成对所学专业知识的系统把握。学生必须学会对新知识获取的能力，使自身具备更加科学的知识结构，掌握所学专业的知识体系。学习成绩不仅反映了学生获取知识能力，更体现了学生对自己负责与否的态度。本课题组通过访谈，了解到用人单位在招聘毕业生时，本科阶段的各科成绩一向是其选拔人才的重要参考指标。

2. 精神层面

精神层面的雇佣能力主要包括三个方面，即学生的价值观、思想道德素质及心理素质。在传统的人力资源管理中比较强调的是人与岗位的匹配，而现代人力资源管理则更多强调人与组织的匹配。这种匹配很大程度上是个人与组织价值观方面的匹配。因此，用人单位会在对毕业生深入考察后挖掘其所具有的价值观。同时，学生思想道德素质也是雇佣能力构建的重要方面。人格教育在我国素质教育的建设中占有重要的比重，培养自尊、自信、自强、诚信的大学生是教育工作者乃至全社会的共同责任。最后，学生的心理素质在近些年也越来越成为社会舆论的焦点。许多学生在校期间，由于没有得到很好的心理疏导，脆弱的心理素质甚至让其产生轻生的念头。而学生之间互相疏导永远都是排解脆弱学生心理困惑的主体，这种能力也必然成为雇佣能力很重要的组成部分。

3. 技能层面

学生雇佣能力的技能层面包括基础技能和胜任技能两个方面。基础技能，包括基本技能和思维技能。基本技能包括听、说、读、写、计算等方面的技能；思维技能包括创造性思维的能力、决策制定的能力、用心思考的能力及推理能力。胜任技能包括个人管理技能和团队工作技能。

在入学后，伴随课堂学习和课下实践，学生的听、说、读、写、计算等基本技能逐渐养成。一个人必须有足够的能力进行阅读，才能了解知识的发展、现有的就业机会，通过沟通将技能显化，为人所知。写作技能也是关乎每个职业领域的重要雇佣能力组成部分，学校经常举行的征文比赛就是训练学生在这方面雇佣能力的养成。职业目标定的越高，具备的写作技能也需更高。1981 年，格瑞夫（Graves）将写作定义为“解决问题的一系列行动”。为了解决“写作”问题，具有写作能力在写作前期，是选题、练习、存取信息和组织信息的阶段。其次是以书面形式专门拼写、书写、阅读、编辑和修改的阶段。写作不是一个单一的技能。它需要个人的手眼高度协调，也涉及准确恰当处理有效的信息的精神过程。计算技能包含评定需要测量计算的问题，运用合适的方法、工具及技术观察记录数据和估计并确认计算结果三个方面。

思维能力中的创造性思考过程是学生技能层次的雇佣能力的重要组成部分。雇佣能力从根本上说，是学生通过学习养成的思维能力。养成可雇佣性不是一种结果，而是一种终身学习的过程。不仅表现在找到一份合适的工作上，更多的是让学生成为善于思考的人。

个人管理技能是雇佣能力养成胜任技能方面的重要方面。学生在工作学习中体现的适应性，面对变化时的心态及能否对变化做出回应，能否在错误中不断学习、接受反馈、处理不确定性的能力，以及管理个人时间、管理个人财产、管理人脉的能力都是雇佣能力的组成部分。学生在未来的工作中能否胜任，很重要的是其自我控制、自我管理的能力。明确哪些是该做的事、哪些是不该做的事、哪些是想做还尚未做的事，都是学生对自己管理时应该思考的问题。随着信息技术的高速发展，个人管理信息的能力也逐渐被重视起来。学生要有针对性地培养自己运用技术、信息系统搜寻、聚集、组织信息的能力，存取、分析综合运用不同学科知识的能力。

胜任技能的另一个重要方面是学生的团队工作技能。首先，良好的沟通能力是形成团队工作技能的重要方面。沟通能力包括口头交流能力和倾听能力。口头交流使自己更容易被别人接纳，倾听是获取外部信息的重要途径。作为未来职场的一分子，具有高超的沟通能力是非常重要的。其次，团队合作能力在雇佣能力中的重要性也日益凸显。个人的技能和才智在团队的共同努力下，可以发挥更大作用，完成重大的任务和目标。理解团队工作的动态性、确保团队目标的清晰明确、尊重和了解团队成员的多样性和个体差异性，适当的领导和支持，激励团队达成高绩效等都是团队合作的组成部分。最后，团队管理能力还体现在参与项目和任务时发展、反馈、检验、修正与实施计划的能力，选择和使用适当工具和技术的能力，持续监督、寻求改善方式的能力。

大学期间是学生收获知识、养成技能、形成人生观、价值观的关键时期。通过四年的大学生活，学生的基础技能有很大程度的提高。学生在课堂上综合锻炼听、说、读、写及计算能力，逐渐学会自我管理、独立思考。在教育改革中，一直强调的一点是对学生创造性思维方式、决策能力的培养。在个人品质方面，学生通过参与学校的活动，与同学的交流，在心智上不断成熟。社会所呼唤的社会责任感、自尊自爱、诚实守信，都是在大学教育中对学生倡导的。而学生通过培养、训练所获得的知识、技能和态度，同样成为了其雇佣能力形成的必须资本。

知识的学习有助于学生形成良好的思维方式，在遇到困难时能够独自思考、自行分析，一直是大学教育重视和力求培养的。学校通过开展实验课、课外活动等内容，也使学生获取了相应的专业技能、人际技能、沟通技能等。学生对于这些资本的拥有只是可雇佣能力培养的第一步，更重要的是，学生是否能运用这些资本，使其形成能够被用人单位认可的雇佣能力。运用和调度的能力是影响学生雇佣能力形成的重要因素。

许多学生有这样的困惑，在大学期间，他们拥有很高的成绩、突出的表现、骄人的学生工作实践，但在踏入职场的第一步时，却仍然荆棘满身、受伤不断。学生中议论的“巨无霸”（对多次被拒的人的笑称）常常令教育工作者进行苦涩的反思。究其原因，学生在校培养的能力不能在用人单位面前很好表现，是学生得不到认可的一个重要原因。学生在形成雇佣能力的同时，必须考虑如何以恰当的方式表现自身能力，让自身价值被用人单位感知。

在本课题组对“大学生职业生涯规划调查问

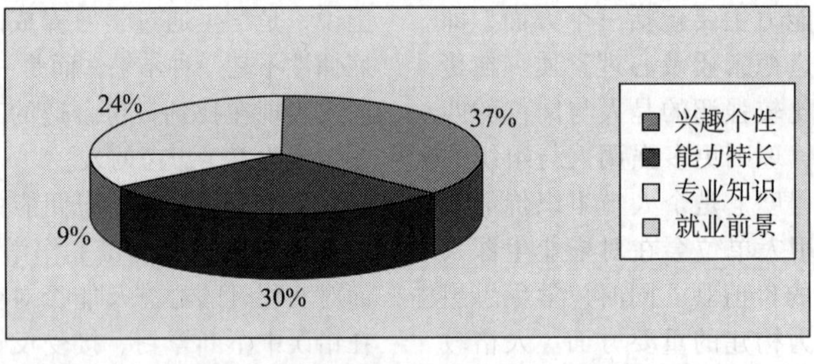

图2　学生进行职业生涯规划最关键的依据

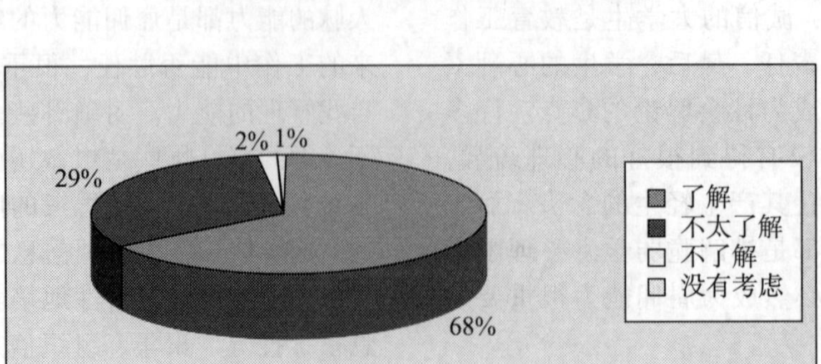

图3　学生兴趣或个性的职业倾向

卷”的分析中，针对“你做出自己的职业生涯规划最关键的依据是什么”一题，有37%的同学认为是兴趣个性，有30%的同学认为是能力特长，有24%的同学认为是就业前景，仅有9%的同学认为是专业知识（如图2所示）。这说明大部分学生在进行职业生涯规划时更多的还是基于感性需求，而非客观地对自己的优势、劣势、机会、威胁作出全面系统的分析后再进行规划。

针对大学二年级的学生，本课题组进行了一个针对前三个学期的学习，让其评价其对各方面职业倾向的了解状况的调查。得出的结果是：对自己兴趣或个性的职业倾向“不太了解”及“不了解”的占到31%。（如图3所示）对自己的能力或特长的职业倾向“不太了解”及“不了解”的占到40%左右（如图4所示）。这些数据说明有相当数量的学生还不能很好地把自己的兴趣、个性、能力特长与其职业相联系。这将使得学生在校培养的各种能力在就业时不能充分利用。针对这样的情况，一方面，学校要加强引导、培养，实现学生学习的目标从“好学生”到“好雇员”的转变，另一方面，学生自身也应积极思考在校努力训练的能力、培养的兴趣有哪些能对未来初次就业成功、长期就业成功奠定基础。

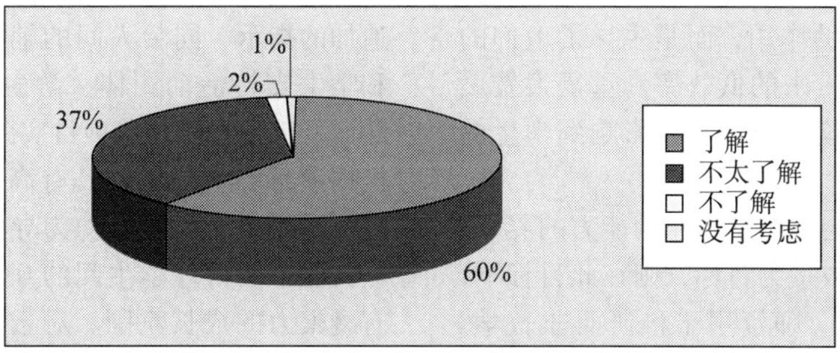

图4　学生能力或特长的职业倾向

在实践中，学生个体要最大程度地丰富自己的人际网络，要善于在组织内外建立丰富的人际关系网络，拓宽信息来源，不断争取职业生涯发展的主动权。只有善于寻找与用人单位的合作机会，努力用恰当的方式传播展示自己，才能使个人的现实能力和潜在能力得到长远的发展。

二、高校在学生雇佣能力养成中的角色

获取知识并完成学业仅仅是所谓的大学生成功的基础，而培养雇佣能力才是将来获得长期职业生涯成功的关键。雇佣能力是涉及大学生就业的核心概念。注重在校期间大学生雇佣能力培养，是发达国家高等教育的重要特点。美国大学早在20世纪60年代初期就将基于可雇佣性的就业指导正式列入教学计划并贯穿整个大学教育过程；英国提升学生雇佣能力协调组（ESECT）认为通过培养学生的雇佣能力使学生更有可能在他们选择的职业中获得就业和职业成功，从而使学生个人、社会和经济均受益，这是高等教育的核心职能。

关注国际经验中的雇佣能力养成，对于分析中国高等教育问题具有积极的启发作用。在高校人才培养与劳动力市场之间的关系方面，高校人才培养既要能与劳动力市场中各工作岗位的要求相匹配，又要注重毕业生对于劳动力市场长期变化的适应性，体现出更强的可雇佣性。“社会需要什么样的人才?”“大学生如何能成功?”这两个问题一直伴随本课题组研究的始终。本课题组提出的以雇佣能力为导向的高校人才培养模式，目的就在于把学生的长期成功作为目标，培养目标从“好学生”延伸至“好雇员”，也就是在就业质量链条的生产环节，做好“产品控制”和“质量保证”，在基于学生长期就业质量和职业生涯成功的拓展型的就业指导实施模式上游把好质量观，从而完善高校的人才培养模式。新的就业形式、新的人才需求对高等教育人才培养提出新的要求，大学教育主要目的不再是训练学生某种终身不变的技能，而是使学生受到可雇佣性更强的通识教育，从而为他们适应复杂的就业环境奠定基础。

（一）高校人才培养对雇佣能力养成的作用

学生的大学经历是其成长成材的重要阶段，高校在这一阶段的培养模式对学生雇佣能力的养成至关重要。一方面，高校通过组织、制度方面的建设等硬指标构建学生雇佣能力，在组织结构、

活动、实践、教学及学校文化建设等方面提供支持，另一方面，通过教学、实践活动、文化建设等软指标对学生进行教育，从而引导和改善学生行为，使其更符合用人单位的要求。

1. 办学目标、学校规模

目前，我国高等院校规模正在逐渐收缩，无法否认，高校的无节制扩张给学校的发展带来的倒退和混乱，对学生教育的失败。高校沿袭固有传统——行政主导，专家参与的治校模式，所以机构的设置和功能上行政力量依然庞大 。这样的学校结构带来的可能问题是学生和教师的真正诉求不能真实、全面地得到反映，学校的机构设置往往不是依照如何为学生和教师提供更多支持、为他们的发展起到辅助作用，而是主导了他们的行动及选择。实际中带来的低效率和重复浪费屡见不鲜。学校的教育模式选择直接影响到学生的雇佣能力培养。

学校的办学目标会影响学生雇佣能力的养成。如果学校以科研成果数量为目标，则在此目标下，学校将使更多的财力、师资用于科研而非教学。在这样的情况下，学生雇佣能力的培养将处于学校相对次要的位置。这就要求高校主体首先明确培养定位，在这样的定位指导下，搭建适合相应层次的学生发展所需的平台。

制度建设在高校对学生雇佣能力的培养方面的讨论还相对不太成熟，但可以明确的是，制度建设的作用已经越来越受到人们的重视与关注。掌握通过高校制度建设服务学生雇佣能力的养成，是对高校在学生培养方面的重要性的进一步深化，有良好的制度作保障，高校的各项教育活动才能顺利展开，高校教育体系才能更加科学化、规范化和系统化。

高校制度主要指学校的各种制度，包括人事制度、干部选拔制度、学籍管理制度以及各项管理规章与纪律。通过这些具体的规定，学校的正常运行才能得以保证。高校在制度方面的建设在规范师生言行的同时，也为培养学生的雇佣能力创造了条件。学生在制度的规范下，其品德行为的建立才有据可依。

通过本课题组针对“大学生职业生涯规划的调查问卷”显示，针对“您认为商学院是否有必要设立专门的职业生涯发展机构”一题，有37.6%的同学认为“很有必要”，45.2%的同学认为“有必要”，两者总数占到82.8%之多。（如图5所示）

由此可以看出，学生对于在高校设立专门的职业生涯发展机构的诉求是很大的，那就要求高校在机构设置中考虑相关的部门设置，使学生在专业的教师指导下进行职业生涯的设计、雇佣能力的养成。最后，在学校机构的多样性建设也是培养学生可雇佣性的重要方面。

2. 课堂教学与教学辅助

用于补充组织目标和学生特征的学校和社会支持活动可以通过提供清晰的成功路径，学校对能形成学生成功路径的活动予以关注和支持，帮助学生适应大学生活。这包括定位、转换课程、第一年的课程、学习型团体、干涉建议、辅导、追加的指示、同龄人间的辅导、学习团体、导师和学生支持活动团体、学生与教师互动研究等。然而，仅仅提供这些项目实践不能保证学生成功。机构项目和实践必须具有高质量，精心设计，并且深深根植于学生成功为导向的校园文化。学校应关注不同群体学生间的互动，形成有多样性和有凝聚力的成长氛围。对于不同层次的学生，学校要形成早期的预警系统，比如针对心理比较脆弱的学生，学校要给予关怀，对其进行心理疏导，使其健康发展。在大学宿舍方面，学校也可以形成良性互动机制，充分利用宿舍团体的空间开展各种有益活动，培养学生的交流能力、团队协作能力、关心他人等对职业成长、长期成功重要的雇佣能力。

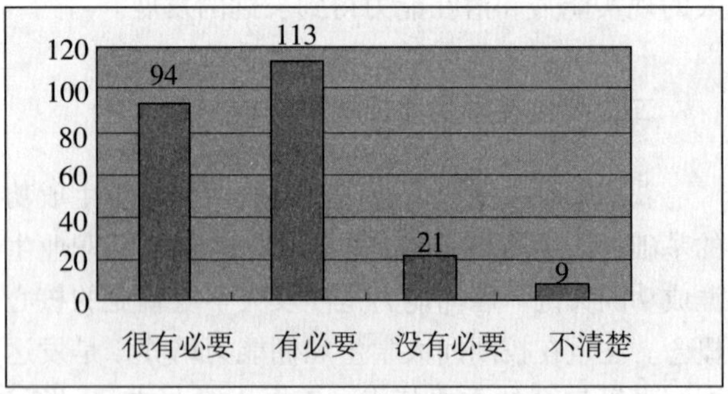

图5　学生对于商学院是否有必要设立专门的职业生涯发展机构的看法

大学阶段是学生价值观、人生观养成的关键时期，根据斯金纳的强化理论：经过强化的行为趋向于重复发生。那么学生在校期间的各项行为在得到学校、教师及整个环境的认可时，其行为将得到强化。雇佣能力中重要的能力之一是学习能力，个体的学习习惯、投入在学习上的时间和努力程度、与教师接触时教师给予的反馈、同龄人之间的互动及开展的各种辅助课程活动，都将一点一滴地塑造学生行为，从而影响学生雇佣能力的养成过程。

从2002年开始，南开大学专门为鼓励本科生自选课题搞科研设立了创新基金——“百项工程”。进实验室，做项目，搞研究，这些似乎是与研究生相关的词汇，在南开大学与本科生紧密相连。每年年度经费为100万元。从最初的77个项目、300多名学生参加，到第五届的259个项目、近1 200多名学生参加；5年来，共有2 500多名学生直接参加，共在各种学术期刊发表173篇论文，其中不乏《美国化学学会会志》、《美国光学学会会刊》等世界顶尖级核心刊物。在发表的论文中，学生作为第一作者身份发表的有90余篇，正在申请的专利将近60项。①

3. 专业与课程设置

高校的专业设置是紧随社会需要的，在劳动力市场中，要想作为产品的学生“适销对路”，必须做到供需匹配。我国高等教育在发展过程中也在不断地总结和改革。但由于1999年的高校盲目扩招，现在的高校教育中专业设置还有很多“后遗症”。如前几年信息管理、国际贸易专业走俏，导致高校不顾自身办学实力盲目跟风，造成人才浪费。在课程设置方面，我国绝大部分高校都采取了必修课与选修课相组合，校内公共课与专业课相补充的学分制课程管理体系。这样的课程设置方法，使学生由原来的“让我学”变为“由我选”，调动了学生学习的主动性。高校应在课程设置上体现培养学生的雇佣能力的意识，体现素质教育的要求。如对大学生开设礼仪规范课程，针对女学生开设服装搭配与化妆技巧相关课程。在计算机技术普遍应用的今天，许多高校也开展了一系列形式多样的课程满足学生的需求。

4. 校园文化与学生社团

高校作为一个相对稳定的和独立的组织，也有自己的文化。高校文化与企业文化一样，既有物质层次的文化，又有精神层次的文化。高校文化是以高校师生文化活动为主体，以校园精神为基础，由教职工和学生共同创造的。其中，处于高校文化层次外围的物质文化，是校园的基础设施，这包括教学设施、科研设施及一些体育运动设施等。精神文化是本课题组讨论的重点。它是高校文化的本质和核心。大学不是一个“制造文凭的工厂”，它有自己独特、崇高的教育使命，不同的大学形成迥异的校园文化，学生们在不同的文化氛围和活动中形成带有差异的价值观、人生观和竞争意识及能力、素质。国外的研究表明，以学生为中心的文化和活动会提高学生的主人翁意识和他们的参与性。一个学校对学生活动组织和参与的宽容度与主动性是影响校园文化建设的重要因素。

（1）关注学生良好的职业意识与雇佣能力形成。在教学中关注学生才能的开发，运用有效的教育实践，鼓励学生参与和主动学习。鼓励教师进一步深造和学习，以期能与学生更好地开展教学活动。逐渐改进学校中的落后理念，关注人的因素，关注学生的特征，进而对激励、惩罚机制进行改进。对学生的学习生涯进行有意识的引导，让学生主动去探索、形成、确定自己的职业生涯发展道路，这比单纯地在就业指导方面投入更能解决问题，而且学生所获得的成功更为持久、全面。

（2）积极干预入学适应期的大学生。入学适应期是指学生从高中转向大学生活阶段。学校要尽早向要录取的学生阐明学校的价值观和可能要求、风格及在学术界或社会中的定位，令其对学校形成正确的预期，尽早调适自己的心理行动，而且能对大学的学习和活动有尽早的准备，而不至于进入学校后由于某方面能力的欠缺而跟不上大学生活的节拍。对不同背景的一年级学生的期望和可能提供的支持要有清晰规划和阐明；学校应该为学生提供多样的、相互连接的学习支持网络，帮助他们从高中的传统教学转变，逐渐适应大学学习环境，开始养成自己的求知能力；对那些面临生活学习中的困难的学生进行早期重点关注和干预。

（二）雇佣能力养成导向的高校教育体系的大学生成功模型

就业指导与专业教育互动，是提升大学生雇佣能力的基础。雇佣能力形成过程中，专业教育所占大学生学习时间最多，在诸多环境因素中影响最深。结合雇佣能力相关理论与大学生成功的内涵，本课题组认为就业指导应遵循学生个体雇

① 《“百项工程”让千名南开学子走上科研创新路》，《中国青年报》，2007年8月23日。

佣能力的养成规律，有效发挥专业教育的作用，并提出雇佣能力养成导向的高校教育体系的大学生成功模型（如图6所示）。该模型揭示了影响大学生成功的各种因素及相互间关系。

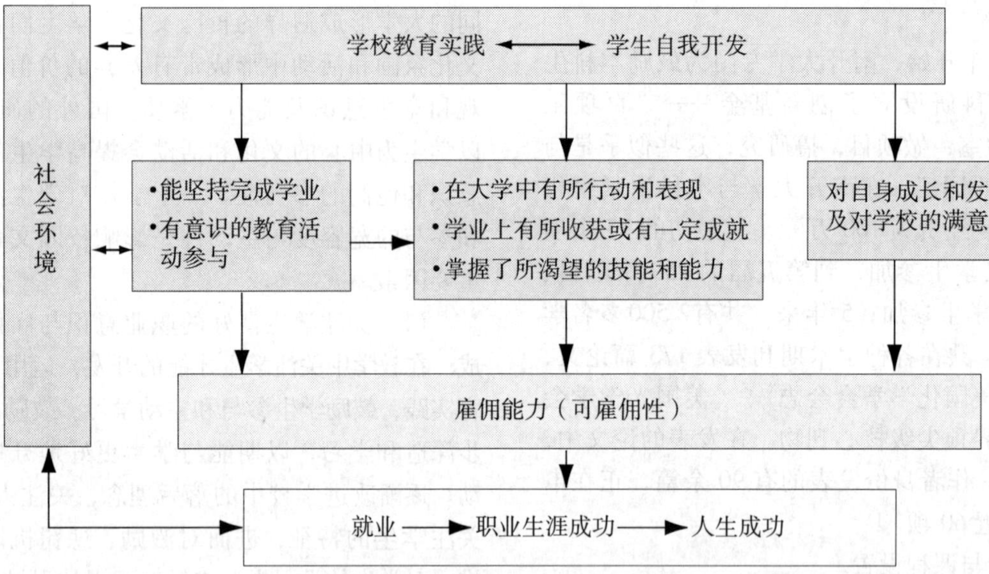

图6　雇佣能力养成导向的高校教育体系的大学生成功模型

（资料来源：张田，袁庆宏：《试论影响我国大学生成功的因素：可雇佣能力养成的视角》，中国人力资源管理教学与实践研究会第九届年会论文，2008年7月。）

在模型中可以看出，雇佣能力（可雇佣性）的养成是在社会大环境下形成的。学校要受到社会的监督、法律法规的规范、声望评价的影响，学生最终的雇佣能力检验者也是来自社会的用人单位。同时，学校也是学生获得雇佣能力的一个相对独立环境，雇佣能力的养成是在学校教育和学生自我开发的双重作用下实现的，学生在学校教育环境中，要做到完成学业、获得相应的理论知识，有意识的参与教育活动、实验项目等，在大学学习和生活中有所表现，在学业上有所收获，掌握渴望获得的技能和能力，在走出校门时，对学校教育和自身学习作出评价，判定自己是否在大学期间收获了应有的成长和发展。最终，学生获得雇佣能力，踏入职场，完成初次就业，并在工作中不断提升可雇佣性，达到职业生涯成功，并最终获得人生成功。

三、用人单位对雇佣能力技能养成的影响

雇佣能力通过高校的培养和学生的习得逐渐养成，但最终技能的评判者是用人单位。学生从迈出校门的第一天，就开始了其面对用人单位遴选的过程。用人单位作为高校人才的最终需求方，是决定大学毕业生能否顺利就业、实现最终就业成功的根本因素。用人单位对入职者要求的可雇佣性包括个人在其职业生涯发展的各个岗位的胜任情况，包括其实现成功的能力和意愿，如创造性思维、决策制定能力、自我管理能力等。一个人从获取就业、保持就业以及在其职业生涯中的进步和发展取决于能够被用人单位感知到的其可雇佣性和可雇佣技能。

一个人的职业生涯规划得再好，如果不进入社会组织，没有相应的职业位置，所谓的职业生涯也无从谈起。同样，学生的雇佣能力的最终使用者是用人单位，基本的雇佣能力和新鲜的知识、思想的输入是用人单位得以存在和发展的基础。现代企业的核心竞争能力来自于人力资本存量。人才的培养对用人单位未来发展的重要性毋庸置疑。入职者的可雇佣性与用人单位的人力资本的发展密切联系。在人才激烈竞争的今天，如何吸引和保持优秀的人才成为每一个想要积极发展的用人单位必须面对的问题。而现在只有少部分用人单位把培养雇佣能力作为其人力资源管理的重要部分，大多数用人单位还存在着片面追求高学历、过分强调工作经验等现象。毫无疑问，这种择才观对于员工雇佣能力的养成都是不利的。如

果个体的雇佣能力与组织不匹配，或者其职业生涯在组织内遇到障碍，都有可能引发离职。这对用人单位来说往往是弊大于利的。所以，担当学生雇佣能力评判者、使用者的用人单位，同样应该肩负起雇佣能力的培养者的职责。

（一）软渗透

所谓软渗透，是指用人单位主动地进入校园，使学生在校学习生活时能感受到用人单位的存在，这种渗透对于用人单位来说，是企业形象在校园的“植入”。这种形式相比直接提供实习机会显得比较隐性，但作用确实是很大的。比如，南开大学的宝洁英才俱乐部就是企业“软渗透”的一个例子。在“宝洁英才俱乐部三周年庆典——宝洁CBD与你面对面”座谈会上，宝洁公司天津地区CBD高级经理与学生共同分享了销售行业的职业发展以及自身职业生涯发展路径。宝洁英才俱乐部的运作经费由企业提供，在组织中，俱乐部的领导层要与企业人员沟通，在俱乐部内渗透企业的理念和文化，俱乐部在全校范围内举办的大型活动中也宣传了企业。这种形式对于有实力的用人单位来说，无疑是一种扩大宣传，同时回报社会的好形式。

（二）联合办学

用人单位是学生雇佣能力的评判者，在学生培养过程中，越来越多的用人单位开始主动进入校园，与学校开展“联合培养”模式。用人单位提出专业培养的目标，学校参照目标进行相关课程的规划，用人单位的行业专家再对课程进行改进，使其更能满足需要。对于某些依用人单位要求开设的特殊专业，甚至由用人单位全面负责学生的培养过程。在此过程中，由用人单位和高校共同制订教学计划，编制教学大纲，选择相应教材，也可由用人单位单独进行学生培养目标的设计，学校仅处在辅助地位，负责管理和教学工作的展开。在学生管理方面，学校要按照企业制定的各项要求对学生一一考核，在高校营造企业的文化氛围，培养学生对企业的认同。许多企业在高校都设置有奖学金制度，目的之一就是鼓励那些企业未来的潜在进入者对企业认同。高校与用人单位的联合办学是一项复杂的系统工程，不仅涉及学生的发展，还是用人单位、高校乃至社会工作协调配合的结果，在过程中要兼顾各方利益。

（三）实践实习

用人单位提供的实践教学基地为培养大学生雇佣能力中的沟通能力、适应能力、合作能力等方面提供了培养的平台。目前，很多高校中都有企业资助建设的实验室；在大部分工科院校中，企业还会定期对实践教学环节进行参与。加强实践教学基地的机制运行，对于培养学生的雇佣能力方面的作用是不可估量的。通过这个过程，学生对书本上的“死知识”学会了灵活掌握。

用人单位为学生提供的实习机会也是培养雇佣能力的一种重要形式。在部分企业，“学生实习”甚至成为其一种形态的用工方式。学生对于实习机会的渴望是巨大的，通过实习，学生可以提升自己对用人单位的感性认识，提高入职后必须具备的相关技能的掌握情况，丰富自己的社会阅历，了解用人单位对人才的要求状况。对用人单位来说，获得优秀的学生进入组织是其未来发展的重要条件。学生实习期间，一方面，可以用低廉的成本获得学生的剩余价值，另一方面，又可以增强学生对组织的契合程度。在实习过程中，用人单位受到的法律规范相比正式雇佣要少很多，同时，实习过程中如果发现实习者的某些方面与组织不匹配，其解除雇佣者的成本也是很少的。因此，用人单位通过提供实习带来的收益不仅受惠于学生，对用人单位本身也是巨大的。

另外，课题组通过“大学生职业生涯规划调查问卷”的分析结果得知，学生从企业人力专家、就业体验及成功人士讲座获得的职业生涯指导的期望更高。（如图7所示）

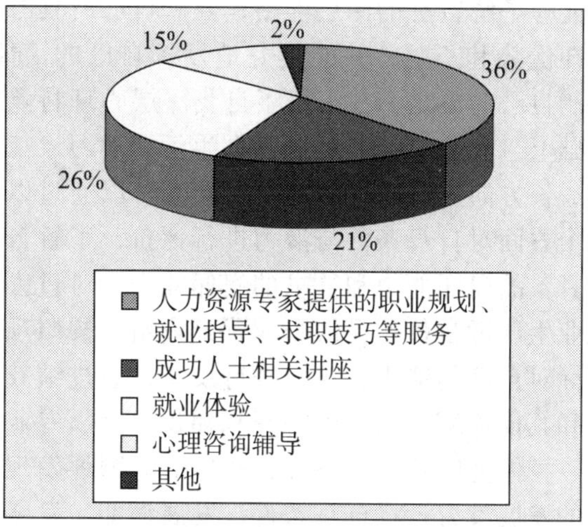

图7　学生最希望学校就业指导中心提供何种服务

四、雇佣能力养成相关建议

（一）个体方面

1. 及早做好职业生涯规划

雇佣能力养成的最终目的是实现长期职业生涯成功，而及早做好职业生涯规划，可以帮助大学生设计好人生之路，寻找适合自身发展需要的职业，实现个体与职业的合理配置，实现个体价值的最大化实现。做好职业生涯规划分为以下几个步骤。

（1）清醒分析你面对的外部环境。从大学生自身角度来看，成功就业的关键在于要在清醒地认识就业环境的前提下作出选择。如何在众多行业和单位中选择一份适合自己发展的职业，这是每个大学生首先面临的问题。无论从事什么职业，不可避免地都要受社会这个大环境的影响，它包括国家与地区的政治、经济、法律等，还包括国际上的一系列相关方面的问题，比如现今的金融危机。要充分了解所选的职业，要清醒地认识所选职业在社会环境中所处的地位，在社会发展的趋势之上，所选职业究竟是处于发展期，高峰期，还是衰败期，这一点也是至关重要的，它关系到择业者今后的职业生涯，一个发展潜力巨大的职业能更高机率地给择业者带来一个充满阳光的职业生涯，也能更好地体现择业者的个人价值。

（2）客观估计自身的条件和潜力。大学是人生的一个重要转变时期，从生理到心理，从学校到社会，是学生步入社会的一个过渡站。在雇佣能力养成的过程中，学生要深刻地了解自身的优势，选择能够最大限度发挥自己优势的职业，应该能够了解自己的深层性格，分析自己所具有的潜在优势和不足，并能更好地发挥自己的潜能、控制自己的不足。在了解了自我深层心理特点的基础上，大学生可以对自己在生活、学习、工作的成长方向上有更好的把握。学生可以通过以下几个方面对自身条件与潜力进行评价，了解自己已具备的雇佣能力和欲求的雇佣能力。对过去的职业生涯做自传，提供个人背景资料；按照预期目标对自己的能力、潜力进行反省；通过绩效评价和其他检测方法，了解现有知识水平、专业能力、身体健康状况等条件；通过潜能测评发现未来的发展潜力；将自身条件、发展潜能、发展方向与环境机遇与制约条件相比较，最终达到对于自身认识的“觉醒”。

（3）明确你的职业方向、目标和成功标准。对自己所处的内外部环境有了清晰了解以后，就应该是确定自己的职业方向及目标了。一个好的职业目标可以在指明方向的同时成为前进的动力。大学生在进入大学的时候，要对大学和自我有一个清楚的认识，对自己要有一个清晰的定位，确定自己的发展方向，然后再围绕这个方向制订自己的规划，这样就可以避免在大学阶段陷入失望或迷茫的状态。制定自己的职业目标需要考虑你希望在多少年之内达到什么目标，然后再一步步地定出让你达到这个目标所需要作出的阶段性的业绩与成就。尽早定出自己的职业目标，这样在职业的发展中就会少一份迷茫。值得提出的是，职业目标的制定一定要切合实际，不能不切实际地把目标定在一个不可能完成的水平上，应当量力而为。

（4）树立正确的择业心态。由于我国的高等教育已逐步从“精英教育”转变为“大众教育”，学生个体也应适时转变心态。学生个体应学会利用两分法辩证地看问题。一方面，要积极准备，及早确立职业生涯规划、形成雇佣能力；另一方面，还要树立正确的择业心态。现在，有许多学生和家长还认为上了大学就意味着将来会找到好工作，这样的心态对学生雇佣能力养成的全过程都是极其不利的。学生抱有这样的心态必然会放松对自己的要求，同时，当需要走人职场时，看到现实社会中的巨大反差，也必然会造成极大的心理压力。因此，大学生应该抱着终身学习、积累经验的心态积极就业。

2. 调整自身知识结构，提高自身综合素质

面对日趋激烈的就业竞争，大学生应该努力提高自身价值，以求在激烈竞争中脱颖而出。首先应该建立合理的知识结构，根据市场就业形势的变化拥有过硬的专业知识和技能，无论在任何情况下都是学生实现较高水平的雇佣能力的基础。另外，还要有意识地培养自身的综合素质。大学生在校期间需要利用相当一部分时间和精力来参加社会实践，利用自己的所学知识去解决实际问题，提高自己的实践能力、组织管理能力、社交能力和创造力。在这期间，不主张大学生将所有的时间都投入到学习之中，适当的课外活动与兴趣爱好的培养也是大学生活必不可少的一部分，往往在这些兴趣爱好之中，很多大学生可以发掘出各种各样的潜力，最基本的就是提高人际交往

能力。在现代社会中，人际交往已经成为一项不可或缺的技能，并且也已经被世人所承认，良好的人际交往能力往往也在择业的过程中起到良好的作用。

（二）高校方面

基于学生长期就业质量和职业生涯成功的基本定位，要求学校必须从就业链条的上游保证就业质量，完善基于雇佣能力养成的高校就业指导体系服务职能，改进高校课程设置、专业设置以及人才培养模式，逐步实现高校毕业生就业指导全方位、全过程的职业生涯初期辅导方式，提高学生的就业竞争力以及学校整体竞争力。

1. 建立、完善高校的职业生涯指导体系

职业生涯指导体系的建立和完善首先是对学生成功的指标进行跟踪、测定采用科学的办法，不能简单依靠传统的成绩评价等方法，对其他维度测定的方法可以借鉴不同国家地区的先进经验，形成适用于我国高校的做法，为学生的职业生涯启航阶段留下相应的轨迹。对结果的处理和激励、奖惩机制应形成通用的流程规范和报告模板，尽量做到透明。同时还要进一步发展收集、分析、使用数据的能力，建立相应的数据库或模型，对学生职业生涯发展的成功起到一定的预测作用。其次，在教学设计等方面，不同的学校可以结合自己的实际情况来设置针对不同专业背景的学生进行职业生涯指导，帮助他们形成自己独特的“雇佣能力”，避免“大而统”的做法。在这里，众多学校的管理学院（商学院）和相关专业（尤其是人力资源管理专业）可以发挥自己的优势，利用学科本身的理论和实践关注学生雇佣能力的养成。

2. 建设以学生为中心的校园文化

在教学中关注学生才能的开发，运用有效的教育实践，鼓励学生参与和主动学习。鼓励教师进一步深造和学习，以期能与学生更好地开展教学活动。逐渐改进学校中的落后理念，关注人的因素，关注学生的特征，进而对激励、惩罚机制进行改进。教师应对学生的学习生涯进行有意识的引导，让学生主动去探索、形成、确定自己的职业生涯发展道路，这比单纯地在就业指导方面投入更能解决问题，而且学生收获的是学习的能力，所获得的成功更为持久、全面。

3. 积极干预转换期的大学生

转换期指学生从高中转向大学生活阶段，通常为从接到录取通知到大学一年级结束。学校应尽早向要录取的学生阐明学校的价值观和可能要求及风格，并对学生介绍学校在学术界或社会中的定位，令其对学校、自我的发展形成正确的预期，尽早调适自己的心理行动，而且能对大学的学习和活动有尽早的准备，不至于在进入学校后由于某方面能力的欠缺而跟不上大学生活的节拍。对不同背景的一年级学生的特征和期望学校要能认真去识别，从而能提供更准确和可能的支持。如对贫困大学生来讲，“绿色通道”援助项目和“勤工俭学”计划对其入学前的心理负担是一个有效的缓解。对于第一代大学生缺乏大学教育的信息和自身规划，学校就应通过相应机构辅导他们认识到大学教育阶段的目标应是什么，包括学业、心理健康等各方面的规划。学校应该对此有管理系统和惯例，并不断以新的经验来丰富和完善，类似于企业组织中的“新员工培训”。

学校应该为学生提供多样的、相互连接的学习支持网络，帮助他们从高中的传统教学中转变，逐渐适应大学学习环境，并开始养成自己的求知能力。对那些低收入家庭、单亲家庭、少数民族、家庭中的第一代大学生和其他的可能面临生活学习中的困难的学生进行早期重点关注和干预，应该形成早期干预体系和安全网。

4. 支持各类教育相关活动

学校和社会支持教育的各项活动可以通过提供清晰的成功路径，帮助学生适应大学生活。这包括学生对自我和学校的认知与定位、大学一年级课程安排设置。不少学校在招生和培养中通过“宽基础”的“大类”来实现对学生的“通识能力”的培养，在大学一年级时并不开设专业课程。

另外，学习型团体、干涉建议、校园辅导员计划、同龄人互助、学习小组、师生互动团体等活动形式也被证明是促进大学生积极参与，提高可雇佣性，最终成功的有效途径。不同群体学生间的互动有利于形成多样性和有凝聚力的成长氛围。如走读与住读的学生、留学生与本国学生，特招生和普通学生间的交流，互动对各自群体学生的成功都有益处。当然，仅仅提供这些项目实践不能保证学生成功。机构项目和实践必须具有高质量，精心设计，并且深深根植于学生成功为导向的校园文化。

（三）用人单位方面

学生雇佣能力的提升，亦即对用人单位的人

才供给在质的方面提升，因此，除了学生会从雇佣能力的培养中受益之外，用人单位也将是最大的获益者。另一方面，高等教育要提升雇佣能力养成水平，在许多方面都需要用人单位加以协助。

1. 提供学生实习工作机会

用人单位加大对学生提供实习岗位的力度，使学生有真正实践的条件，用人单位本身不仅可以在此过程中考察具有潜力的学生，以作为后备人才，还可以扩大用人单位的知名度，为用人单位自身的发展提供有利的舆论。2009年3月零点研究咨询集团出具的一份调查报告显示，我国大学生在校期间能获得实习机会并感受实习经历的只有少数。仅有11.7%的中国大学生有实习经历，这一指标在同层次的外国大学生中为2.7次。而且，中国学生的实习经历在计算时还包含了学校强制要求学生必须有实习经历时，仅通过关系获得实习鉴定而没有参与真正实习的那部分学生。目前，我国仅有5%左右的企业为学生提供实习机会，而这些企业大部分为三资企业，且多数集中在北京、上海等大中城市，占到全国企业总数的99%以上、吸纳75%以上从业人员的中小企业却很少对大学生开放实习机会，二级城市实习机会较少，二类三类学校学生更难找到实习机会。因此，用人单位要配合学校课程，加强合作意识，提供更多的实习工作机会，使学生有真正实践的条件。

2. 协助学校评估课程规划与教学内容

用人单位对于学校培养学生的雇佣能力的课程规划和教学内容方面的参与，对于高校改进教学质量具有重要的意义。用人单位的领域专家提出专业建设规划，学校按照规划进行课程建设。课程建设层面，可以采取三种方式。一是校企共同制订教学计划。学校根据专业设置和培养目标，编制教学计划、教学大纲，做好教材选用工作。企业参与修订和评审的过程，进一步改进。二是校企共同确定课程体系。校企共同制订教学计划、教学大纲，双方有关人员共同编写符合企业需求的教材，由专业建设委员会进行评审。三是企业主导课程开发，以企业为主导确定典型工作任务案例、教学计划和教学大纲，学校据此实施教学。教材以企业为主组织编写或者由企业单独编写，或直接使用企业已经编好的教材，学校方面还是要请专家把关督促。

3. 协助对学生进行职业生涯辅导

针对大学毕业生这一特定的就业群体，好的就业指导乃至一些成功人士的讲座，不仅是学生期望的培养雇佣能力的形式，还是用人单位与学生交流、传达对入职者雇佣能力的要求、指导学生有方向的培养能力的重要途径。南开大学商学院人力资源管理系于2009年10月15日开展的首次“就业创业论坛暨人力资源管理系兼职导师致聘仪式”，就请来了三位知名企业的副总裁、大区经理、人力资源总监。三位“兼职导师”在整个活动中，首先介绍各自在企业的发展经历、遇到的问题，然后将他们在工作中的心得与学生们分享，最后有针对性地对人力资源管理专业不同年级的学生提出了要求。随后，三位“兼职导师”与学生展开互动，对学生关心的“如何在学校阶段逐步养成雇佣能力”等问题为学生答疑解惑。“兼职导师”的形式不仅使学生与未来的“雇主”拉近了距离，更重要的是，通过“兼职导师”的长期指导，将使学生对用人单位的雇佣能力的要求更明了。本课题组对此次活动的后续工作进行了跟踪，了解到有86.5%的学生认为“兼职导师”的指导形式对他们很有帮助。

构建以雇佣能力为导向的人才培养体系。首先，高校在学生培养模式上要有所创新，有针对性地建立旨在养成学生可雇佣性的培养机制。其次，要发挥学生自身的能动作用，因为学生是整个系统发挥最大作用的根本，只有学生能够感受到学校和用人单位的作用力时，雇佣能力才能最终养成。最后，用人单位是学生雇佣能力的评价主体，应要求用人单位参与高校雇佣能力培养过程。只有这样才能解决现实中学生找不到合适的工作，用人单位找不到合适的员工的尴尬局面。

Vol. 5, No. 2
June, 2010

青少年学生学校幸福感的特点*

田丽丽
（华南师范大学）

一、问题的提出

近年来，积极心理学逐渐成为心理学研究中的一种新的研究取向，以主观幸福感为主要内容的着力于关注个体积极情绪的研究便是该领域的一个热点问题。大量的文献回顾表明，多年来，人们对主观幸福感的研究主要集中于成人群体。直到20世纪90年代，才开始对青少年群体的幸福感进行研究。值得注意的是，这些研究也主要集中于青少年对其总体生活质量的评价，对与青少年发展紧密相关的具体生活领域（如学校、家庭等）的幸福感关注较少。学校是青少年学习和社交的重要场所，青少年每周有约40个小时在学校度过，上课、学习、学校人际互动等时间大约占其白天时间的四分之一。学生在学校学习与活动方面投入的时间和身心能量，决定了其行为和情感必然受到学校生活的影响。因此，考察青少年在其学校生活中的幸福体验势必成为管窥青少年发展状况的一条有效途径。同时，对于以教书育人为核心任务的学校来说，学生在学校体验到的幸福感也是衡量和评价其有效性的重要指标。长期以来，我国受“应试教育”的影响，学习成绩成为衡量学生学校学习结果的权威性指标，升学率则是评价学校教育质量的重要参数。目前，我国正在推行的第八次基础教育课程改革，以培养学生的情感、态度、价值观为目标，提倡对学生实行发展性评价。学校幸福感这一评价指标的提出不但利于发展的、全面的考察学生，同时，也可以作为评价学校有效性的重要参数丰富学校评价指标体系。因此，我们认为，有必要对青少年学生的学校幸福感进行研究，本研究则试图在学生学校幸福感的总体特点、发展状况等方面进行探索。

在本研究中，学校幸福感（well-being in schools/school well-being）指的是学生基于自定标准对其学校生活的评价与体验。在中国青少年学生学校生活背景下，学校幸福感由学校满意度、在校积极情感和在校消极情感三种成分组成，包括六个维度：成就感、学校管理、师生关系、同学关系、教学和课业学习。

二、研究方法

（一）研究对象

以分层整群随机取样的方法在太原市的两所中学抽取高一和高二两个年级共三个班的学生，共计144人。剔除没有成功完成内隐联系测验和在内隐联系测验中错误率超过20%的被试后，接受外显和内隐学校满意度测量的有效被试为125人。被试年龄为17.47岁（SD=0.94），高一年级66人，高二年级59人；男生58人，女生67人；学习成绩下等的学生32人，中等的56人，上等的37人；人缘差的学生30人，一般的47人，好的48人。

（二）研究工具

1. 外显学校满意度测量工具

青少年学校满意度量表：该量表由研究者自行编制，包括成就感、学校管理、师生关系、同学关系、教学、课业学习6个维度，全量表由36个题目组成，题目的反应方式为对题目描述内容同意程度由弱到强的1～6级计分。利用对400名初一至高三年级中学生施测所得数据考察该量表的心理测量学特性，结果表明：量表各维度的内部一致性信度介于0.80～0.94；与Leung（梁展鹏）等人编制的《总体生活满意感量表》（General Life Satisfaction Scale，GLSS）（该量表在中国大陆青少年群体的心

---

*本文是田丽丽副教授主持的全国教育科学“十五”规划教育部青年课题“青少年学校幸福感研究”（课题批准号：EBA070226）结题报告的主要内容。

理测量学特性已得到验证）的效标关联效度为0.33～0.52；验证性因素分析的各拟合指标如下：χ^2/df（2.275）、NFI（0.970）、RFI（0.966）、IFI（0.983）、TLI（0.981）、CFI（0.983）、RMSEA（0.057），模型拟合良好。由此看出，该量表具有良好的心理测量学特性。

多维学生生活满意度量表—学校满意度分量表：Huebner编制的《多维学生生活满意度量表》（*Multidimensional Students' Life Satisfaction Scale*, MSLSS）中的《学校满意度分量表》（*School Satisfaction Scale*, SSS），共包括8个条目。该工具在中国大陆青少年学生群体的适用性已得到验证。在本次测验中，该量表的Cronbach'α系数为0.83，分半信度为0.80，一个月后的重测信度为0.85。

总体学校满意度单题测量：采用"总的来说，我对自己的学校生活是满意的"来测量学生的总体学校满意度。

以上工具全部采用从1表示"十分不同意"过渡到6表示"十分同意"的6点记分。在问卷中同时收集学生的性别、年级、学习成绩和人缘等资料。其中，学习成绩和人缘均为学生自我知觉的在班级中的成绩等级（下等、中等、上等）和人际关系状况（差、一般、好），要求学生在三个选项中选出与自己情况相符或接近的一项。问卷全部在学生的自习课上以班级为单位集体测试，完毕后由主试现场收回。

2. 内隐学校满意度测量工具

单目标内隐联系测验（Single Target Implicit Association Test, ST IAT）：根据格林伍德（Greenwald）等的研究，参照Hanneke提供的单目标IAT程序样例自行设计实验所需程序。在本研究中，"学校"为单目标概念词；属性词包括"好的"和"坏的"两类。

确定ST IAT样例词：采用开放式问卷调查的方法收集研究所需词汇。调查对象为初一至高三6个年级的在校中学生120人，对象的选取均考虑到性别、年级、重点与普通班等的均衡匹配。开放式问卷调查包括两个内容：一个内容是属性词的收集，即要求学生写出描述其在学校经常出现的好、坏心情（即情绪体验）的双音形容词各10个；另一个是概念词的收集，即要求学生写出一提到"学校"这个词，马上就会想起的那些人、事、物名称的双音节名词10个。开放式问卷调查共收回120份有效问卷。

属性词部分，收集到积极（好的）词汇共计50个，消极（坏的）词汇57个。积极词汇中提及率高于50%的词19个，消极词汇中提及率高于50%的词14个。在这19个积极词和14个消极词中，研究者合并了一些意义上接近的词而用一个描述这种体验最为典型的词汇来代替，如将"快乐"、"高兴"、"开心"、"愉快"统一用"愉快"来代替，将"憋屈"、"抑郁"、"郁闷"统一用"郁闷"来代替。最后，确定积极和消极属性的刺激词各8个，详见表1。概念词部分，收集到词汇87个，选取提及率位于前8位的词8个，这些词的提及率为63%～90%。

表1　ST IAT样例词汇表

概念词	属性词	
学校生活	好的	坏的
老师	兴奋	郁闷
同学	舒畅	生气
操场	幸福	无聊
作业	美好	痛苦
教室	轻松	心烦
考试	自信	无奈
上课	愉快	沮丧
校园	充实	紧张

ST IAT任务：测验的基本任务是要求被试对呈现在电脑屏幕中央的刺激词进行分类，共包括5个部分（详见表2）。第一部分：要求被试对属性词（好的/坏的）的样例词进行分类，"好的"按E键，"坏的"按I键；第二部分：要求被试对属性词"好的"、属性词"坏的"和概念词"学校生活"的样例进行分类，"好的"按E键，"坏的"和"学校生活"按I键；第三部分：重复第二部分；第四部分，要求被试对属性词"好的"和概念词"学校生活"、属性词"坏的"进行分类，"好的"和"学校生活"按E键，"坏的"按I键；第五部分：重复第四部分。第二、三部分涉及的是对学校生活的消极态度（学校—坏的）；第四、五部分涉及的是对学校生活的积极态度（学校—好的）。将第三、第五两部分的反应时均值之差作为内隐学校满意度的强度指标。第二部分和第四部分的目的是通过练习让被试掌握正确的分类方法。

表2 内隐学校满意度测量

测验顺序	任务描述	靶词	刺激例证
1	联系属性词辨别（练习）	●好的 坏的●	○高兴 郁闷○
2	初始联合辨别（练习）	●好的 坏的● 学校生活●	○舒畅 沮丧○ 考试○
3	初始联合辨别（正式测验）	●好的 坏的● 学校生活●	○幸福 痛苦○ 上课○
4	相反联合辨别（练习）	●好的 坏的● ●学校生活	○愉快 无聊○ ○作业
5	相反联合辨别（正式测验）	●好的 坏的● ●学校生活	○轻松 生气○ ○老师

（三）实验程序

采用 Inquisit 2.0 软件自行设计的 Single Target IAT 实验程序为测试工具。实验在学校的微机房以班级为单位的集体施测方式进行，人手一台 PC 电脑。首先由主试介绍说明实验过程中的纪律要求和实验操作方法，然后由被试按照电脑屏幕上的实验指导语的提示独立完成所有实验，实验结果均由电脑自动记录。被试完成实验程序后，通过联想传奇电子教室软件系统将各自的实验结果提交到由主试控制的教师机上。

（四）数据处理

采用与格林伍德等人相似的方法对 Single Target IAT 结果进行预处理。首先将内隐联系测验中错误率超过 20% 的被试剔除。接着将反应时大于 3 000毫秒的计为3 000毫秒，小于 300 毫秒的计为 300 毫秒。由于被试在开始正式测验时难以立刻进入实验操作状态，删除每一部分测验的前两个判断反应以及错误的判断反应。为了使数据有满意的方差稳定性，对所有的反应时都先进行对数转换，并分别计算被试在第三“学校生活——坏的”和第五“学校生活——好的”两部分的对数平均数，两者之差则作为内隐学校满意度的指标。经过筛选和剔除无效样本，最后获得有效样本 125 人。

三、研究结果

（一）外显学校满意度测量的描述性统计

在外显学校满意度各测量工具的反应方式中，3 表示“有些不同意”，4 表示“有些同意”，因此设定 3.5 为同意与不同意的性质分界，将被试在外显学校满意度测量上的得分与 3.5 的理论均值进行比较。从表 3 可以看出：被试在各维度的得分都显著高于 3.5 的理论均值，反应出被试的外显学校满意度是偏向于满意的。

表3 外显学校满意度测量的描述性统计

	M	*SD*	*t*
成就感	4.07	0.76	8.41 ***
学校管理	4.13	0.85	8.25 ***
师生关系	4.33	0.79	11.76 ***
同学关系	4.45	0.73	14.60 ***
教学	4.20	0.72	10.89 ***
课业学习	3.84	0.86	4.41 ***
学校满意度	3.90	0.76	5.84 ***
总体学校满意度	4.04	1.13	5.33 ***

注：* $p<0.05$，** $p<0.01$，*** $p<0.001$（下同）

（二）外显学校满意度的年级和性别变量的效应

以外显学校满意度各维度为因变量，性别和年级为自变量进行 2（性别）×2（年级）的多元方差分析。结果表明：年级的主效应（Wilks' Lambda $F_{年级(df=1)}=1.71$，$p>0.05$）以及年级和性别的交互效应（Wilks' Lambda $F_{年级\times性别(df=1)}=1.48$，$p>0.05$）均不显著，性别的主效应（Wilks' Lambda $F_{性别}=3.22$，$p<0.01$）显著。进一步的单变量检验的结果显示：男女生仅在课业学习维度上的得分存在显著差异，表现为男生的满意度高于女生（$M_{男}=4.02$，$M_{女}=3.66$，$M_{均值差}=0.36$，$p<0.05$）。

（三）外显学校满意度的学习成绩和人缘变量的效应

以外显学校满意度各维度为因变量，自我报告的学习成绩和人缘为自变量进行 3（学习成绩）×3

（人缘）的多元方差分析。结果表明：学习成绩（Wilks' Lambda $F_{学习成绩(df=2)}=2.98$，$p<0.001$）和人缘的主效应（Wilks' Lambda $F_{人缘(df=2)}=6.01$，$p<0.001$）均显著，两变量的交互效应不显著（Wilks' Lambda $F_{学习成绩\times人缘(df=4)}=1.16$，$p>0.05$）。进一步的单变量检验的结果如表4所示：不同学习成绩的学生在成就感、学校管理、师生关系、同学关系和总体学校满意度的得分存在显著差异，不同人缘的学生在除学校管理以外所有维度的得分均存在显著差异。从图1和图2可以看出，中学生在以上维度的满意度均呈现出随学习成绩的提高和人缘状况的改善而提高的趋势。

表4　不同学习成绩、人缘中学生外显学校满意度的差异比较（*M*±*SD*）

	成就感	学校管理	师生关系	同学关系	教学	课业学习	学校满意度	总体学校满意度
下等	3.46±0.72	3.76±0.87	3.93±0.77	4.18±0.75	3.94±0.72	3.63±0.73	3.76±0.59	3.53±1.05
中等	4.19±0.68	4.29±0.76	4.38±0.78	4.40±0.77	4.29±0.74	3.94±0.92	3.88±0.83	4.11±1.06
上等	4.42±0.59	4.21±0.91	4.59±0.69	4.77±0.53	4.28±0.64	3.87±0.85	4.04±0.76	4.38±1.19
$F_{学习成绩}$	16.24 ***	3.86 *	4.10 *	4.91 **	2.36	1.21	0.41	4.06 *
差	3.49±0.69	3.75±0.77	3.78±0.71	3.89±0.67	3.82±0.61	3.43±0.79	3.07±0.67	3.10±0.92
一般	4.17±0.66	4.23±0.79	4.41±0.64	4.35±0.71	4.21±0.80	3.89±0.77	4.14±0.52	4.32±0.98
好	4.33±0.71	4.26±0.91	4.59±0.82	4.91±0.46	4.42±0.59	4.04±0.91	4.17±0.63	4.36±1.08
$F_{人缘}$	11.35 ***	2.31	9.36 ***	23.53 ***	6.79 **	4.59 *	28.87 ***	12.32 ***
$F_{成绩\times人缘}$	0.03	1.10	1.16	2.27	0.69	0.43	1.05	1.57

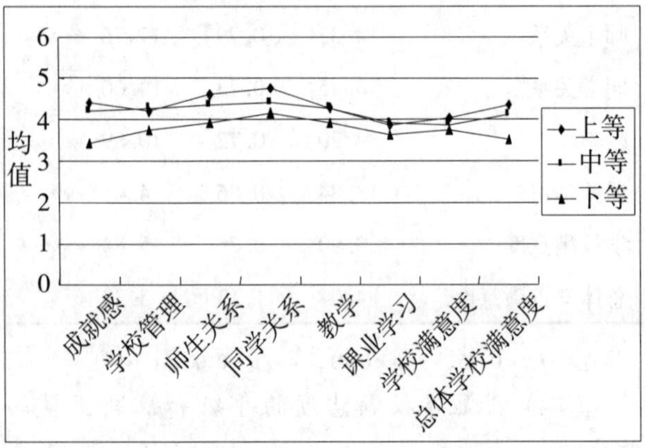

图1　不同学习成绩中学生的外显学校满意度

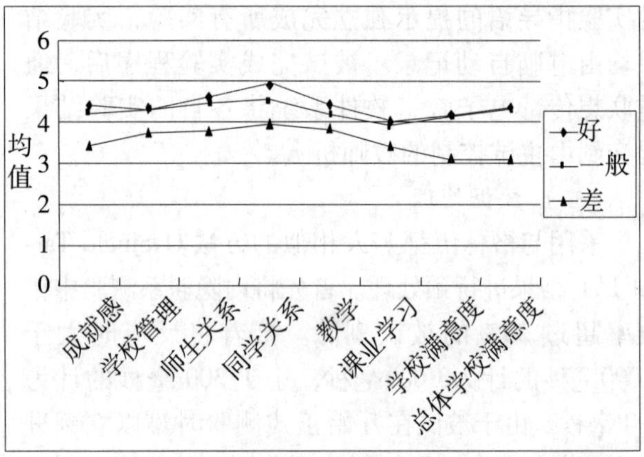

图2　不同人缘中学生的外显学校满意度

（四）内隐学校满意度的效应

在本研究中，内隐学校满意度的内部一致性信度（Cronbach's α）为0.9221。从表5可以看出，被试对“学校生活——好的”部分的反应时长于“学校生活——坏的”部分，差值为111.57，配对样本 *t* 检验也显示，被试在“学校生活——好的”部分的平均反应时显著长于“学校生活——坏的”部分，差异（即内隐学校满意度效应）显著（$t=13.27$，$p=0.000$）。这说明学生倾向于把学校生活和消极词汇相联系，其内隐的学校满意度较低。对以上两部分差异的效果量的统计结果表明，内隐学校满意度测验的效果量 $d=1.22$，说明本研究中内隐学校满意度测验的敏感度非常高（一般认为，$d=0.8$ 即为大的效果量）。

表5　内隐学校满意度测量结果及差异检验（*n*=125）

原始分数（ms）			转换分数（对数）		
学校生活——好的	学校生活——坏的	ST-IAT效应	学校生活——好的	学校生活——坏的	ST-IAT指标
823.42	711.85	111.57	2.86	2.81	0.05
187.00	152.04	91.62	0.08	0.07	0.04

（五）内隐学校满意度的性别和年级变量的效应

以实验数据的转化分数（对数）为因变量，性别和年级为自变量进行2（性别）×2（年级）的多元方差分析。结果如表6所示：年级和性别两个变量的主效应均未达到统计学显著性水平，年级和性别的交互效应显著。采用分层比较的方法考察不同年级学生内隐学校满意度的性别差异：在高一学生中，男生的内隐学校态度显著高于女生（$t = 2.636$，$p < 0.05$）；在高二学生中，男女生的内隐学校满意度不存在显著差异（$t = -0.540$，$p > 0.05$）（见图3）。

表6　内隐学校满意度的年级、性别的主效应

偏差来源	SS	*df*	MS	F	Sig.
年级	0.0006	1	0.0006	0.3300	0.5670
性别	0.0033	1	0.0033	1.8390	0.1780
年级×性别	0.0084	1	0.0084	4.6910	0.0320
残差	0.2160	121	0.0018		
总和	0.5520	125			

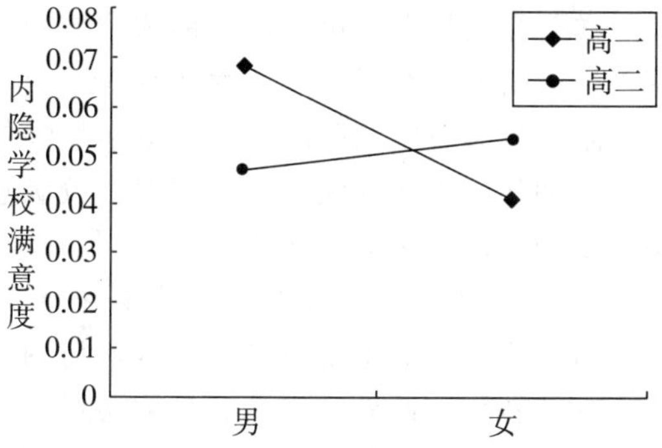

图3　内隐学校满意度的性别和年级的交互效应

（六）内隐学校满意度的学习成绩和人缘变量的效应

以实验数据的转化分数（对数）为因变量，学习成绩和人缘为自变量进行3（学习成绩×3（人缘）的多元方差分析。结果如表7所示：学习成绩和人缘的主效应以及二者的交互效应均未达到统计学显著性水平。

表7　内隐学校满意度的学习成绩、人缘的主效应

偏差来源	*SS*	*df*	*MS*	*F*	*Sig.*
学习成绩	0.0008	2	0.0004	0.2050	0.8150
人缘	0.0000	2	0.0000	0.0090	0.9910
学习成绩×人缘	0.0025	4	0.0006	0.3230	0.8620
残差	0.2250	116	0.0019		
总和	0.5520	125			

（七）外显学校满意度与内隐学校满意度的关系

为了分析外显和内隐学校满意度之间的关系特征，本研究考察了外显学校满意度和内隐学校满意度各测量维度之间的相关。从表8可以看出，内隐学校满意度和外显学校满意度各测量维度之间的相关系数都接近0，且相关均未达到统计学显著性水平。该结果表明，被试的内隐学校满意度和外显学校满意度是两个相对独立的结构。

表8　外显与内隐学校满意度的相关

	成就感	学校管理	师生关系	同学关系	教学	课业学习	学校满意度	总体学校满意度
ST IAT	.023	-.023	-.058	.070	-.006	.065	-.113	-.046

四、研究讨论

（一）外显学校满意度

本研究表明，被试在外显学校满意度各测量维度上的得分都高于理论均值，这说明高中生的外显学校满意度偏向于满意。在各维度中，又以同学关系的满意度最高，课业学习的满意度最低。该结果与国内已有相关研究结果一致。2000年北京市第一次未成年人发展状况调查发现，“80%的中学生对同龄人关系是满意和比较满意的”。国内学者进行的初中生学校压力的调查研究发现，课业压力是学生学校压力中最主要的压力。高中生面临考大学的压力，课业任务繁重，其对课业学习的满意度较低也是必然的。同时本研究还发现，男生对课业学习的满意度显著高于女生。该结果也与国内相关研究一致。田丽丽、金盛华进行的7省市中学生生活满意度的调查发现，男生在学习领域的满意度显著高于女生。

本研究表明，学习成绩好和人缘在中学生的外显学校满意度上存在主效应，且表现为学生在存在学习成绩和人缘差异维度的满意度呈现出随成绩的提高和人缘状况的改善而提高的趋势。该结果与国内学者进行的听障中学生和小学生生活满意度的研究结果一致。这些研究均发现，学习成绩好和人缘好的学生的学校满意度高于学习成绩差和人缘差的学生。对于以学校学习为主要生活内容的中小学生来说，学习成绩是评价其发展状况的一个重要指标。无疑，在学习上具有较高胜任力的学生倾向于对其学校生活质量做出较高的评价，因而学校满意度高。人缘是衡量学生在校人际关系状况和人际沟通能力的重要指标，人际关系好的学生容易获得他人的支持和帮助，能够更好地应对学校里的生活事件，从而对学校具有较高的满意度。

（二）内隐学校满意度

在本研究中，内隐学校满意度测验具有良好的心理测量学特性，内部一致性信度、内隐效应、敏感性均达到测量学要求。该结果与国外学者进行的内隐生活满意度的研究结果一致。本研究发现，高中生倾向于将学校生活和消极词汇相联系，其内隐的学校态度是消极的，内隐的学校满意度偏向于不满意。本研究发现，内隐学校满意度存在显著的性别和年级的交互效应，即在高一年级学生中，男生的内隐学校满意度高于同年级女生，男生对学校生活的内隐态度更为消极；在高二学生中则不存在内隐学校满意度的性别差异。该结果反映出，在高一年级学生中，内隐学校满意度的男女生不平衡的特点到二年级趋于平衡。该结果提示我们，在关注整体高中生学校满意度的同时，应该给予高一年级男生更多的学校关怀与支持。本研究还发现，不同学习成绩和人缘学生的内隐学校满意度没有显著差异，自我知觉的学习成绩和人际关系状况对中学生潜意识里的学校态度指向没有实质影响。

（三）外显和内隐学校满意度的关系

本研究发现，学校满意度的外显测量和内隐测量之间的相关很低，两种测量方法分别得出了学生学校满意度偏向于满意和不满意以及年级和性别效应、学习成绩和人缘效应不同的结果。该结果与金姆（Kim）的外显、内隐生活满意度关系的研究结果及格林伍德等于1995年提出的内隐社会认知的许多构想一致，也证实了Wilson等人提出的双重态度模型。一方面，在外显学校满意度测量上，学生很有可能会按照符合老师、家长、社会所期待的“好学生”模式来回答问题。特别是那些自我知觉为学习成绩和人际关系良好的学生，更会受到“成绩好、人缘好的学生喜欢学校”这样的社会期待的影响，在回答问卷时存在自我矫饰心理。另一方面，在内隐学校满意度测量上，即在学生的无意识里对学校是持消极态度的，在学生的内心深处是对学校生活不满意的——无论是成绩和人缘好的学生，还是成绩和人缘不好的学生。从我国目前的中学教育实际，尤其是高中生的学校生活状况来看，高考压力巨大，学习任务繁重，学校生活紧张，越是那些受到老师和家长高期望的好学生越感到压力的巨大，所以，各种类型的学生都具有较低的内隐学校满意度也是与其实际生活相符的。本研究表明，外显和内隐学校满意度是两个彼此分离的独立结构，高中生的学校满意度具有双面性。

（四）本研究存在的不足及进一步努力的方向

因本研究只是青少年学校幸福感领域中的一个探索性的研究，在以下几方面还存在不足。第一，内隐学校满意度测验的心理测量学特性的考证还有待加强。本研究没有考察内隐学校满意度测验的重测信度。内隐认知具有“持久、稳定、长期持续不容易随时间发生变化”的特点，因此，跨时间稳定性的检定有利于深入探讨内隐学校满意度的特点。此外，内隐联系测验对不同内隐满意度学生群体的鉴别力以及内隐学校满意度的预测力等也是本研究进一步努力的方向。第二，取样问题。本研究仅以高中生为被试，在进一步的研究中应扩大被试群体，涵盖初中生、高三年级学生乃至小学生和大学生样本，以验证本研究中所发现的学校满意度的两面性特点在其他学生群体的适用性。第三，本研究仅采用了问卷法和内隐联系测验两种方法对学校幸福感的认知成分——学校满意度进行了研究，在今后的研究中应考虑将体验取样、生物测量等方法结合起来，采用多特质多方法的研究思路，通过比较和理解不同测量中的理论和概念的差异，深入揭示学生学校幸福感的结构与特点。

Vol. 5 , No. 2
June , 2010

教育实验与课堂教学变革研究*

郝志军
（中央教育科学研究所）

一、改革开放三十多年来我国教育实验发展的基本进程、主要特征和基本经验

梳理、总结和盘点改革开放三十多年来我国教育改革和发展的成败得失、经验问题，始终不能回避和绕开教育实验。教育实验作为验证性、变革性的实践活动，一直与我国社会的政治、经济、文化和教育的发展息息相关，一直同我国教育教学理论与实践改革交互运动，并发挥着先导性、试验性和创新性的作用，已经成为新时期以来我国教育界的主导性话语和声势浩大的行动，深刻地影响着我国教育从理论到实践、从课程到教学、从决策到实施、从个人到组织的多个层面，见证了我国教育改革和发展的历史脉络、推动了我国教育思想（理论）与实践的结合进步。尽管在新世纪、新时代，教育实验面临诸多方法论上的变革和多元化方法竞争上的挑战和困境，但丝毫不能贬低它对我国教育的历史地位和价值功能，更不能对它的未来发展失掉信心。如此，客观理性地梳理和总结三十多年来我国教育实验的主要历程、实践进展、基本经验，并从时代要求出发进行方法论的反思，以推动我国教育实验的未来发展，实为教育科学工作者的重要使命。

（一）基本进程与主要特征

以邓小平同志亲自作出 1977 年恢复高考及对外派遣留学生的重大决策为起点，中国教育迈出了改革开放的历史性步伐。①也是在这个时期，已经沉睡了十年的教育改革实验全面复苏并迅速发展，出现了我国教育实验史上的第二个发展高潮。从此，教育实验与我国教育的改革和发展携手前行，一起走过了三十多年光辉的发展历程。纵观我国教育实验三十多年的发展历程，大体可以分为以下四个阶段。

1．1978～1984 年：教育实验的全面复兴

教育思想是教育实验的先导。1978 年 12 月召开的具有历史转折意义的十一届三中全会，迎来了教育思想的大解放，也迎来了教育科学研究的春天。教育思想的大解放，催发着教育改革和教育实验的洪流涌动。1979 年 8 月，《教育研究》发表特约评论员文章指出：三十年中很少在实验的基础上独立地进行教育理论研究，大多是对本土的注释或首长批示和政策条例的汇编。②对此该刊组织了“教育实验座谈会”，提出了“教育科学的生命在于实验”的口号。《中国教育学会通讯》发刊词又提出通过教育实验研究，建立中国特色社会主义教育理论体系的先声：“造就千百万适应四化需要的又红又专的人才，教育科学必须先行。我们要加紧努力，在广泛调查、实验，认真总结老解放区的、特别是解放后的丰富经验，批判继承孔子以来的教育遗产，吸收对我国有益的外国教育先进经验基础上，逐步掌握教育的客观规律，建立起我们自己的社会主义教育体系来。”③1983 年 9 月 10 日，邓小平为景山学校题词：“教育要面向现代化、面向世界、面向未来”，成为教育改革和教育实验发展的指导方针，更加激发了各地恢复和开展教育实验的热情和愿望。一些在“文革”中停顿的教育实验相继恢复，如“三算结合”实验、“集中识字、提前读写”教学实验、中学数学自学辅导实验等。同时，兴起了一批新的教育实验，如“小学提前开设自然课程”实验、单科教材实验等，据统计，十一届三中全会后，操作

* 本文是郝志军研究员主持的全国教育科学“十一五”规划教育部重点课题“教育实验与课堂教学变革研究”（课题批准号：DHA060136）结题报告的主要内容。

① 改革开放 30 年中国教育改革与发展课题组著：《教育大国的崛起》，教育科学出版社 2008 年版，序。

② 特约评论员：《补好真理标准讨论这一课，教育问题要来一次讨论》，《教育研究》，1970 年第 8 期。

③《〈中国教育学会通讯〉发刊词》，《中国教育学会通讯》，1980 年第 3 期。

性强、影响面大、效果显著的学科教学改革与实验有18项之多。① 综观这个时期的教育实验，学科分布和地域分布不平衡，主要集中在数学、语文等主干学科和东部大城市，实验尚限于经验层次，科学化水平有待提高。这也反映出我国改革开放初期教育的总体状况，但它毕竟预示出我国教育的勃勃生机。

2. 1985～1992年：教育实验的整体推进

经过前期的全面复兴，这个时期在国家教育政策、教育理论研究的有力推动下，教育实验的数量在增加，规模在扩大，类型变多样，水平在提高，开始进入了一个相对繁荣发展的阶段。1985年5月，中共中央颁布《关于教育体制改革的决定》，提出了“提高全民素质，多出人才、快出人才”的宏伟目标，为我国教育改革与发展指明了方向。在教育政策的感召下，教育界对国外现代教育教学理论如布鲁纳的结构主义教育理论、斯金纳的程序教学理论、布卢姆的掌握学习理论、巴班斯基的教学结构最优化理论等进行介绍和引进，对我国教育实验产生了重要的理论指导和方法论启示，推动了教育实验理论研究的开展，有力促进了教育实验的整体推进。主要表现为：一是学科课程和教学实验稳步发展且由单项实验向整个学科和教学拓展，如李吉林的情境教学试验、南京琅琊路小学的“以语文教学改革促进整体性改革”实验、冯忠良的“结构—定向教学实验”等。二是综合课实验开始受到重视，如上海市教委在20世纪80年代后期对6～9年级设置了综合型的社会类课程，将历史、人文地理和社会学的相关基础知识融合在一起，也设计了综合型的自然类学科。这些实验，实际上为今后新课程改革作了积极的尝试，积累了有益的经验。三是中小学整体改革实验迅速发展。1985年以后，国家先后确定了115个农村教改实验县，开展农、科、教结合和基础教育、职业教育、成人教育统筹实验，1988年，中国教育学会组织召开了全国普通教育学校整体改革研讨会，并成立了中小学整体改革专业委员会，加快了学校教育整体改革的步伐。②可以说，这个时期，正在掀起我国教育实验的第二个高潮，也标志着我国教育改革与发展迅速推进。

3. 1993～2000年：教育实验的深化发展

20世纪90年代以来，我国教育实验无论在数量、规模、程度和范围上，还是在质量、效果、影响上都有进一步的拓展；无论是学制实验、课程实验、教材实验、教学法实验、教育教学管理实验，还是整体改革实验都不断深化和发展。其间深化教育改革、全面推进素质教育，成为这一时期教育实验的主导性课题和价值取向。1993年2月，中共中央、国务院发布《中国教育改革和发展纲要》，提出了“推动‘应试教育’向全面提高全民族素质的教育转轨”；1999年国务院在《关于深化教育改革全面推进素质教育的决定》中，正式以政策文件的形式明确地提出了“素质教育”的概念。可以说，这两个文件成为指导90年代以来教育实验的行动纲领，素质教育成为90年代乃至今后一段时期教育实验的主题和行动目标。在素质教育目标的指引下，我国的教育实验无论在理论研究、实践探索和协作机制诸方面都有了突出的进展。

在理论研究方面，面对各地各类型的教育实验在实施运作中所暴露出的各种问题，迫切需要在学理上和规范上作出回答，探索教育实验自身的规范性和科学性体系成为必然。20世纪90年代前期出版的《教育实验论》（王汉澜著，河南大学出版社），《教育实验方法》（陈社育、柳夕浪著，浙江教育出版社），分别从教育实验的理念、学术和方法的层面进行了阐述。1998年，王策三先生主编的《教学实验论》从理论的视角出发，探讨了教学实验的认识和方法论问题，探讨了我国教学实验的未来出路。同时，《教育研究》、《教育实验与研究》等报刊从1988年起连续六年召开学术研讨会，先后探讨了“教育实验的理论与实践”、“教育实验评价”、“教育实验设计”、“教育实验的科学化”等问题，有力地促进了新时期我国教育实验的理论建设，极大地规范和引领了各地教育实验的开展。由潘仲茗教授主编的《中小学教育改革实验丛书》和由顾明远教授主编的《全国中小学素质教育理论与实践丛书》等，都集中地反映了90年代我国各地教育实验的理论和实践成果。

在实践探索方面，由20世纪80年代以单科、

① 和学新、吴杰著：《课程实验论》，广西师范大学出版社2008年版，第42页。

② 李定仁、徐继存主编：《教学论研究二十年》，人民教育出版社2001年版，第443页。

单项为重点的教育实验探索，逐步转向了学术思想鲜明、理论工作者与一线教育工作者合作的整体推进学校变革为重点的整体改革实验。期间，系统思维理论成为指导教育实验的主体方法论。人们围绕素质教育的主题，以全面提高学生的素质为重点，在学校教育的各因素、各层面和各方面进行了有益的探索。其中以主体教育哲学为指导的主体教育实验和以创新思维为基点的创造性教育实验成为落实新时期素质教育目标的实验运作模式。可以说，以整体改革实验为重心，以多种单科、单项教改实验为辅助的多样化的教育实验格局，已成为90年代中后期教育实验的基本的实践样态。

在协作机制方面，成立于1994年的中国教育学会教育实验研究会及中央教育科学研究所教育实验研究中心，整合全国教育实验的资源，以实验区（学校）为依托，以学术研讨与交流为形式，针对教育实验研究与实践中的重大理论和实践问题开展多种学术活动，推介了一批教改实验示范（区）校和典型，有力地推动和引导了我国的教育实验协调运行。

4. 2001年至今：教育实验的多元聚焦

进入21世纪，素质教育的实验指导思想更加明确，教育实验的内容更加集中，教育实验的重心和主题已聚焦到新一轮基础教育课程改革上来。2001年，教育部颁布了《基础教育课程改革纲要（试行）》，从课程目标、课程内容、课程结构、课程实施、课程管理及课程评价诸方面，对本次课程改革作出了整体规划。同时，新的课程标准研制和教材的编写工作也全面展开。同年9月教育部在全国28个省（自治区、直辖市）确立了38个首批新课改实验区。到2005年秋季全国所有义务教育段的中小学起始年级开始实施新课程，同时及时启动了义务教育阶段新课标修订和完善工作，普通高中新课程也在积极稳妥地在全国逐步展开。国家新一轮基础教育课程改革是一场由课程教材改革带动的中国基础教育的全面、整体的改革，是我国教育领域一场广泛深入的教育创新。这个时期的教育实验基本上都是围绕新一轮的基础教育课程改革展开的，虽然有的教育实验没有直接冠名“新课程改革”，但实验的指导思想和基本精神与新课程改革有内在的一致性。

从总体看，进入本世纪以来的教育实验的显著特征是追求一个“新”字。目前，已初步形成了由政府推动、理论研究者带动、广大中小学教师参与的课程与教学改革实验热潮，即通过新的课程教材体系，营造生命实践活动课堂，培养21世纪新人。其中代表性的教育实验有“新基础教育课程教材开发实验”、“新教育实验”、“国家基础教育新课程实验”、“新基础教育的研究性、推广性实验”以及一大批旨在培养学生创新精神和实践能力的课堂教学变革实验等。

（二）基本经验

三十多年的教育实践表明，教育实验至少具有两大功能：一是认识功能，即验证、丰富、深化理论认识，发现真理，寻找规律。二是发展功能，即通过合理、有效的实验措施，提高教育质量，促进学生发展，锻炼师资队伍，推进教育改革，服务教育决策等。我国广大的教育教学工作者积极运用教育实验的方法和手段，结合自身的智慧和本土化的实践，充分发挥教育实验的功能，为构建中国特色社会主义教育教学体系作出了积极有益的贡献。教育实验“以其特有的功能，为解决教育现实中的一些迫切问题，打开局面，创立范例；为教育部门的决策作探路先导；也为教育理论的建设提供实证资料和科学依据”。① 例如，在理论研究方面，教育实验理论与方法的研究为教育科学方法以及方法论的研究注入了活力，并在一定程度上促进了整个教育科学研究方法体系的探讨。通过实验，探索、创造了一系列有利于教育理论发展的新经验、新模式，检验、深化和改造了一些国内外已有的教育理论与经验，这些成果对于新时期教育理论的繁荣与发展起到了积极的推动作用。在教改实践中，大批优秀教育实验成果不断涌现，不少优秀成果在全面范围内得以推广，并形成巨大的影响。许多学校通过走教改实验之路，提高了教育质量，培养锻炼了师资队伍。教育实验在教育改革中的导向、示范、评价、激励作用日益为广大教育工作者所认识，人们的科研意识和实验意识普遍得到加强。向科研要质量，向科研要效益，“科研兴校”已成为不少管理人员和教师的共识。在教育管理和决策方面，教育实验的影响力与日俱增。各级教育行政部门正在改变传统的管理和决策方式，逐步确立

① 张定璋：《教育实验的历史考察和本质探讨》，《华东师范大学学报》（教育科学版），1991年第4期。

了教育改革与决策过程中科研先行、实验先导的指导方针。例如，近年来国家制定的《基础教育课程改革纲要》以及各地颁布的一系列课程实施方案，都曾广泛吸取了一些课程实验的研究成果。这一切表明，教育实验在教育改革与发展中发挥着重要作用，教育实验的兴起与发展为新时期中国特色社会主义教育体系的建构发挥了主要作用，积累了极其丰富的宝贵经验：

第一，提高教育教学质量，促进人的全面和谐和个性化发展，是教育实验的永恒主题；第二，科学、先进的教育教学思想和理论指导，是教育实验成功开展的基本前提；第三，以课题（项目）为依托、以教育教学改革实践中的重大问题为中心的实验取向，是教育实验保持强大生命力的关键；第四，教育行政（管理）人员、教育教学研究人员和广大教师通力合作、集体攻关，是教育实验开展的主体，也是教育实验运作的有效机制；第五，追求教育实验自身的规范性和科学化，是教育实验发展的本质要求；第六，教育实验研究方法与其他教育研究方法的相互借鉴和优势互补，是教育科学繁荣发展的重要标志；第七，开放民主的政策环境和社会环境，是教育实验顺利开展的重要条件和制度保障。

这些经验，是我国教育实验推进乃至教育改革与发展的宝贵精神财富。

二、教育实验在推进基础教育课程改革，特别是推进教学变革方面发挥了先导性、示范性、基础性作用

（一）教育实验促进了先进的教育教学思想（理论）的传播及“以人为本”教学观的确立，提升了学生的学习能力

新时期的教育实验追求先进的教育思想和理论指导，体现着相关理论的意愿、要求和价值取向，有时某项教育实验就是某种教育思想或理论的先导和示范。如目标教学实验与布卢姆的“教育目标分类学理论”，“愉快教育”、生命教育与人本主义教育思想等。通过教育实验，一方面检验了该理论的正确与否，另一方面又促进了理论思想的传播，更促进了教育教学观的转变。其中，显著的标志是在教育领域确立“以人为本”的育人观。

人是教育活动的出发点和落脚点。重视教育对学生的发展价值，着眼于学生的全面发展、个性发展和和谐发展，逐渐成为各种教育实验的主旋律。“适应学生的教育是最好的教育”，此时的教育研究和实践活动要求充分尊重学生的主体地位、尊重学生的情感，相信学生的潜能，真正视学生为个体和主体，强调德、智、体等在每个学生身上的具体落实，重视智力因素与非智力因素全面和谐的发展，这是学生终身学习的基础。我国的基础教育新课程改革从“知识与技能”、“过程与方法”、“情感态度价值观”三个维度提出课程教学目标和内容，在强调基础知识和能力的同时，更看重创新精神和实践能力、终身学习的愿望和能力的养成。20世纪90年代初开始的“主体教育”实验，针对传统教育中严重忽视“人”的发展这一问题，设计了“主体参与、合作学习、差异发展、体验成功”的发展性教学策略，强调要始终把学生放在首位，并以此作为促进学生主体性发展的手段，强调学生的能动性，反对强加于人的灌输教学方式，同时要善于理解并充分尊重学生的合理选择，旨在培养学生的主体人格，实现学生的主体发展。“新基础教育”实验更是从人的生命实践活动出发，注重在师生多向互动、动态生成的教学活动中，沟通书本世界与生活世界的关系，展现和提升师生的生命质量和精神价值。可以说，新基础教育实验所倡导的理念，成为中国教育改革与实验新的价值追求。“新教育实验”围绕“世纪新人”的培养目标，提出了全新的教育思想，付诸了六大教育运动，着力“让人过一种完满的教育生活”。无论是哪种教育实验，它们都坚信“个体能够自主学习且能够主动学习”，并以此为基础强调开发学生的个体潜能，重视培养受教育者的完整人格与和谐发展。

提升了学生的学习能力。“以学习者为中心”、“为了每一位学生的发展”的新课程理念在实践层面上得到了体现，让学生爱学、乐学，给儿童一个幸福的童年，不仅是实验教师的共同心声，并且成为了现实。据《国家级课程改革实验区教学改革调研报告》显示：学生自主学习的能力，特别是学生的综合素质明显地提高了。① 主要表现在：(1)小学低年级学生的识字量明显增加了。学生不仅从书本中识字，也从生活中、从各种学习

① 余文森：《国家级课程改革实验区教学改革调研报告》，《教育研究》，2003年第11期。

资源中识字，并初步养成了主动识字的习惯。(2)搜集和处理信息的能力提高了。围绕一篇课文或一个主题，学生会收集到相关的各种各样的资料。学习不再局限于一本书了，而是拓展、延伸到社会生活、科学世界和网络世界的各个角落。(3)交流和表达能力提高了。新课程提倡合作学习，鼓励学生在交流研讨活动中学习。课堂上，学生们经常交流各自的学习心得，交流彼此的看法，交流思想、情感体验。教师则鼓励学生发表自己独特的见解和真实的感受。(4)质疑、创新能力提高了。新课程提倡探究学习，鼓励学生在探究、发现活动中学习，从而把学习过程之中的发现、探究、研究等认识活动凸显出来，使学习过程成为学生思考、质疑、发现、求证的过程，学生的质疑、创新能力得到了培养。(5)动手实践能力提高了。新课程不仅专门开设了让学生动手实践的课程——综合实践活动，而且在每门课程教学中，都积极创造条件，尽量给予学生实践机会，让学生亲自动手、亲身体验，学生动手能力得到了一定程度的提高。

（二）教育实验围绕课程与教学改革的主题，积极探索课程的综合化和校本课程开发，为优化课程结构，提升学生的综合素质，作了有益尝试

课程是教学活动的基本依据，是实现教育目标的基本途径。在教学实践中，课程的质量在很大程度上直接影响着教学质量和人才培养的质量。正因为如此，在20世纪80年代以来的教学改革中，课程改革与实验始终居于十分重要的地位。

课程综合化是20世纪90年代以来各国课程改革的一个趋势，基于社会和个人发展的需要，各种教育实验的课程更加关注个人在复杂的情境中作出明智的选择和问题解决能力的提高，因此，这需要突破传统的以分科为特点的“学科主义”框架，同时也需要改变以往的知识技能的确定性和检阅性观念，更多强调根据学生的学习和身心发展规律来安排内容，并确立课程内容与生活和社会的关联性和连续性。例如，“情境教育”实验强调在一种“人”化了的情境中通过情境来全面提高学生素质，这种情境往往出现在学科、社会或经验本位的综合课程中，与学生的生活密切相关，更利于让学生产生心理共鸣和相应情感，从而为主动参与教学过程奠定良好的前提和条件。近年来“中小学幼一体化课程（阶梯课程）实验”提出了“阶梯型课程”，将课程内容按难度高低进行与学生发展的动态水平相切合的阶梯式排列和实施，从而有效地适应和促进学生发展的阶梯式上升。它注重学科课程与活动课程相结合、分科与整合相结合，必修与选修相结合。如从小学到高中，选修的比例范围达到5%～30%。在课程结构上，实现了纵向衔接沟通与横向整合，把外语、计算机作为核心课程。① 这种探索有利于构建适应21世纪人才要求的课程体系。

《基础教育课程改革纲要》明确提出了要建立“国家课程、地方课程和学校课程三级管理体制”。为此，许多课程专家进行了以校本课程为主的实验探索。校本课程是指学校在保证国家和地方课程的基本质量的前提下，通过对本校学生的需求进行科学评估，充分利用当地社区和学校的课程资源而开发的多样性的、可供学生选择的课程。其本质是为了提升教师和学生在课程开发和变革过程中的主体价值，确立了课程主体的多样性，适应学生的实际需要和学校的实际，促进了我国课程决策的民主化进程。如校本课程开发的实验，在对学校资源、信息进行调整评估的基础上，制订了《校本课程开发指南》，形成与国家课程相整合的、对学校育人目标起支撑的、适应学校办学目标和满足学生需求的校本课程结构，即包括四门限制性选修课以及科学素养类、人文素养类、生活职业技能类、身心健康类等四类任意性选修课；初步形成校本课程的管理制度，成立由专家、校长、教师代表和学生代表组成的“学校课程发展委员会”，制订《校本课程管理细则》、《学分制试行条例》和《校本课程评价指南》，建立校本课程的决策程序与内部课程监督机制。实验结果表明：教师认为选修课/活动课起到必修课起不到的作用比例为75%，对学生负担没有增加的达93%，其实际效果好的比例为96%。而且绝大多数学生对选修课和活动课的效果持肯定态度。实验者这样评价，“校本课程开发实验不仅激活了该校课程改革的活力，为学校的持续发展和课程改革提供了可靠保障，而且为进一步实施三级课程管理体制提供了参照和思考框架”。②然而这方面的实验探索刚刚起步，要真正建立起符合中国国情的三级课程体系还任重道远。

①② 裴娣娜主编：《现代教学论》（第3卷），人民教育出版社2005年版，第128～143页，第166～181页。

（三）在教育实验的积极探索和推动下，教学模式或教学方式正在发生积极而本质的变化，课堂教学呈现出多样性、活动性、生态性的实践样态

课堂教学是课程实施的基本途径。再好的课程方案，必须通过教学这个环节才能真正实现。综观三十年来的教育改革实验，其最终目的基本是围绕着提高教育教学质量展开的，而学生素质的全面和谐发展则是质量的最高体现。

经过多年的实验探索，特别是在新一轮课程改革的推动下，教师更加注重根据不同年龄学生的认知特点，引导学生主动学习；积极实行启发式教学和参与式教学，激发学生独立思考和创新意识。课程改革后的课堂突出了学生学习的主体作用，注重学生的创新精神和实践能力，注重学生的参与、体验和感受。目前，我国中小学的课堂教学模式和方式发生了巨大变化，多样化的教学实践形态正在形成。有人总结了新型课堂教学模式的几种价值取向：(1)活动取向教学模式，如活动教学实验；（2)生命取向，如新基础教育实验，新生活教育实验等；(3)动态生成取向教学模式，如新课改实验；（4)交往与对话取向教学模式，如新基础教育实验；(5)自主取向，如主体教学实验，创造性教学实验等。① 实际上这种划分是相对的，因为每一种倾向的教学模式其内涵、策略是多方面结合的。概括地说，就是逐步地“从教师本位向学生本位转变，从独白式教学向对话式教学转变，从封闭式教学向开放式教学转变，从传递接受式教学向以引导探究为主要特征的多样化教学转变”。②

近年来，在教学改革实验方面涌现出了一些先进学校的典型。如倡导“先学后教、当堂训练”（注重学生自学）、“没有教不好的学生”（大面积转化“困难生”）、“上课要像考试一样紧张”（提高课堂教学效率和节奏）的江苏省洋思中学；“两案（教案与学案）合一”即讲学稿（注重学生自学）、“两本（笔记本、作业本）合一”，“备研合一”（教师集体合作）的江苏省东庐中学；“开放课堂中的预习—展示—反馈”三板块一体，“10＋35”（教师讲不超过10分钟，学生活动不低于35分钟）模式的山东省杜郎口中学等。这些真实地发生在我们课堂教学中的事例，表明传统的单一的教学方式和形态正在发生着根本的变化。

（四）教育理论研究者、教育实践工作者和管理人员三结合的实验研究团队和良性合作运行机制，培养了一大批高素质的教师队伍，有效地提升了教师的专业发展水平

经过长期的研究探索，已经形成了“区别于西方国家实施的教育实验，我国的教育实验主体是一个由几方面组成的学术共同体”。③实践证明，这种由不同知识能力结构、不同思维方式、不同研究风格组成的异质互补、协同合作的实验制度，有利于发挥群体研究的整体效应。叶澜教授在总结“新基础教育”实验的成效时指出，就理论工作者而言，在实验研究中承担着提出理论、整体策划和组织协调的任务。一方面，理论研究人员在实验中承担着提出理论和整体策划研究的任务。理论在整个研究过程中发挥着引领价值取向、促进新观念体系形成和对变化着的研究实践作出综合式的抽象、不断提出新问题和新任务，提出原则性的行动意见等方面的作用。这是站到理论立场上对事件的观照和领悟，同时也是理论研究者将自己的研究扎根到实践、到实践一线去感受教师和学生的生活，感受他们的智慧和创造，并和他们一起创造新实践的过程；是一个实践滋养理论研究人员的学术灵感和精神生活的过程。④它使理论研究人员深切体验到实践内蕴的创造力和无比的丰富性，产生扎根实践的内在需要，逐渐养成从实践中提升、形成理论问题和理论的能力与习惯。改变了理论研究者对实践缺乏兴趣与尊重，满足于寻找例证式的研究方式。正是“新基础教育”理论的这些特征，以及研究人员长期与实践研究者的合作，逐渐成为实践工作者个人内在理论的组成，成为两类人构成的“我们”之共同的理论。从实践工作者方面看，在理论和专业人员的指导下，使实践者逐步认识到，教育教学实践必须有一定理论和方法论作指导，并带着这种理论去参与实践、解决实际问题，使共有的理论观

① 瞿葆奎、郑金洲主编：《中国教育研究新进展·2003》，华东师范大学出版社2005年版，第372～378页。
② 段作章：《新课程改革与教学模式转变》，《教育研究》，2004年第6期。
③ 裴娣娜：《论当代中国教育实验观的根本转变》，《教育研究》，1999年第7期。
④ 叶澜著：《“新基础教育”论——关于当代中国学校变革的探究与认识》，教育科学出版社2006年版，第401页。

念逐步得到验证和内化，最后在反思的基础上，经过长期的积淀，逐步使外在的理论变成实践者个人的理论。这种双向互动的合作机制，充分体现了教育理论工作者与实践工作者的民主与自觉，是一种相互尊重、共同成长的发展机制。另外，从教育行政人员方面看，必要的实验投入和政策支持，也是保障教育实验成效的必要条件，而且他们的参与，也会对管理和决策带来启示、感悟、借鉴和参照，进而影响教育的决策水平。这种符合中国国情的教育实验合作团队和协作机制，培养和造就了一大批高素质的科研型教师队伍。这些科研型教师，经理论培训和实践磨练，提高了理论水平，增强了研究能力，改进了教育教学实践，他们正在本地区、本学校的教改实践中发挥着领头羊和主力军的作用。

总之，新时期的教育实验秉承我国教育实验先驱的变革求新精神，力求与我国教育的改革与发展进程同步，致力于运用先进的教育思想理论并进行本土化的结合，探索具有中国特色的社会主义教育体系，为中国教育的改革与发展乃至社会的文明进步，作出了不可磨灭的贡献。

三、教育实验研究中的问题反思与方法论变革

在当今时代，面对知识经济、信息化社会和文化多元化新的形势，我国的教育实验研究面临新的挑战和问题。(1)实验的科学化水平普遍不高。主要表现为实验中理论依据不足，实验标准和实验设计不尽合理，教育实验与一般教改实践难以区分。(2)实验的理论研究相对滞后。主要是指现阶段教育实验的理论研究跟不上实验发展的需要，研究中移植的东西多，从实践中总结的东西少，理论研究缺少对实践活动的必要敏感和关注，已有的理论成果不能有效解释和指导现有的实验。特别是对于什么是有中国特色的教育实验，它们的基本特征和规范是什么等这样一些关键问题，我们从理论上还不能给出清晰明确的回答。(3)实验中的实用和功利主义倾向。即只顾眼前，急功近利，不顾实验的设计要求，急于出成果，急于见成效的态度。(4)实验的宏观协调明显不足。主要表现为缺少专门的职能部门对地方乃至全国的教育实验进行规划、组织、协调，实验点之间缺少横向的交流渠道，实验信息交流不畅，实验资源难以共享，课题重复设计、重复实验造成了相当大的资源浪费。(5)许多实验区和实验校在推进素质教育和新课程改革实践中的先进经验、实践模式和成功做法，尚需进一步提炼、概括和总结，一些有价值的教育实验成果需要进一步关注和推广，等等。正因为对这些问题解决的复杂性和艰巨性，20 世纪 90 年代中后期，我国教育实验理论探讨曾一度淡化，教育实验似乎进入了高原时期，这一方面表明人们对教育实验的心态更为冷静和理性，另一方面也说明符合时代精神的思维方式的根本转换和方法论更新，已是教育实验后继发展的关键所在。对此，尽管涉及的方面很多，但我们以为以下几个方面的问题，尤需重点关注。

（一）教育实验的生命活力在于顺应时代和社会的发展要求

时代精神与社会要求是教育实验的风向标和过滤器。教育实验永葆生命活力的关键在于适时、正确地把握时代和社会发展的脉搏和节奏，并从时代和社会对教育改革与发展提出的重大实践问题中找到自己的关注点和突破口。大凡成功的教育改革实验，都是与时代和社会发展合拍的，反之，则有可能终止。如自学辅导实验，前后坚持了近四十年，并在我国中小学教学改革实践中产生了广泛而深刻的影响，应该说，在中国教育实验发展史上写下了重要的一页。2002 年，该实验终止，种种原因，但很重要的一点就在于实验主题并未与时俱进。教育实验研究，既不是游离于实践作形而上的思辨和遐想，更不是单凭常识经验的直觉和感悟，而是超越了思辨的和经验的局限，在时代和社会的大背景下对于不断变革的教育实践的沉思和问题的挖掘。“所谓‘超越思辨的局限’，表现在教育实验一方面力图通过干预实验对象的活动，检验理论或找出规律，上升为理论，另一方面它可以将理论变成可操作行为，使理论具体化，思辨现实化；所谓超越经验的局限，表现在实验对实践活动的干预性，在一定范围、一定时间内它通过假设，有明确目标、有控制地采取各种措施让实践回答问题，从而揭示教育规律。”① 教育实验只有在不断解决不同时期遇到的矛盾与问题中，不断归纳出新的命题形成新的内

① 雷实、翟天山：《教育实验与教育思潮》，四川教育出版社 1998 年版，第 6 ~7 页。

涵，才能不断获得持久发展的生命活力。

当今中国正处在经济社会全面、协调、可持续发展的变革时代，指导这种时代变革发展的是科学发展观，它不仅是对人素质发展观的时代提炼和概括，而且展示了一种面向未来发展的崭新的社会文明观。一方面把人的发展，特别是人的精神发展提升到一个全新的高度，另一方面从更高的境界和更广阔的视野，把人的发展同环境、社会和生态发展融合在一起，全面协调发展。科学发展观的提出，已经深深地影响和改变着人们的世界观和价值观，同时也深刻地影响着教育观念、教育内容和方式的不断变革。早在1996年发表的国际21世纪教育委员会的报告《教育——财富蕴藏其中》就明确表达了21世纪教育的理想与信念："学校应进一步赋予学生学习的兴趣和乐趣，学会学习的能力以及对知识的好奇心"，"要让像财富一样埋藏在每个人灵魂深处的所有才能都发挥出来，例如记忆、推理能力、想象、体力、审美观、与他人交流的能力、领导者的天然气质等"。① 可以说，提升人的整体素质，促进人的全面发展的素质教育是教育改革与发展的主题，是当今时代教育的最强音。正是从这个意义上来看，在当前及今后相当长一段时期内，积极应对在素质教育实践中出现的新情况、新问题和新矛盾，有效探索与素质教育目标相适应的新型的教育教学模式、方法及体制，是未来教育实验研究的当然使命和基本责任，也是教育实验常葆生命活力的关键所在。

（二）教育实验的发展方向在于科学与人文精神的双重引领

科学与人文是人思维品质的双翼，相辅相成，缺一不可。教育之学是"为人"之学、"成人"之学，科学精神与人文精神都是教育科学发展必须依靠的指导性力量。教育实验的发展更不能例外。正确处理科学与人文的关系，决定教育实验的发展方向和人们对教育实验持什么样看法的问题，即实验观问题，二者既是教育实验的世界观，也是教育实验的方法论。只有坚持科学与人文的双重引领，才能使教育实验沿着良性、健康的轨道不断前行。纵观教育实验发展史，那种单纯强调因果关系的解释和研究的规范性，强调在自然状态下的严格条件控制，去掉价值以追求实验结果的精确性、客观性和纯粹性的研究范型，以及那种反对适当条件干预，放任个体愿望的膨胀和价值的自我发展，单纯追求定性的研究范型，都不是教育实验的本真，都不是真正坚持了科学精神与人文精神相统一的要义。就我国30多年来教育实验的历程来看，也不是把二者的关系处理的很好。追求教育实验的科学化本身并没有错，但一提"科学"一词，研究者很容易滑入科学主义那里去，很自然地把自然科学实验室的一整套技术方法移植到教育实验中来，希望教育实验也能像自然科学实验那样客观和精密。一段时间以来，教育实验的规范问题始终是广大教育实验工作者关注、研究的一个重点。由于方法论基础和认识角度的不同，人们对教育实验究竟应该具有什么样的规范看法不尽一致。从自然科学和心理学借鉴移植过来的实验规范引入教育实验领域后对于推进教育实验的客观化、精确化、精密化起到了积极作用，但是，这套规范同时又有把复杂的教育现象机械化、简单化及割裂事实与价值的偏向。教育实验在按着这套规范尝试了一番之后，便开始陷入教育事实与教育价值、情境与教育实践、实验变量与非实验变量之间的不可分离的困惑之中。近年来，由于定性研究特别是质的研究范式在教育上的兴起，这种狭隘的科学实验观才有所改观。

教育实验应该也必须向自然科学实验学习。其中，关键和首要学习自然科学实验的是科学精神，即"探索真理的求真精神、尊重事实的求实精神、自我扬弃的批判精神和超越理论的创造精神"，②至于具体的操作层面上的"技"与"法"，则应因教育教学过程的复杂性、情景性和人为性而有所取舍，并予以合理地超越。诚如王策三先生所言："本来教育实验有自己的发展史，有自己的'格'和'标准'。它和自然科学实验之间的区别，不是程度、等级的区别，而是性质的区别。"③教育实验也应该向人文科学学习。相比之下，我国教育实验研究中的人文关怀更为不足，所以向人文社会科学学习它们的哲学思维和人文

① 联合国教科文组织总部中文科译：《教育——财富蕴藏其中》，教育科学出版社1996年版，第8、10、69页。
② 孙正聿：《论科学与哲学的反思关系》，《哲学研究》，1998年第5期。
③ 王策三：《加强学习，探索教育实验自己的路子》，《课程·教材·教法》，1996年第1期。

品质，就更为重要。哲学使我们睿智、高远，人文使我们豁达、关爱，这些都是人文精神的应有之意。在当今知识经济社会、文化形态观多元化的背景中，教育改革与发展的任务还十分艰巨，科学社会主义的核心价值观建立还有漫长过程，培养人的精神文化素质的任务还十分艰巨，这就决定了我们没有理由不重视人文精神的培育。教育实验人要在人文精神导引下，恪守实验伦理和学术责任。

教育实验研究要借鉴质的研究的合理内核，特别要与当下流行的教育行动研究和教育叙事研究形成对话、共融、共长的良性机制。20 世纪 90 年代中后期，我国教育实验理论探讨曾一度淡化，教育实验研究似乎进入“高原期”，特别是当研究者在重新思考教育实验科学规范的方法论困境时，在解释学、现象学、批判理论与人文思潮的影响下，一种自下而上的强调研究者与行动者相结合的行动研究悄然兴起，受到人们青睐；随后的叙事研究更受教育研究者和一线工作者推崇，大有取代实验研究和行动研究之势。对于此，教育实验人大可不必担心它们会占领我们的领地，使我们边缘化，因为无论是行动研究，还是叙事研究，仅仅是众多研究范式群之一，它们也只能解决教育领域中某一层面、某一方面的问题，不可能穷尽教育问题全部。教育实验应以积极开放的态度去包容它们，接纳它们，同它们相互交流与借鉴，形成对话、共融、共长的良性机制，共同为繁荣和发展我国的教育科学作出各自的贡献。“在今天多元化的教育研究态势下，以一种方式，一种立场支配、统领其他立场既不可能，也无必要。唯有基于彼此尊重和理解的真诚对话，在‘和而不同’中相互滋养，才是科学的态度，也是民主的人文的态度。”① 实际上，近年来我国学者所开展的一些教育实验如社会课程改革实验、反思性教学实验等就是合理地借鉴了质的研究的合理思想和方法，并取得了成效。我们相信，随着我国教育改革的不断深入和教育思想的不断解放，教育实验研究与其他研究范式相互吸收借鉴、共同发展的格局定会形成。

（三）教育实验的持续后劲在于培训一支专业化水平高的教师队伍

教师是教育实践真正依靠的重要主体，是教育实验可持续推进的主要力量。30 多年的教育实验发展状况表明，许多实验由于不重视对实验教师的专业培训，实验的人力资源储备不足，梯队结构不尽合理，特别是实验的后备教师队伍培训不足，最终因实验主持者变故而导致开展了多年的教育实验停顿。有一个著名的实验，正是由于实验学校没有真正理解实验设计者的理论内涵，最终导致实施过程中出现偏差，实验结束。因此，加强实验教师的专业培训，实为必要。

加强实验教师培训，至少应达到三方面目的：一是提高教师的教育理论素养。缺少必要的教育理论特别是教育实验方面的知识，常常会使实验教师在实验中无所适从，不能很好领会实验设计要求，甚至使实验走样。因此，通过培训加强教育实验理论的普及，让广大实验教师掌握一些基本的教育实验的知识，就显得十分重要。二是强化实验者的主体意识。实验教师是实验的主体，教师在实验过程中有了主体意识，就会主动地研究问题，独立地解决问题，创造性地发展问题，这样，实验的过程就会成为真正的科学研究的过程，实验也会既出成果又出人才。三是明确教师在教育实验中的角色。教师在教育实验中不是被动的执行者和机械的操作者，而是积极主动的参与者和研究者。他们不仅参与实验的实施，也参与实验的设计和论证，同时实验的许多重要成果也出自他们之手，他们在参与的过程中实际上也扮演着研究者的角色。随着新一轮基础教育课程改革的深化，以校为本的教学研究制度已在中小学初步形成，这无疑对提升广大教师的专业化水平，增强教育实验的主体力量，具有重要意义，而这一切都需要教育决策予以重点扶植、支持和关注。如此，则我国的教育实验长兴不衰。

四、以新课改精神为指导，深化课堂教学变革的教学实验探索

（一）深刻把握新型教学实验探索的时代背景：基于贯彻素质教育精神、推进基础教育课程改革的需要

素质教育是我国教育改革的根本目的和行动指南。现代教育追求的是坚持人文精神与科学精神的统一，要求一个现代人既有高尚人文精神，又有良好的科学精神，实现人文精神和科学精神

① 于述胜：《改革开放三十年中国的教育学话语》，《教育学报》，2008 年第 5 期。

的良性互补，全面发展。因为这两种精神是现代人思维品格的双翼，缺一不可。素质教育的基本理念是在价值观上，摒弃传统教育机械、单向的“适应论”而走向“超越论”，为国家培养既能从容地适应现存世界，又能以强大创新才能主动地发展、超越的新人；在教学观上，变消极被动地接受知识为积极主动地探索和发现问题，并解决问题的教学，变静态封闭的教学过程为动态开放的教学过程，通过师生的共同参与，完成人格完满塑造；在知识文化观上，既合理吸收和继承人类优秀的文化，又适时地改良和创造新的人类文化；在思维观上，力图突破封闭的、一元的、单纯逻辑的思维方式，形成开放的、多元的、建构的新型思维方式，等等。随着素质教育的深化，特别是2001年全国基础教育工作会议的召开，教育部颁布了《基础教育课程改革纲要》，新一轮的基础教育课程改革全面贯彻素质教育精神，以培养学生的探究、创新精神、实践操作能力和完整个性为宗旨，备受世人关注。无疑，课堂教学改革是基础教育课程改革的重头戏。新一轮课程改革提出了知识与技能、过程与方法、情感态度与价值观三位一体的整体人的目标，倡导学生在教学中自主质疑、探究和合作，从而实现教师的教学方式的转变、学生学习方式的转变、教学内容呈现方式的转变和师生互动方式的转变。

一个时期以来，变革传统的“机械性学习”、“应答性学习”、“接受性学习”的学习方式，反对“课堂中心”、“教师中心”、“教材中心”的教学模式，倡导“学生中心”、“自主活动”、“注重探究”的“个性化教学”、“探究性教学”模式的呼声和研究不断高涨。如有人提出“让课堂焕发出生命活力，建立面向21世纪新基础教育”（叶澜，1997，1998），有人提出“用新的教育教学理念来重构课堂，倡导个性化教学”（郑金洲，2001；邓志伟，2000），有人探讨了“反思性教学”（熊川武，1999）和“探究教学”（靳玉乐，2001）等。也就是说，课堂教学模式的变革，应成为新课程改革的先行军。然而，要把中小学课堂教学改革引向深入，还任重道远。

在世界范围内，自20世纪80年代以来，各国都把改变传统的、被动的、接受的、封闭的学习方式，倡导自主的、探究的、开放的、实践的学习方式，作为基础教育课程改革的重要切入点，如美国开展的“以项目为中心的学习”和“以问题为中心的学习”、法国的“有指导的学生个人实践活动（TPE）”、日本的“综合学习课程”等。需要指出的是，美国的《2061计划》要求中小学课堂教学的各个环节，如教学目标、教学计划、教学过程、教学组织管理与评价，都贯彻自主、探究、发现学习的教育教学理念，进行了积极的实验尝试，并设计了许多新型的教学模式。如在建构主义心理学基础之上，提出情景学习与情景认知理论，设计出“抛锚式”教学模式，认知学徒教学模式、随机访问教学模式等新型的教学模式，并提出相应的教学策略。总之，各国多种教育实验和探索，也为我国课堂教学的变革提供了有益的启示与借鉴价值。

（二）贯彻新课程改革精神，树立正确的教学观，开展教学实验探索

我国从2001年正式启动的自上而下的基础教育课程改革，至今已有九个年头。反思新一轮的课程改革，有两点重要的启示，值得关注。一是生活本位的价值观。课程改革更加关注和凸显教师的教学生活和学生的学习生活，注重师生教育教学生活环境的优化、教育教学生活质量的提高和师生自主性、创造性的发挥。就教师而言，学校的教育生活和课堂的教学生活是自身职业成长的主体和整个生命活动过程的重要组成部分，是体现人身价值和生命意义的主要渠道；就学生而言，学校和课堂的学习生活同样也是自身成长的主体和整个生命活动过程的重要组成部分，是他们将来在更大范围、更深层次的职业生活和理想生活的基础生活。正因为这样的价值观，才促成了学校课程和教学与师生的日常生活、社会生活的紧密联系，打开了书本世界与生活世界的屏障。二是以人为本的教育观。真实地关注教师的教学实践智慧和创造性劳动并体现他们的劳动成果、真实地关注学生的全面发展、个体发展、个性特长发展并让他们主动健康地成长，在主动健康地成长中培养他们的创新精神和实践能力，是本次课程改革的根本宗旨。在这里，以人为本是全面的、整体的、双边的，而不是片面的、局部的、单维的，更不是过去的“教师中心”，也不是实用主义的“儿童中心”。以上两点新课程改革的启示，实际上也是新课程改革所倡导的主体精神。我们应以这种精神来指导新型教学观的树立。

1. 整体优化观。现代教学模式的建构必须树立正确的教学模式观。这一观念要求教学应立足

于教学体系的全面更新，应用联系和整体的观点对教学的内外部环境和教学过程中的诸要素进行全面系统的布局和整合，使之系列化、最优化，组成一个合理的网络结构，以使教学发挥整体功能。

2．主体能动观。以人为本，学生成为学习活动、教师成为教学活动的主体，充分发挥师生的积极性、主动性和创造性，引导学生自主活动、积极思考、独立探索、健康发展。从而使学生的主体地位得到确立，学生的社会意义和自我价值得到体现，学生的创造能力得到发挥，成为一个真正学习意义上的人。诚如彼得·圣吉所言："真正的学习，对于个人而言，涉及人所以为人此一般意义的核心。通过学习，我们重新创造自我。通过学习我们能够做到的事情，重新认知这个世界，及我们和它的关系，以及扩展创造未来的能量。"

3．素质教育观。以培养学生的探究、创新精神、实践操作能力和完整个性为宗旨的素质教育观念，也是新型课堂教学模式合理建构的必然要求。

普通高校负债建设风险的防范规避措施*

帅相志
（山东师范大学）

贷款办学是高校发展的使然，尤其是在扩招政策的出台及高校合并浪潮愈演愈烈的前提下，高校贷款成为普遍采取的筹资方式。然而，在各高校纷纷采用此种方式进行学校建设的同时，随之而来的还有巨额贷款办学背后的风险隐患。如何把学校负债办学的风险尽可能降低成了学者们研究的热点。本文试图从政府、高校和金融机构三个方面出发探讨高校负债办学的风险防范措施，以期找到一条高校持续、健康发展的道路。

一、强化政府责任，加强宏观调控

"高等学校是培养和造就数以千万计专门人才和一大批拔尖创新人才的重要基地，是综合国力的重要组成部分，在支撑经济社会发展、提高自主创新能力、推进创新型国家建设中具有不可替代的重要作用。"高等教育的公益性决定了政府也是高校贷款风险的主要承担者之一。因此，各级政府和教育行政主管部门应切实加强对高校贷款的管理，并在此基础上从改革高等教育管理体制的高度出发，充分发挥宏观管理责任，完善与制定相关的政策、法规，从而促进我国高等教育的进一步发展。

（一）理顺政府与高校的关系，明确二者对于高校贷款所应承担的不同责任

在我国，政府与高校之间始终存在一种比较微妙的关系。虽然1998年颁布的《中华人民共和国高等教育法》第三十条明确规定了高等学校自批准设立之日起取得法人资格，高等学校的校长为高等学校的法定代表人，高等学校在民事活动中依法享有民事权利，承担民事责任。但这仅仅是打破了计划经济体制下国家包揽高校财务收支的局面，对于高校运行和发展过程中的资金缺口问题最终将由谁来解决即学校负债的最终偿还责任没有明确界定。我国高校的最大投资主体是政府，财政拨款是高校经费的主要来源，事业收入也依赖于国家制定的收费标准，学校的资产归国家所有，因此高校向银行贷款进行基本建设后形成的资产应属国有资产。此种情况下，当高校过度负债而无法偿还时，政府作为高校的最大投资主体，便成了债务的最终承担者。正是因为没有理顺政府与高校之间的关系，才使得高校贷款的还款责任不明确，一些高校领导人甚至认为高校贷款无"后顾之忧"，从而盲目扩大高校贷款规模，增加了学校负债办学的风险。

* 本文是帅相志研究员主持的国家社科基金"十一五"规划教育学一般课题"普通高校负债办学风险的规避与偿还对策研究"（课题批准号：BFA070021）结题报告的主要内容。

（二）合理规划，控制高校发展规模

1999年6月，国务院总理办公会议决定“大幅度扩大高校招生规模”，从此我国走上了高校扩招之路。经过几年的发展，全国高校总数从1998年的1 022所增至2004年的1 731所，在校生规模从1998年的643万增至2006年末的2 500万，实现了从精英教育到大众教育的转变。在校学生数量的急剧膨胀随即带来了学校软硬件配套设施不足的问题。以往高校的经费主要来自各级财政投入，而这个传统路径显然无法满足如此大规模的扩张需求。于是在政府财政性教育经费投入不足的情况下，各高校纷纷走上了贷款办学之路。扩招带来扩建，扩建导致贷款，并且形成扩招与贷款的循环，这个循环一旦中止，财务困境便如期而至。

加快高等教育发展，扩大高校招生规模，迅速造就规模宏大的专门人才队伍，不断满足人民群众日益增长的对于高等教育的强烈需求，是党中央、国务院根据经济和社会发展形势的变化而做出的一项重大决策，这项决策本身无可厚非。但是扩招该如何扩，是不是所有学校都该扩招，是不是所有专业都有扩招的必要，在这些问题上我们的教育行政部门和高校考虑欠妥，致使许多高校不考虑学校本身的办学条件盲目扩大办学规模，跟风似的增加所谓的热门专业。由此导致的高等教育质量下降、学生毕业后就业压力增大等问题近年来日益明显，而由于盲目扩招导致的部分高校的还贷风险更是在2007年凸显出来。

政府及教育主管部门作为教育服务体系的构建者和监管者，应该根据我国高等教育未来的发展趋势对我国高校规模进行合理的规划，引导、监督、控制各高校的发展和建设规模，切实发挥对高校的宏观管理作用。对于要进行扩招和扩建的高校，政府和教育主管部门应该要求高校提交详细的扩招扩建方案，并成立专家论证小组，根据经济社会发展的需要以及各高校自身办学的特色和条件，以确定适合不同高校的办学规模和发展规划，从而避免高校盲目扩招扩建，减少高校的不良贷款。

（三）加强对高校贷款的前期审查，控制贷款规模

贷前审查是做好贷款管理的第一步，更是控制贷款规模的关键环节。一般说来，贷前审查需经过学校自我评估、上级教育主管部门和计划部门审批、银行审查三个阶段。为了避免贷款风险的出现，各高校在贷款前就应对各种需要贷款的项目进行充分的论证和分析，谨慎选择，根据学校总体发展规划，在统筹考虑学校收入水平和自身还款能力的基础上，对贷款的数额、用途、期限、使用计划、归还方式、还款资金来源以及贷款项目的责任人等严格把关，尽量选择那些具有广阔的发展前景而学校凭借自有资金又无法满足需要的“瓶颈”项目进行贷款。在学校对贷款项目进行自我论证之后，应根据上述论证材料向教育主管部门提出贷款申请，教育主管部门根据学校上报的项目和贷款额度核定学校的贷款项目，其中基本建设项目报相关计划部门审批。在通过审批之后，学校方可向所在地经办银行提出贷款申请，经办银行根据项目性质，按照国家有关规定对贷款项目独立地进行审查评估，贷款期限根据学校的实际需求情况由学校和经办行协商确定。

各级政府和教育主管部门是高校贷款前期审查的重要关口，但在1999年到2004年的近6年时间里，全国只有少数几个省份的教育主管部门制定了明确的贷款审批制度。而直至2004年12月，《教育部关于建立直属高校银行贷款审批制度的通知》（教财［2004］44号）的发布，才打破了国家教育主管部门没有明确的贷前审批制度的尴尬局面。尽管发端于1999年的中国高校贷款终于在近几年开始出现了明确的贷前审批制度，但这丝毫不能减轻我们对高校贷款管理前景的担忧。因为到目前为止，建立贷款审批制度的省份并不在多数，即使一些建立了审批制度的省份，对贷款规模的控制也存在较大的空间，致使这些省份的贷款审批制度形同虚设。

针对当前高校贷款规模增长过快的情况，相关部门应及时加以规范和指导，加强高校贷款的前期审批，控制高校贷款规模的过度扩张。一方面各级财政部门应加强对银行的指导，要求其严格根据《商业银行法》、《中华人民共和国合同法》等法律规定，增强风险和效益意识，严格按照规定程序，在放贷前对高校贷款规模、利率高低、还款期限、未来可预期收入和偿还能力等进行科学评估，控制总量、防范风险，使高校贷款从资金源头得到控制。另一方面，各级教育管理部门应对高校的贷款申请进行严格审核，全面调查了解高校经济状况，科学测算其还款能力，对新增贷款必要性、可行性进行认真审查，把握好

"度"，严格控制规模，坚决杜绝盲目贷款现象。各级教育管理部门应该制定具体规定要求学校在提交贷款申请时，需提交项目的申请报告与可行性研究报告（应包括贷款项目名称，项目的必要性和可行性，贷款用途，贷款必要性，分年度贷款额度方案，分年度偿还贷款本息计划和措施，学校拟贷款期间内分年度非限定性净收入测算等）；学校发展战略规划、学科与师资队伍建设规划和校园建设规划等材料。各级教育部门将在充分考虑学校建设和发展的实际需要、学校的收入状况、贷款需求与实际偿债能力、贷款风险程度等情况的基础上，作出同意或不同意贷款的审批结论。凡纳入审批范围但未得到教育部门审批同意的贷款项目，高校一律不得贷款。未经批准擅自向银行贷款的，一经发现，应追究学校及有关人员责任。从源头上控制高校贷款的合理规模，加强对高校贷款的前期审核，降低或避免高校的贷款风险。

（四）加强对贷款资金管理和使用的监督，提高贷款资金使用效益

如何规范管理高校贷款资金的使用方向和提高贷款使用效率同样是规避高校负债办学风险的一个重要方面。我国高校贷款在资金使用方向上有一类问题值得我们关注，那就是学校将贷款资金用于非建设性用途。一些高校将贷款资金用于科技成果转化、弥补经费不足和对外投资等项目。与贷款用于基础设施建设可形成学校资产不同，这类贷款要么具有企业经营的性质而潜藏着巨大的风险，要么具有消费性的特点而使资产在无形中销蚀，给学校的资金运转带来更大的压力，从而加大了学校负债办学的风险。大多数高校虽然能将贷款资金主要用于基础设施建设，在资金使用方向上符合经济理论的要求，但其中还有一个资金使用效率的问题。豪华型校园建设和节约型校园建设虽然都是校园建设，也都符合贷款负债用于基础设施建设的理论要求，但贷款资金的使用效率却大不相同，然而我国高校建设中的"超豪华"现象却时有发生。因此，作为高校上级主管部门的教育行政部门应该制订具体的意见、办法来规范高校贷款资金的使用方向和使用情况。

2004 年，《教育部财政部关于进一步完善高等学校经济责任制加强银行贷款管理切实防范财务风险的意见》（教财［2004］18 号）（以下简称教财［2004］18 号文件）中明确规定："高校贷款资金应用于解决制约高校当前和未来事业发展的关键问题以及对高校事业发展有重大影响的项目。贷款资金不得用于对外投资（含对校办产业投资）、科技开发、捐赠、支付罚没款项以及平衡预算抵补日常经费开支的不足等。严禁用贷款资金提高或变相提高人员待遇。"此意见的出台，终于让我们在高校贷款资金使用过程的管理方面看到了一丝曙光。在教育部《意见》颁布之后，山东省于 2005 年 9 月出台了《关于进一步加强高校贷款管理防范财务风险的通知》，对高校贷款资金的使用进行管理。其中，《通知》要求高校贷款资金必须用于最紧迫、最急需的项目，不得用于建宾馆、广场、假山、人工湖等形象工程。严禁高校利用贷款对外投资，防止因投资活动或项目开发失败而造成呆坏账损失；严禁高校利用贷款资金提高或变相提高人员待遇。对继续盲目扩大贷款规模的高校，将通过扣减专项资金拨款、暂停财政专项资金申请资格等方式实施处罚等等。这是到目前为止我们所调查到的唯一一个对贷款资金的使用方向进行管理的地方性文件，而其他省份在此方面还是一片空白。

各级政府和教育主管部门应该切实负起对高校贷款资金的监督、审查责任，要确保高等院校的贷款专款专用，充分发挥政府调控职能作用，提高投资的使用效益，必须高度重视和加强对投资项目的审计监督。第一，加强对所属学校贷款资金使用和管理的全过程监督，使贷款的资金完全用到贷款建设的项目上。严禁高校将贷款资金用于以下方面：修建宾馆、广场、假山、人工湖等形象工程；贪大求洋、追求奢华等浪费行为；提高或变相提高人员待遇等。第二，建议由省级教育主管部门组建贷款项目专家组，并为项目的顺利实施提供技术咨询和指导意见，协助政府部门对整个项目的执行进展及完成效益情况进行监督，向有关部门定期提交项目进展情况评价报告。第三，对每年投资的项目、规模进行反复论证，通过对现有教育资源进行整合，做到资源共享，避免重复建设。只有这样，才能保证贷款投资资金的正确使用，才能避免国家财力的损失浪费，才能保证建设项目的完好完整，真正有利于高等教育事业的发展。

（五）设定高校贷款风险预警线，建立贷款风险预警制度和大额贷款备案制度

为进一步加强对高校贷款行为的规范和管理，

明确还贷责任，防范财务风险，确保高等教育事业的健康、可持续发展，教财［2004］18号文件对高校贷款的指导思想、贷款资金的使用方向和贷款资金的管理提出了若干指导性意见。为指导贷款高校加强贷款管理，提高风险控制能力，教育部、财政部共同组织开发了“高等学校银行贷款额度控制与风险评价模型”，要求各有关高校参照该模型的方法和思路，研究确定本校合理的贷款控制规模，随时掌握和了解自身的财务风险状况。有关主管部门则应加大对高校贷款管理的宏观监控力度。对于个别已超出偿债能力、财务风险达到预警线的高校，主管部门应及时发出预警通知，要求这些高校调整建设规划、停止贷款。

教财［2004］18号文件中关于贷款控制额度测算方法和贷款风险程度评价方法的规定如下：

1. 贷款控制额度测算方法

（1）非限定性净收入的确定

高校的收入来源可分为限定性收入（有指定用途）和非限定性收入（无指定用途）两大类。只有非限定性收入才能作为高校偿还债务本息的资金来源。非限定性收入包括非专项教育经费拨款（不含附属中小学教育经费拨款）、教育事业收入、附属单位缴款、其他经费拨款、上级补助收入和其他收入。

非限定性收入 =（非专项教育经费拨款 - 附属中小学教育经费拨款）+ 教育事业收入 + 附属单位缴款 + 其他经费拨款 + 上级补助收入 + 其他收入

高校的正常运转和发展必须首先确保必要的刚性支出。必要刚性支出包括基本支出（不含科研支出和已贷款利息支出）和对附属单位补助支出。

必要刚性支出 =（基本支出 - 科研支出 - 已贷款利息支出）+ 对附属单位补助支出

非限定性净收入 = 非限定性收入 - 必要刚性支出

需要特别注意的是，在计算非限定性净收入时，必须确保非限定性收入与必要刚性支出的口径一致。此外，考虑到高校非限定性净收入不可能全部用于偿还贷款本息，因此，各高校可结合实际按一定比例确定可用于偿债的非限定性净收入。

（2）根据高校事业稳定发展的基本设定，进一步设定非限定性收入与必要刚性支出按同比例增长，则高校的非限定性净收入也将按同样速度递增，具体增长比例应按照审慎性原则确定。

（3）n 年期累计非限定性净收入现值

为平衡各年收入与支出中偶然因素的影响，可以年均非限定性净收入 Ro 为基数，以 n 年期同期银行平均贷款利率 i 为折现率，计算未来 n 年期累计非限定性净收入现值。具体方法如下：

年均非限定性净收入 Ro = 近两年非限定性净收入之和/2

n 年期累计非限定性净收入现值 = Ro × 现值系数 f

$$f=[(1+g)^n(1+i)^n-1](1+g)/(g-i)$$

式中，g 为设定的非限定性净收入增长率，n 为期间数（年），i 为同期银行贷款利率。

（4）n 年期累计贷款控制额度

由于高校事业基金一般基金余额中仍有部分资金可用于偿还贷款本息，因此，n 年期累计非限定性净收入现值加上一般基金中可用于偿债的资金（可按一般基金的20%～50%测算），即可测算出 n 年期累计贷款控制额度（指 n 年期内累计贷款余额的最大值，不包括已经偿还的贷款）。

n 年期累计贷款控制额度 = n 年期累计非限定性净收入现值 + 一般基金中可用于偿债资金

（5）n 年期累计新增贷款控制额度

假定高校新、旧贷款均需在 n 年期内全部偿还，则：

n 年期累计新增贷款控制额度 = n 年期累计贷款控制额度 - 累计未偿还贷款余额

2. 贷款风险程度评价方法

现有贷款风险指数 = 累计未偿还贷款余额/n 年期累计贷款控制额度

现有贷款风险程度评估标准如下：

0.8 < 贷款风险指数 ≤ 1，高风险；

0.6 < 贷款风险指数 ≤ 0.8，较高风险；

0.4 < 贷款风险指数 ≤ 0.6，中等风险；

0.2 < 贷款风险指数 ≤ 0.4，较低风险；

0 < 贷款风险指数 ≤ 0.2，基本无风险；

如现有贷款风险指数 > 1（或 n 年期累计贷款控制额度 ≤ 0）时，则表明高校在该期间内暂无贷款能力，不能再增加任何新的贷款。

“高等学校银行贷款额度控制与风险评价模型”是目前所看到的最为科学、合理、详尽和周全的测算高校贷款适度规模的方法。该模型对“非限定性收入”和“必要刚性支出”的界定和分类几乎涵盖了高校所有的流动资金，可最精确和最大限度地得出高校银行贷款的控制额度。另外，该模型中的贷款风险指数设置了从0～0.2、0.2～0.4、0.4～0.6、0.6～0.8、0.8～1这五个区间，而并未像其他测算方法那样简单地将高校贷款分为适度和不适度两种，这有利于全国所有的贷款高校从中找到适合自己的定位，也为各高校制订下一步的贷款计划提供了可参照的标准。各级教育主管部门应该指导贷款高校参照此模型的方法和思路，研究制定本校合理的贷款控制规模，随时掌握和了解自身的财务风险状况。

从上述模型中我们可以看到，当学校的贷款风险指数>0.6时，学校新增贷款的风险就很大了，因此，各级教育主管部门可以以贷款风险指数为0.6来划定一条学校贷款风险预警线，加大对高校贷款管理的宏观监控力度。对于个别已超出偿债能力、财务风险达到预警线的高校，主管部门应及时发出预警通知，要求这些高校调整建设规划、停止贷款。主管部门发出预警通知后，如个别高校仍无视财务风险、继续盲目扩大贷款规模，主管部门可会同财政部门通过扣减专项资金拨款、暂停财政专项资金申请资格等方式对其实施处罚，学校的法人代表要接受主管部门领导的质询，主管部门还可根据国家有关规定对主要责任人员进行严肃处理。另外，为便于全面掌握高校的贷款规模和使用状况，加强宏观管理与监控，各级教育主管部门应为高校制定贷款的最高控制额度，对所有高校实行控制额度内的大额贷款备案制度。对超控制额度的贷款进行严格审批，及时采取措施防范高校发生负债融资风险。对控制额度内的大额贷款，必须将贷款项目的可行性研究报告、贷款额度、具体还贷计划和措施等相关材料报送主管部门备案，以便加强大额贷款资金的使用情况，降低贷款风险。

（六）积极支持多元化办学，拓宽高校资金来源渠道

高等教育规模的不断扩大，单一依靠政府投资已经不能满足其发展的需要。要发展，就要有相应的投入，这就要求各高校开辟多条筹资渠道。到目前为止，尽管我国高校在多渠道筹资方面取得了一定的成绩，但相对于现实需要仍然偏少，除了银行贷款以外，其他渠道发展很慢，特别是社会资本很难介入高等教育。另外，在吸引社会捐赠方面，虽然在很多高校诸如英东楼、逸夫楼等已赫然耸立，但数量不多，而且绝大部分是由港澳富商捐赠，由于缺乏相应的激励机制，真正由本土企业家捐赠的更是少之又少。造成这种状况的很大原因在于我国相关法规政策的缺失。针对这一现实状况，我国政府应尽快完善相应的法律法规，积极支持多元化办学，拓宽高校资金来源渠道，通过引进民资、外资等多种途径以解决高等教育经费不足的矛盾，这无疑是减少高校贷款、防范贷款风险的根本解决办法。

1. 制定优惠政策，鼓励社会资本投入

社会资本投入是国外高等教育经费的一个重要来源，许多国家都制定了相关的优惠政策，鼓励社会团体或个人以各种形式捐赠高等教育。如早在1974年美国政府为鼓励个人资助教育而颁布了《国会预算和公共资产管理法案》（*The Congressional Budget and Impoundment Contro1 Act*）。在美国，个人所得税是按家庭年收入水平征收的，家庭收入水平越高，需要交纳的税收就越高。国会预算和公共资产管理法案规定，如果个人或组织捐赠教育，其捐赠部分可以减免个人所得税。为了鼓励教育消费，该法案还规定个人或组织用于教育的消费可以减免税收。这一法案无疑进一步推动了个人或集体对教育投入的积极性。在英国，法律规定财团对教育的捐赠不仅不需纳税，而且对其资本源免去资本增值税，政府对于设立教育基金的企业实行优惠税收政策，仅征收15%的投资收入附加税。在政府投入是高等教育经费主渠道的前提下，能否开拓非政府渠道，关键在于政府的政策。我国政府应借鉴西方发达国家的做法，加强鼓励捐资助学制度的建设，建立完整的税收优惠政策体系。对于投资于教育事业的个人、企业和社会团体，应采取税收减免政策以及对奖学金、建筑物等冠以捐赠方的名称以提升捐赠方的社会声誉和地位等措施，使捐助者在经济与名誉上得到合法回报，从而争取更多的社会资本投入我国教育事业。

2. 完善相关法规制度，引导高校实行股份制办学

借鉴国有企业改革经验，允许民间资本以产权收购的形式进入高等教育，有选择的进行高等教育产权股份制改造，建立新型股份制高校，成为引进民间资本投资高等教育的又一个新途径。针对公办高校的股份制改革，有的学者提出了“准股份制”的设想，在满足股份制基本条件的基

础上，坚持“五个不改变”：不改变公办学校整体的公有制性质、不改变公有产权原有归属、不改变合作各方的原有人事关系、不改变干部管理制度、不改变办学目标。也有的学者提出了“两级法人制”模式，组建以办学为目的的股份制法人公司筹集各方面教育资金，然后投资给下属高校法人作为教育资本。还有的学者提出按照高校类别的不同，采取不同的改革模式。第一类为部委属、部分省属及“211”院校。这类学校的办学体制仍应保持国有公办，投资主体仍为政府。可充分利用自身优势，通过以下方式与资本市场嫁接：利用特有的科研技术优势，让拥有高科技成果的校办企业发行新股上市或买壳上市；让高科技企业通过境外上市，筹集国外资本；在即将开放的创业板市场上融资，吸引各方风险投资；与企业建立合资合作公司等。第二类是那些办学层次较低的地方财政或省财政无力持续支持的地方院校或省属院校。可以按照“抓大放小”原则，将其逐步转变为私立学校或股份合作制学校。股份合作制学校兼有股份制和合作制的特点，可以吸纳企业法人等社会资本入股，并允许职工入股。这类高校如果发展壮大了，提高了办学层次，可以向股份制学校转变。第三类为部分省属院校和有一定规模、层次的地方高校。此类院校是比较适合进行股份制改造的高校类型，可以借转制成为以国家控股为主、“官民合办”的混合股份制学校，既保持国有性质，又通过引进多元化投资主体，解决其资金不足、机制不活、效益不高等问题。

在实行高校股份制办学的过程中，政府应该注意考虑以下几个方面。

（1）必须改变政府或教育主管部门在股份制高校中的功能。一方面，政府要真正放权，改微观管理为宏观调控；另一方面，政府作为最大股东，按照股东大会、董事会、监事会的股份制运作模式，可以决定高校办学的重大事项，但不能直接干预高校的办学活动。

（2）防止国有资产在改革进程中流失。高校在进行股份制改革时，应该借鉴国企改革经验，由国有资产管理部门与教育行政主管部门首先对高校的有形、无形资产进行彻底的清理与评估，完善产权手续，使高校成为真正的法人。而且在评估过程中，要加强审计监督，避免发生低估或不估国有资产价值的情况，防止国有资产流失。

（3）给予投资者稳定合理的投资回报。在市场经济条件下，只要总体上有利于国家高等教育的发展，有利于高教质量的提高，应该给予投资者适当的经济回报，否则，我国高等教育难有突破性发展。目前，股份制高校可以采取以下几种方式给投资者必要的回报：学校可以在扣除教育活动必需的经费支出和预留保证学校正常运转和发展的经费后，向股东发放股息。股息可根据学校的办学效益而定，国家可以规定股息收益上限，以保证投入高等教育的资本扩充，有利于股份制高校的长远发展，减少短期行为发生。可以给予股东相当于股息的教育服务、获得所需人才、进修、继续教育和子女免费、低费读大学等回报。股东可以享有投资于股份制高校校办企业、后勤服务和科技开发等领域的优先权，从中获得一定的经济回报。由于政府投资的公益性，政府的股份收益不应提走，应该再投入到学校的持续发展之中。

3. 发行教育债券和教育彩票，为高等学校筹集资金

政府可以借鉴国家发行国债的方式，发行具有国债形式的高等教育债券。这种方式同样是由国家来发行，充分利用社会的闲散资金，在不增加国家财政负担的前提下，为高等教育注入资金和活力。债券的利率比银行存款高，投资风险比股票低，通过历史证明，我国所有发行的国债，都能够被广泛接受，并能够主动认购。特别是在目前经济比较发达，人民的储蓄额比较大的情况下，更加有利于高等教育债券的发行。

发行彩票，能汇集社会闲散资金，弥补国家财力不足，有效解决各种社会福利事业。我国先后发行过大量的体育彩票、福利彩票，聚集了巨额用于特定目的的资金，因此这不失为一种迅速筹集高等教育资金的途径。在美国，普林斯顿大学和罗格斯大学等，当初就是从发行彩券取得部分建校资金的。我国政府可以在借鉴国外教育彩票发行办法的基础上制定一套适合我国国情的教育彩票发行、管理办法，扩大高校融资渠道。

总之，各级政府和教育主管部门应该加强对高校的宏观管理，制定切实可行的政策和制度，鼓励和引导高校建立多元化融资渠道，增加高校资金来源，从而在根本上避免高校贷款风险问题。

（七）实行高校领导任期经济责任审计制度，规范高校贷款行为

我国高校之所以存在巨大的贷款风险，很大程度上与高校领导人的盲目贷款有关系。有些高校领导人在任职期间利用大额贷款搞一些形象工程，任期结束后却留下了大堆烂摊子。我国现在实行的高校领导审计制度是离职审计，要求高校领导离职前，必须将经济责任审计报告作为交接内容，必须说明重大经济决策和经济事项决定的程序和效果情况。这种“终点审计”的办法似乎有点为时已晚，许多由于高校领导任期过程中决策失误造成的损失已经无法弥补。作为高校管理者的各级政府和教育主管部门不仅应该对高校领导进行离职审计，更应该加强对其任职过程中的各项审计，并使之形成制度化、常态化、公开化，这样一来对于高校经济风险的规避或许还有一些效果。

2008 年 3 月，由广东省委组织部、省审计厅、省教育厅起草的《广东省高等学校校长任期经济责任审计实施办法（试行）》（以下简称“实施办法”）正式下发，这是国内率先出台相关文件的省份。“实施办法”中将高校校长“经济管理职责履行情况、重大经济事项的决策”等情况均列入审计内容，并且把审计结果作为校长考核任免的重要依据，这无疑为在全国范围内建立高校领导任期审计制度开了一个好头。全国其他省份也应该在参照广东省“实施办法”的基础上，制定适合本省的高校领导任期责任审计办法，并成立相关的工作小组，随时对各高校领导的重大经济决策等进行审核监督，并为每位高校领导建立相关的任期审计报告，认真记录其在任期内的各项工作情况，并以此作为其考核任免的重要依据。只有这样，才能使高校领导规范自己的各项行为，在学校贷款问题上谨慎处理，从而更好的防范高校贷款风险。

二、高校要处理好自我约束与自我发展的关系

我国高等教育已进入大众化教育阶段，随着办学规模的不断扩大，政府对众多高校的投入远远满足不了新形势下高校发展的需要，负债发展已成为这些高校发展的必然选择。然而，负债办学是一把“双刃剑”，盲目贷款或超规模贷款都易引发贷款风险。因此，在复杂的办学环境中，抓住机遇、积极办学，高校自身承担着最为主要的角色。但是由于我国的高等教育长期处于计划经济的运行模式下，习惯于无偿使用资金，财务风险意识相对淡薄。加大高校内部管理体制改革，树立高校防范贷款风险意识，处理好高校自我约束和自我发展的关系，发挥负债办学的最大优势是非常必要的。

（一）树立负债办学的风险意识是普通高校健康发展的基石

我国高校在贷款的决策过程中通常以项目的需求作为首要的考虑因素，不考虑将来的偿还压力，或对未来的收入情况过于乐观，高估自身的还款能力，或是过度依赖于政府部门的财政拨款资助。这造成高校对于贷款的态度就是“等、靠、要”。然而，融资是一项复杂的系统工程，一般缺乏融资专业知识的高校财务人员难以胜任这份工作。根据有关调查，高校在贷款申请的决策过程中，财务部门是主要的责任部门，决策过程偏于简化。由此可见，贷款高校对于高校贷款决策都趋于非理性。

因此，在高校寻求发展，进行银校合作办学时，首先要做到的就是树立风险意识，适度、科学、理性举债。贷款高校还必须基于财力可能制订学校战略规划、学科与师资队伍建设规划、校园建设规划，在总体规划之下，根据事业发展需要和学校实际偿还能力，确定贷款项目及适度的贷款额度。当今高校在寻求发展时的特点是资金需求量大，相对集中占用时间较长。然而，教育贷款和政府投入性质不一样，必须按照信贷管理的有关规定按时偿还本息，因此学校在考虑贷款时，必须树立风险意识和效益意识，这是防范风险的基础。

（二）加强预算管理，制定并完善综合财务计划是促进普通高校健康发展的必要措施

预算是指高校对未来一定时期内所做的收入和支出财务计划。在社会主义市场经济原则指导下，进一步加强预算管理，制定并完善综合财务计划，建立科学规范的管理型预算会计模式和运行机制，是提高资金使用效率，促进高校健康发展的必要措施。

1. 加强学校预算管理，发挥有限资金的重大作用。

2. 要制定合理、有效的预算编制。

3. 科学规划，严格控制，强化预算管理高校财务规划是学校发展规划实施的重要保证。

4. 坚持高校财务预算管理，既是落实国家财务管理政策的需要，也是学校科学管理的需要，更是学校长期发展的必然要求。

（三）增强成本核算是普通高校负债建设风险规避的基本措施

成本核算是对生产经营管理费用的发生和产品成本的形成所进行的核算。其基本任务是正确、及时地核算产品实际总成本和单位成本，提供正确的成本数据，为企业经营决策提供科学依据，并借以考核成本计划执行情况，综合反映企业的生产经营管理水平。而高校成本核算中，由于产品是毕业生，高等教育成本的核算对象是高等学校开展业务活动所培养的专科生、本科生和研究生。因此，广义而言，高校教育成本是指培养一名有一定层次的合格的高级专门人才，国家、社会和学生个人所付出的全部耗费，包括机会成本。狭义而言，高校教育成本是指高校在教育活动中为培养一名有一定层次的合格高级专门人才所耗费的可以用货币计量的物质劳动和活劳动的价值。

最大限度地提高高校办学效益，防范负债经营风险是负债经营的总原则，合适的负债资金成本是财务杠杆经营的前提条件。高校要发展，上台阶，负债经营就不可避免。那怎么才能在高校发展和控制财务风险之间寻找一条最佳途径？就理论上来讲，负债经营资金成本必须低于投资项目预期的回报，否则，经营则无利可图。因此，成本核算的重要性也就凸显出来。在高校成本核算中要做到：

1. 进一步树立高等教育成本核算意识。

2. 推进高等教育成本核算研究，构建合理的成本管理体系。

3. 加强高等教育成本核算监控与评价，建立与教育成本核算研究部门配套的监控中心，其职责就是定期对高校的教育成本进行监督、控制、评估。评估结果可作为评价高校办学水平的参考项目，从而增强学校的成本意识。

（四）建立健全风险预警机制是防范普通高校负债风险的有效措施

所谓财务预警机制，就是利用数据化管理方式，对单位日常财务运行情况进行连续有效的监测，将潜在风险预先告知管理者的一套工具。为了发挥高校贷款的积极作用，保证负债运行的安全性、流动性、效益性，建立贷款风险预警机制是有必要的。

（五）做好建设项目的评审工作，是高校负债建设的基本保障

利用银行贷款进行建设是一种超常规的举措，既然是“超常规”，就一定会有风险，超的越多风险越大。所以要规避贷款的风险，首先要做的就是应对贷款项目充分论证，谨慎选择，要提供可行性研究报告，包括计划贷款总额、贷款用途、用款计划、贷款期限、还款方式、还款来源及贷款责任人等内容。其次还要对贷款的合理性、安全性、效益性等情况进行核查，测定贷款的风险，对贷款项目的可靠程度、合理程度和可行程度做到心中有数，使得项目在组织、技术、经济、财务等方面得到可靠的保证。向银行贷款应经过充分论证，投资的项目是否有用款计划、是否已做好还款计划。从贷款的用途来看，贷款主要用于基本建设以及公共设施建设，不能用于日常经费的开支。

要做好贷款建设项目的论证工作，高校应该注意以下几个方面。

首先，高校必须明确贷款的指导思想，坚持科学民主的决策程序。在建设项目评审之前，要充分从有利于高等教育事业改革与发展的角度出发，坚持科学的态度，正确处理眼前与长远的关系，以及事业发展需要与实际经济能力的关系，量力而行，避免短期行为。

其次，要对负债办学的项目做充分的科学论证，决策过程决不能简化。因此必须根据学校的实际偿还能力，确定贷款项目和贷款额度。贷款项目和贷款额度要经过严格、科学的可行性论证。

最后，必须提交详尽的，切合实际的还贷计划。在得到有关部门批复后，根据预期偿还能力确定贷款额度，制定切实可行的还款计划和措施，避免财务风险，保证学校健康稳定发展。

（六）做好财务规划，加强贷款资金的管理，提高资金的使用效率

高校要研究国家有关贷款政策和资金市场的供求情况，根据国家政策和资金市场利率走势以及项目建设进度，制定科学、合理的资金使用方案，通过优化贷款资金结构，降低贷款成本，减少财务风险。制订切实可行的还款计划，按照贷款本息归还的时间、额度要求，合理安排调度资金，避免因资金周转困难而出现延期还款损失。贷款高校要建立健全内部监控制度，充分发挥审计、监察、工会等部门的监督作用，对贷款项目

实施全方位、全过程监控。贷款资金管理领导小组应定期对贷款资金的使用情况进行分析和评价，对资金使用效益不高的项目及时采取措施予以改进和纠正。

（七）多渠道筹集资金，拓宽高校的筹资渠道，增强还贷能力

尽管随着教育体制改革的逐步深入，高校的筹资渠道已经初步实现了由单一的国家财政拨款型向多方筹资的复合型转变，但是，与传统教育筹资体制下单纯依赖国家财政拨款的筹资渠道相比，目前高校仅仅多了银行贷款这一筹资渠道。而非银行金融机构资金、其他法人单位资金、职工资金、民间资金和境外资金等理论上的筹资渠道对高校而言都形同虚设，使高校一味地依赖银行资金，加大了高校还本付息的压力，也加大了高校的财务风险。

因此，高校要健康发展必须广开筹资渠道，多方面筹措高等学校非偿还性资金的投入。在依法争取政府增加投资的同时，广开财源，利用各项政策扩大高校收入渠道。

（八）加强学校各级部门的管理，明确具体职责，增强责任感

强化校长经济责任制，建立适应高校特点的债务资金筹集决策机制。要根据高校发展规划，由基本建设、财务管理、教学管理等部门及校内外相关专家参加的专门机构对筹资项目进行可行性论证，确保在低风险前提下完成筹资项目。

三、金融机构需加强对高校贷款的外部监管

在高校贷款兴起伊始，银行普遍认为，高等院校是由政府出资创办的，有政府的信用作保证，不会倒闭，所以监管不严，不仅缺乏事前的严格评估和论证，更没有对贷款资金的使用进行过程监控。尽管银校合作前景广阔，且盈利高、风险低，但并非没有风险。为了进一步促进银校合作的顺利发展，建立和健全互惠的新型银校合作关系，推动高等教育产业、金融业以至整个社会经济的持续发展，在学校降低自身风险的同时，银行也迫切需要采取切实可行的政策措施，积极防范银校合作的风险，通过银行的外部监督，可以硬化预算约束，规范各个院校的办学行为，促进高教事业的发展。无论是商业银行还是政策性银行，都要按照贷款申请受理、贷前调查评估、贷时审查审批、贷后跟踪检查的步骤进行贷款，本部分就从这几个方面入手，探讨金融机构如何控制高等学校的贷款风险。

（一）加强高校贷款前的调查评估，全面掌握高校财政情况

1. 完善金融机构对高校的信用评价体系

与企业贷款不同，高校贷款基本采用的是信用贷款方式。对于银行来说，这种贷款方式的风险要高于担保贷款的风险，因此，如何完善对高校的信用评价便成为避免贷款风险的一个首要问题。

关于借款人信用分析，在发达市场经济国家集中在分析借款人的品格（Character）、能力（Capacity）、资本（Capital）、担保（Collateral）和环境条件（Condition）上，即所谓的“信用5C”。许振珊在其硕士论文中借鉴以上综合指标，提出了一套适用于高校的信用评级制度，值得金融机构借鉴。

（1）品格。主要考察高等院校的“还款意愿”，包括：①主要负责人的品格（包括道德的和能力的）；②管理体制和规章制度（包括管理人员的任命、管理体制等）；③资金运用和事业发展状况（主要指标包括财政拨款情况、办学质量、效益、专业设置、自筹资金收益情况以及学校声誉等）。

（2）能力。即借款人的偿还能力。而偿还能力主要体现在预期现金流量：①流动比率，表明借款人能以很快转移成现金而不带来损失的资产满足债权人要求的程度（流动资产/流动负债）；②资产负债率，衡量高校资产对债权人的长期偿还保障能力（负债总额/资产总额）等指标。

（3）资本。即借款人的货币价值，通常用净资产值来衡量（总资产－总负债），它能反映借款人的财富积累，其值与贷款风险成反比。在对资产价值进行评估时一是要以市场价值计算（在此应注意教育固定资产是不计提折旧的）；二是要注意对隐形资本价值的评估，如科研成果转化为生产力。

（4）担保。主要考察借款人抵押物的保有数量及其价值。①负债资本比率，衡量债权人在资产一旦发生损失时所能得到的保护程度。对债权人来说这一比率越低风险越小（总负债/总资产）；②担保物的抵押率：担保物市场价值与贷款额比率，一般情况下这一比率应在1以上。

（5）环境条件。即借款人赖以发展的社会环境，包括宏观经济环境。环境条件的把握取决于银行高级管理人员的预测和决断能力。①宏观教

育法规、政策；②市场前景；③社会认可程度；④学生就业状况等。

以上各项指标比较全面的考虑到了高等学校的特点，金融机构可以在此基础上制定一套专门化的高校信用等级评估制度，客观科学地计算高校的信用等级基本得分，使其成为银行审核高校贷款时的一个重要标准。

2. 建立健全对高等院校的信贷现场调查制度

金融机构除了要参考政府和教育主管部门对高校的财务审查评价外，还应加强自身对高校财务状况的实地调查，建立健全对高等院校的信贷现场调查制度。银行在对高校进行贷前实地调查时，应建立一套具体的、有针对性的客户调查操作规程，对参加客户实地调查的人员素质要求、人员构成结构、考察的项目和内容做出明确规定，并统一调查报告体例。除银行的工作人员外，调查小组还应邀请银行外的教育专家或从事职业教育的一线管理人员参与信贷客户的实地调查，从而能多方位的深入了解学校各项情况。应特别强调的是，实地调查不能事前与被调查单位预约，以免调查结果失真。此外，还应构建基层信贷发放银行客户经理和现场调查人员、审贷人员、上级审贷会成员之间的相互监督机制，避免人情信贷的出现，从而使金融机构对高校的财务情况有一个真实、全面的了解。

（二）严格审核高校贷款申请，控制高校贷款的项目和规模

为了更好的降低甚至避免高校贷款风险，笔者曾经谈到各级政府和教育管理部门要加强对高校贷款申请的审核，并作出相应的批复。而作为放贷方的金融机构，在参考政府审批结果的同时，也应根据自身发放贷款的各项要求和标准对高校的贷款申请进行严格审核，并最终确定高校贷款的项目和规模。

1. 控制高校贷款的项目

金融机构在对高校贷款申请进行审核时，首先要关注的就是高校贷款建设的项目问题。对于那些有利于学校进一步发展并形成良好办学效益的项目，银行应该给予大力支持，而对于那些形象工程、面子工程以及消费性的建设项目，银行则要严格限制。在此基础上，金融机构的审核小组应认真查看高校的申请材料，组织人员对贷款项目进行可行性分析，并预测项目对资金的需求情况以及未来的收益水平，以确定项目合理的负债额度及合适的负债时间。

2. 控制高校贷款规模

高校贷款风险的产生，很大一部分原因是由于学校贷款规模不合理造成的。根据前面所述的对高校信用等级的评估及其信贷现场调查报告等相关信息，金融机构可以对高校的贷款偿还能力及财务状况有一个比较全面的了解，在此基础上，银行要根据项目投资的实际需要，在保证一定比例项目资本金的前提下，控制项目贷款规模，并且按照项目进度进行贷款的发放，杜绝盲目扩大贷款规模，将贷款资金转变为存款规模，否则会加大高校的资金成本，增加贷款风险。

（三）加强对高校贷款资金的跟踪检查，保证贷款资金的使用方向

金融机构在完成对高校贷款项目和规模的审核并发放贷款之后，往往缺乏对贷款资金的跟踪检查，这也是致使许多高校产生贷款风险的一个原因。高校在贷款资金到位之后，是否能够将其用于申请之时的贷款项目上，使用是否合理，这些都应该列入金融机构的跟踪监督范围之内。银行应定期对高校的资金使用情况进行监督检查，监管好每一笔贷款资金的使用，严禁高校将贷款资金挪作它用，发现异常情况及时采取相应措施。同时，银行必须关注高校资金流向，对于学费收入、财政拨款及其他一切现金流入，在保证学校正常教学、科研活动顺利开展的前提下，要及时要求高校还本付息。

（四）强化信贷人员的业务培训，确定贷款额度的合理规模

高等学校是事业单位，其会计制度与银行信贷人员所普遍熟悉的企业会计制度有很大区别。因此，金融机构平时要加强对其信贷人员的业务培训，使其熟悉高校的财务制度和特点。只有如此，信贷人员才能准确的判断贷款高校的财务状况及发展趋势，从而更好的指导和帮助高校确定有利于其发展的合适贷款规模，实现银校合作的互利双赢。

（五）加强与高校及其主管部门的沟通，及时规避政策性风险

金融机构通过与高校的沟通，及时掌握其发展方向、财务动态等有用信息，既可防范贷款风险，也能在高校寻求开拓新业务，增加新的利润增长点。同时，还应该加强与高校上级主管部门沟通。教育行业有其自身的特点，政府及主管部门

的政策变化往往对学校影响较大，鉴于此点，金融机构要多与高校主管部门联系，及时规避由于教育政策变化带来的风险。

金融机构与教育事业的合作，是一种优势互补、共同发展的合作，不仅有效地缓解了高校规模化发展与办学经费不足之间的矛盾，也解决了银行大量资金闲置的问题。虽然在高校贷款的过程中存在一些风险，也出现了一些问题，但是我们仍然要肯定这种合作对于教育事业的推动作用。只要政府、高校和金融机构三方加强联系，采取切实可行的风险防范措施，形成一个相互监督的风险防范体系，一定可以促进银校之间的更深一步合作，从而更好的推动高校和整个教育事业的发展。

新课程背景下中学语文课堂基本特征*

陈建源
（福建省永春县教师进修学校）

一、教学目标整合化

《语文课程标准》明确指出："课程目标根据知识和能力、过程和方法、情感态度和价值观三个维度设计。三个方面相互渗透，融为一体，注重语文素养的整体提高。"可见，三维目标应该是一个目标的三个方面，彼此之间是相互交融而不是互相孤立的。教学目标整合化就是要寻找目标之间的交叉、渗透和融合点，进行知识积累、能力训练，从而获得审美体验，实现整体大于各部分之和的效应。

但是，目前许多语文课堂教学存在着把"三维目标"割裂的做法：过分强调知识的掌握和能力的形成，忽视学生掌握知识、形成能力的过程，方法过于机械传统，学生参与热情度不高；过分强调学生学习过程和方法的体验，教学手段不断翻新，但语文课没有了语文味，学生的情感体验远离文本；过分夸大语文的人文性，大搞游离于语文知识和能力、过程和方法之外的情感态度和价值观教育，把语文课上成政治课和道德课。具体表现在三个方面，即缺失、偏重和分离。

1. 三维目标缺失

有些教师没有正确领会"三维目标"以及"三维目标"的整合，人为地、机械地将它们割裂成一个个单独的目标，结果该让学生学会的知识和能力却"不教会"，该让学生会学的过程和方法却"不会教"，该让学生乐学的情感态度和价值观却"教不会"。

（1）知识和能力马马虎虎。教师不能准确把握三维目标的实施与具体操作，教学过程中忽略了知识和能力等基础性目标的把握，过程和方法、情感态度和价值观游离于知识之外或凌驾于知识之上，其结果是知识和能力马马虎虎，语文综合素养成了无源之水、无本之木。

（2）过程和方法简简单单。一些语文教师课堂上的过程和方法过于简单，学生的思维得不到激活，缺少真正的过程体验，所学的知识只是一些现成的结论，很难有对方法的感悟，更难有对情感态度和价值观的领悟，过程和方法的价值无法充分体现。

（3）情感态度和价值观轰轰烈烈。目前课堂上活动多了，教师经常利用多媒体或本身的知识对学生进行情感态度和价值观教育，从表面上看过程体验似乎轰轰烈烈，但是这些活动不能立足文本，更多是外在多于内在，动手与动脑相脱节，目的性差，结果是虽有活动之"名"，却没有活动之"实"。

2. 三维目标偏重

教师如果没有弄明白三维目标的内涵，必然会造成三者之间不匹配的现象：只顾知识和能力的训练，将过程和方法、情感态度和价值观置之度外；片面追求教学方法或情感体验的标新立异，弱化了知识和能力目标；一味夸大语文学科的人文性，每篇课文都要贴上思想教育的"标签"。因此，教学过程中出现了割裂三维目标而偏重其中一维的现象。

（1）知识能力扎扎实实。部分教师在教学中讲究精讲多练，追求基础知识的记忆和掌握、基本能力的操演和熟练，学生也因此获得了扎实的基础知识、熟练的基本能力。但在教学中教师忽略了学习方法的培养和学习过程的体验，尤其是在情感态度和价值观方面的培养存在明显的不足，导致了学生在综合素质上存在较严重的缺陷。

（2）过程方法热热闹闹。当今有些语文课，从表面上看起来，整个课堂教学热热闹闹，教学形式变化多样，教师是播音员，学生是听众，课堂上没有琅琅的读书声，没有对语言文字的揣摩品味，也没有必要的训练和积累，在学生的失语中教学成了多媒体的附庸，这样的语文课偏重的是过程与方法，削弱的却是语文学科对学生听说读写能

* 本文是陈建源老师主持的全国教育科学"十一五"规划教育部规划课题"新课程语文课堂特征的研究与实践"（课题批准号：FHB060308）结题报告的部分内容。

力的培养，也在一定程度上流失了人文精神。

（3）情感态度价值观洋洋洒洒。为了体现情感目标，有的教师抛开文本应有的价值取向和推理、想象等思维品质，对学生进行过多的讲解，并运用学生喜闻乐见的多媒体、讨论、唱歌、表演等形式来组织教学，把情感态度和价值观教育硬塞给学生。表面看课是上得轰轰烈烈，其实虽有“情感态度和价值观教育”之“名”，却失去了“语文”这个“姓”，更像是一堂政治课、道德课或艺术课。

3. 三维目标分离

在语文教学中，“过程和方法”、“情感态度和价值观”的生成要以语文“知识和能力”的掌握为依托和中介，脱离了语文“知识和能力”，“过程和方法”、“情感态度和价值观”教育都将失去根基而游离不定。但是有些教师误把三维目标当成三项目标，把三维目标中的一个个维度机械分割开来，平均体现，分步实施：把字词的理解和运用作为知识和能力目标，把对课文的阅读和理解当做过程和方法目标，将文章在思想方面的熏陶作用当做情感态度与价值观目标。

（1）游离于知识和能力之外的过程和方法。由于过程和方法这一维度的目标是以往课堂教学所忽略的新要求，因而有些教师在设计和操作中明显地出现了“游离”现象：游离于知识、能力目标之外，游离于教学内容和教学任务之外，游离于学生发展之外，其本质就是把语文知识的学习、语文能力的训练同过程的体验、方法的掌握对立起来、割裂开来，这种无意把活动过程作为语文知识学习运用过程的教学，其结果将是相当危险的。

（2）游离于过程和方法之外的情感态度和价值观。当前课堂上，一些教师游离文本语境，硬生生地将教学内容与实际生活联系起来，没有在知识的基础上、过程和方法中渗透情感体验，而是像讲解知识要点一样，通过“贴标签”的办法，把情感态度和价值观直接“教”给学生，给知识强行穿上一件情感的“外衣”，这从根本上扭曲了教学的方向和实质，对学生的发展不可能有实际的作用。

（3）游离于情感态度和价值观之外的知识和能力。传统语文教学普遍认为教师是知识的传授者，学生只是单纯的接受者，而教材纯粹是知识的载体。课堂教学往往把学生的学习局限于阅读课本，着眼于字、词、句的“工具性”的一面，而不够注重学习活动对学生心灵的影响。因此，这只是一种游离于情感态度和价值观之外的知识和能力训练，并不能让学生在知识的熏陶中获得启迪，进而形成自己的情感态度和价值观。

实际上，知识和能力、过程和方法、情感态度和价值观是一个有机整体，课堂教学可以以其中一个维度作为一条主线，选择几个相对集中而又独立的板块，把必要的知识、能力、方法、情感等要素聚集在板块中，然后确定教学方法，让学生在掌握知识、形成能力的过程中领会科学的学习方法，获得积极的情感体验，建构道德的价值观念，从而促进学生的语文素养整体提高，获得一石三鸟的效果。

知识的获得，能力的形成，必须借助过程和方法，渗透情感态度和价值观。知识和能力是基础，是核心，是最重要的一个维度，同时它也是其他两个维度发展的依托，又是实现过程与方法、情感态度与价值观的载体。所以知识的获得，能力的形成，必须关注过程和方法，渗透情感态度和价值观。同样，过程和方法的关注，情感态度和价值观的渗透，必须以语言学习为基础，而情感态度和价值观的形成则是在探索知识的过程之中得以形成和发展的。三者之间相辅相成，才能使学生既获得了知识和能力，又培养了各方面的兴趣和爱好，从而得到均衡发展。

过程的体验，方法的掌握，必须依托知识和能力，融合情感态度和价值观。过程和方法是中介，是实现知识和能力、情感态度和价值观的桥梁。学生的学习过程一方面是暴露学生产生各种疑问、困难、障碍和矛盾的过程，另一方面是展示学生发展聪明才智、形成独特个性与创新成果的过程。这个过程需要多样化的思维过程和认知方式，没有多种观点的碰撞、论争和比较，结论就难以获得，也难以真正理解和巩固。因此，教师在教学中要善于引导学生依托文本，体验过程，掌握方法，获取知识，形成能力，培养情感态度和价值观，真正贯彻落实三维目标。

情感态度和价值观的培养，必须融入过程和方法，源自知识和能力。知识和能力、过程和方法两条线索以情感态度和价值观为纽带相互融合，互为表里。情感态度和价值观核心，是实现知识和能力、过程和方法的动机。因此，情感态度和价值观的培养应源自知识和能力，基于过程和方法，即要立足文本，在知识内容、教学过程与情感目标之间建立起直接的必然的联系，从语言的习得入手，以认知习得为基础，以情感体验为过程，形成个性化的情感态度和价值观的认知，实现三维目标的有效融合。

二、教材处理多样化

《语文课程标准》指出：“应创造性地理解和使用教材，积极开发课程资源，灵活运用多种教学策略，引导学生在实践中学会学习。”教材处理的目的就是要简化教学头绪，优化教学内容，活化教学方法。它是体现一个教师教学技巧最关键的步骤。教师能创造性地处理教材，就能使教材内容的知识信息变原来的“静态”为“动态”，激发学生对所学教材的兴趣，启发学生思维；也能在教学中起到纲举目张的作用，培养和提高学生的语文能力和素养。在新课改中，很多教师都自觉主动地学习和借鉴新的教材观、教材的处理方法，取得了良好的成效。但同时在学习和借鉴中，有的教师没有把握好尺度，出现了种种问题，影响了课堂教学效果。

目前，在学习和借鉴对教材的处理方法上，出现了“照搬”和“创新”两种类型。在“照搬”和“创新”理念的支配下处理教材，很多教师不是从教材本身所具有的文学、文体、内容等特点上出发去处理教材；更不是根据学生的思想实际，发展水平去大胆地剪裁教材，有选择地为己所用；而是唯恐学生不理解，把一篇篇可读性强，有较高艺术价值和欣赏价值的作品拆得支离破碎。这种种违背教材内容和教学规律的做法，造成教材处理失当，教学目标散乱，教学时间紧张，教学效率低下，教学效果更是不尽人意，妨碍学生语文能力的培养和提高，妨碍学生语文素养的培养和提高。

1．千篇一律，模式僵化

当前语文课堂中，传统的“五段教学法”的变式仍然占据主导地位，单一的教学模式现象还是十分严重的。这种传统的教学模式就是以教师为中心，以“传递—接受”教学理论和行为主义的“刺激—反应”理论为基础。这种传统的、一成不变的模式使课堂教学只关注知识传授，使学生成为盛装知识的容器，最终导致执教者思想僵化，学习者思维定性。

2．四面出击，贪多求全

长期以来，由于对选文应承担的功能认识模糊不清，教师在教材处理时往往使一篇课文负载了太多的教学目标，片面地认为选文都是文质兼美的，凡是教材中出现的内容，都是正确的；凡是教材中的知识，都是重要的，对课文作“全息式”的分析和讲授。这样处理教材，导致教学目标混杂，课堂结构僵化，教学方法单一。教师想“面面俱到”，最终却是学生“面面不到”。

3．忽视学情，主体失落

“以学定教，顺学而导”，教师在对教材进行分析和处理时，如果没有认真分析学情，以学生为依据，从学生的实际出发，认真的选择教学切入点，讲学生之所缺，练学生之所需，就无法在较大程度和范围上激起学生自主学习的热情。那么教师辛苦的备课就会因难度问题、阅历问题，或因兴趣问题、地域问题等而不被学生接受。没有了学习的自主性，学生对知识的掌握就困难了许多。

4．游离文本，漫无边际

在新课改背景下，课堂教学一直在提倡创新，要培养学生的创新精神、创新思维，但有的教师对教材处理却出现了一些脱离文本的倾向：游离于教材之外，不着边际地夸夸其谈；对文章还没进行深入的分析，马上就进入了花里胡哨的“活动阶段”，搞表演，弄竞赛，设辩论……学生忙得不亦乐乎，可下课之后什么都没有。这样的教学就如过客，匆匆而过；学生像看电影，文本的许多价值没有吸取。

5．本末倒置，喧宾夺主

在课堂教学中，出现这样一种倾向：教材处理时只一味考虑拓展延伸，以致课堂上学生对文本还没有充分研读，教师就急于拓展延伸。其拓展和创新就成了无本之木，无源之水。因而，如果课堂教学中对课文只是匆匆一读，就转入了拓展创新和联系实际，那么就忽视了学生的阅读实践，忽视了学生对文本的研读，这样会使课堂教学本末倒置，喧宾夺主。

语文教材处理是一门艺术，是一门技艺，是一门科学。它是语文教师实施教学、进行教学设计的必备素质之一。作为一名语文教师，应该具备教材处理的基本素养，即能根据教材的篇章特色、文体特色、内容特色以及教材在全册或单元中的“地位”，确定教材处理的取向。语文教师要创造性使用教材，要巧妙地利用教材有关内容，在学生熟悉课文的基础上，从崭新的角度提出问题，对教材原有的内容进行再创造，合理调整原有逻辑顺序和结构，选取更好的内容对教材深加工，设计出活生生的、丰富多彩的课来，充分有效地将教材的知识激活，形成教师教学个性的教材知识。

选取一些语段。段落作为文章的构件，由于它与篇章的密切关系，无论是对于阅读一篇文章，还是写作一篇文章，都有直接的影响。因此，在教材处理时可以根据教材体系和学生实际，有选择、有系统、有联系地以一个或几个段落作为一篇课文的教学重点，从字词句等语基知识到内容层次、写作方法的训练，都可以在这个或这几个段落的教学中真正落到实处，从而由点到面、由段到篇，较好地完成现代文阅读教学的任务。

抓住一个基点。语文教学中，教师如果以教学目的要求为纲，以教材所“载”知识点或能力点为重点，把握好教学的“分寸”和重心，对于提高教学质量，具有十分重要的意义。语文教材处理，应变“全盘授予”为“拈精取要”。教师在处理教材时，如果能够准确地拈出课文的基点（即根据教学目标确定的基础知识点和基本能力点），不仅能让学生迅速把握课文的主要内容，还能突出教学的重点和难点，让学生学习时事半功倍。

训练一种能力。语文训练是学生在教师训导的基础上经过反复的语言实践、把所学的东西变成自己的东西的过程。训练是贯穿语文教学全过程的一根思想红线，也是语文课堂运行的操作把手。在教学过程中，学生的主体地位和教师的主导作用，只有进入了“训练”的过程，两者才能达到和谐的统一。学生的“善学”与教师的“善导”，都必须通过一个“善练”的科学序列才能实现。

找准一处切入。语文教材中，许多文章都具有一个焦点一样的东西。教材处理时，教师巧妙地利用教材有关内容，从学生知识基础和认识水平出发，根据教材的思想内容和表现形式的特点，从崭新的角度提出问题，直接切入文章的聚焦点，对教材原有的内容进行再创造，就能激发学生兴趣，引发学生思考，开启学生思维，培养学生科学的思考方法和良好的思考习惯。

用好一幅插图。插图，以其鲜活的形象画面在阅读教材中占有较大篇幅，是阅读教材的构成要素，是教师教学富有价值的现成资源。如果在处理教材时，能以促进文本阅读效益最大化为目标，充分挖掘插图画面的符号信息，让学生入文入画，领悟语言文字的内涵和魅力，同样可以收到很好的效果。这当中关键的是教师要善于从图画中寻找有价值的思考点，巧设问题启发思考，才能真正用好插图，让插图这个廉价、实用、传统的课程资源焕发出时代的魅力。

扣紧一条线索。阅读教学中的所谓“线索”，指的是贯串于一节课、一篇课文或一个大的教学板块中的学习内容或学习活动。在处理教材时，通过对课文的认真分析，或找到一个能够牵动对全篇（段）课文进行阅读品析的关键字词，或提炼出一个能“牵一发而动全身”的关键问题，或设计一个时间持续长久的阅读活动，让它们一方面带动全篇（段）文章的阅读理解，另一方面又牵动课堂阅读活动生动有序地进行。

三、教学内容生活化

《语文课程标准》指出：语文课程应植根于现实，面向世界，面向未来。应拓宽语文学习和运用的领域，注重跨学科的学习和现代科技手段的运用，使学生在不同内容和方法的相互交叉、渗透和整合中开阔视野，提高学习效率，初步获得现代社会所需要的语文实践能力。语文源自生活，生活中孕育着语文。让生活走进课程，让教学走近生活，不仅是优化课堂教学的有效手段，也是培养学生应用语文能力、帮助学生形成健全的人格、全面提高学生的语文素养的重要途径。

新课程改革以来，语文教学要联系生活，这已成为广大教师的普遍共识。但是，在具体教学实践中同样存在一些盲目性和片面性的认识，表现在为了联系生活而联系生活，把联系生活作为教学的基本任务或目的，作为评价一堂好课的标准，或者把联系生活局限在获取生活经验，满足和迁就学生眼前的兴趣和需要，导致了教学联系生活的粗俗泛化，教学达不到应有的目的。

1．游离文本的“生活化”

在教学中，一些教师为了强化人文教育，突出动态生成，简单地将课文处理成样本或用件，抓住一点任意发挥，一味地顺着自己的思路走，或顺着学生的思路走，顺着文中的某一内容走，结果就游离了文本。主要的问题还有：抓住一点，逸出文本；无视文本，逆向批判；不重细读，偏重学生经验；弃置文本，设境虚假；层层肢解，偏重思想。

2．包罗万象的“生活化”

语文教学内容生活化，应该起到帮助学生把握教学重点的作用。但在日常教学中，发现有的语文教师片面理解语文教学生活化的内涵，进行生活化迁移时没有扣紧文本，或者片面追求热闹，花样繁多；或者上课不着边际，东拉西扯；或者缺乏引导，随心所欲；或者面面俱到，无所不包，把语文课上成包罗万象的生活化课堂。

3．本末倒置的“生活化”

当代文本解读理论认为，文本解读既有开放性，同时也具有规定性。对语文教学来说，文本始终是“本”，而拓展的内容为“末”，再多的拓展也是“末”，忘记文本这个“本”，教学就会失去意义。但现在很多语文课堂假托“生活化”之名，脱离文本这个阅读的基点、教学的原点，分不清文本自身的价值和进入教学之后的价值，无法正确地聚焦教学内容，盲目作漫无目的的创造性迁移，致使语文教学的生活化本末倒置。

4．画蛇添足的“生活化”

语文课堂教学“联系生活”是《语文课程标准》的指导思想，语文课堂教学也因为有了“生活化”才显得灵动鲜活、精彩丰富，学生学习语文也更加富有激情和活力，语文魅力真正得以彰显。但是，“生活化”的教学中，也存在着华而不实、画蛇添足的问题。有的教师在进行“生活化”教学时或者虚晃一枪，或者生拉硬扯、牵强附会。这种成了摆设的生活教学不仅起不到任何作用，反而干扰了学生的思维。

5．远离学情的“生活化”

《语文课程标准》要求语文教学的内容“应适应学生的身心发展特点，适应学生的认知水平，密切联系学生的经验世界和想象世界”。但有的教师在进行生活化教学时没有考虑学生实际情况，所精心设计的语文教学活动超过或低于学生的认知水平，破坏了学生学习的兴趣和动力，不能达到预期的教学效果。

6．缺乏纽带的“生活化”

美国教育家华特指出的“语文的外延与生活的外延相等”，很好地诠释了语文与生活的紧密联系。因此，我们理应抓住文本和生活的联系点，以课堂教学为起点来实施语文生活化教学。但是，在目前的语文课堂教学中，却存在着刚打开文本就草草收场，刚一知半解就匆匆拓展的现象。因为学生对文本的学习不够，缺乏联系点地匆匆拓展，其结果往往造成了对文本的解读成了一锅夹生饭，再也煮不好了。

教育教学的最终目的就是要培养适应社会、改造社会、创建新生活的劳动者和接班人。因此，在语文教学活动中，我们要让学生逐本求源，真正实现知识来源于生活，又应用于生活的书本世界与生活世界的统一，从而启发学生根据生活经验，从已知中悟出新知，从书本上的知识、道理联系学习社会的知识和道理。在课堂教学中，就要做到：联系生活实际处理教材、重组教材、调整教学预设；根据学生实际构建教学活动；创设生活情景、设计生活化的问题，使语文教学与生活融为一体；引入生活化的材料，唤起学生的情感体验；搭设生活化的交流平台，尊重学生的个体差异。

根据生活实际，巧妙处理教材。教学内容的生活化对当前语文教材的建设提出了新的要求。教材的编写出于客观和主观的原因，难以使教学内容符和不同地方的生活实际。我们教育教学的最终目标是学生的发展，所以当教材的稳定性以及教学的计划性需要适应生活实际的多变性时，就必须对教材进行“生活化”的处理。包括：大胆地“删”、适度地“增”、灵活地“换”、深入地“挖”和必要的“扩”。

基于学生实际，安排教学活动。教师在进行教学设计时必须全面考虑学生的认知水平，即全面掌握并准确预测学生知识储备、语文基础、情感体验、思维能力等各方面的情况，然后以此为起点，安排教学活动，充分激发学生学习的主动性、积极性，从已有的生活经验中认识并建构起新的知识。力求使我们的每一个教学环节都是有效的甚至是高效的。

引入相关材料，帮助学生理解。教学内容生活化旨在活跃课堂气氛、丰富课堂教学、培养学生的能力，因此在教学中常常要引入与文本教学相关的材料，来激发学生的兴趣，引导学生联想，唤起学生的情感体验，延伸深化教学内容。有效地“穿插引进”的材料包括：背景资料、简短的音像材料、生活故事、配读短文、相关的文化科学和自然常识等相关资料。

设计生活问题，构建联系桥梁。教育教学不仅是单纯的学校内的课堂活动，它还与社会生活有着广泛的联系，它源于生活，又指导生活，语文教学不能与丰富多彩的社会生活割裂开来。这就要求教师要充分挖掘语文学习与现实生活密切相关的内容，有意识地积极地创设生活化的问题，构建语文教学与生活实际的桥梁，让学生在语文学习中联系生活，用生活去验证学习语文。

启发学生想象，突破时空限制。想象力是智力结构中一个富有创造性的因素。加强想象力的培养，是培养学生创新精神的一条重要途径，是一种极其可贵的思维品质。培养学生的想象力，要围绕生活实际要求开展教学，引导学生立足生活，从生活中来，到生活中去，使想象的内容有本有源，这也是语文教学活的灵魂。

创设生活情境，在生活中用语文。教师在教学中应尽量为学生创设生活化的情境，使语文学习回归生活。创设语文教学情境，从操作来看，方法多种多样。既可以依教材内容“还原”，把作者笔下的“境”再现出来，让学生真切感受到文章中的人、物、情、景，也可以模拟与教材相似的情境，谋求形似、神似、功能相似、结构相似等，让学生得其门而入；既可以移植其他科学的技术和经验，借助幻灯、录音、录像等来创设生活化的情境，也可以替代换元，即为了创设生活化的情境可以代用材料、代用零件等。

四、语言训练永恒化

《语文课程标准》指出：“语文教学要注重语言的积累、感悟和运用，注重基本技能的训练，给学生打下扎实的语文基础。”语文教学的核心是语言教育，语文教学的根本任务是组织、指导学生学习语言，培养和提高学生理解和运用祖国语言文字的能力。语文课堂教学就是要引导学生以教材为依托去感受语言、领悟语言、积累语言和运用语言，在积累运用中提升语文能力和培育人文精神。在教学实践中把语言训练作为一个重点，得到师生的广泛关注，也取得了不少成效。但也存在着功利化、公式化趋向，导致不能发挥师生主观的能动性，语言训练得不到理性的回归。

语言训练的目的是要让学生精于读、长于写、敏于听、善于说。但在教学中也出现不少问题：有的教师过分重视词句释义，忽视语境理解，课堂就枯燥无味，学生学习索然无味；有的教师过分重视问题的结果，忽视过程的指导，学生“知其然不知其所以然”；有的教师淡化语文认知，脱离语文情境进行人文教育；有的教师过分追求形式，重表演、演示，寻求视听感官的刺激，忽视文本的感悟提升；有的教师不厌其烦地分析文本精彩之处，而忽视了朗读对理解文本潜移默化的重要作用。这些都不利于进行有效的语言训练。

1. 重词句解释，轻语境理解

对于文言文字词落实和文章的理解都不可偏废。长期以来，不少教师总是习惯于逐词逐句串讲，过分地强调字词教学，把文言课上成了枯燥无味的古汉语课，教学形式单一化、模式化。这种不能结合具体语境来指导阅读，忽视了文句、文段的理解感悟，破坏了文本阅读活动的整体性、有效性。教学活动机械僵化，教学效率低下。

2. 重概括结果，轻引导过程

在语文教学中，结论与过程是相互作用，相互依存，相互转化的。我们既要重视结论，更要重视在探究的过程发展学生的智力和培养学生的能力。然而，有一些教师重视文本的概括结果，过分强调结果的标准化，忽视紧扣文本进行信息提取的方法引导，忽视学生的参与探究、质疑释疑的过程体验。这样，就不能真正训练学生的思维能力。

3. 重内容拓展，轻语言品味

当前语文课堂中存在一种倾向：突出对文本内容的拓展，弱化对语言的拓展训练。教师在教学中不大重视文本的解读和基本知识的理解、掌握，对课文内容匆匆带过，字词难点都没理解清楚，就进行许多引申和发挥。把语文课“异化”为政治课、综合课，语文教学本末倒置。

4. 重情景创设，轻感悟提升

真实的情境再现能充分调动学生去关注、思考问题，能激发学习兴趣，增进对文章的理解。但在实际教学过程中，不少教师曲解了“教学情境”的真正含义，教学情境创设“变味”、“走调”的不少，教学中过分追求花俏的形式，重视角色扮演、情境实物演示，寻求视听感官的刺激，忽视文本的感悟提升，这无助于学生语言的感悟、品味、理解和运用。

5. 重细致分析，轻反复朗读

语文教学担负着积累语言的任务，不少教师也在不断地尝试，以各种各样的形式来丰富学生的语言积累。然而，我们的有些课堂教学依然只重视对文本内容进行细致的分析，缺少让学生反复诵读，读出情趣的体验，未能在读中自然而然地积累丰富的语言材料。这样不利于学生与文本的共鸣，也不利于语言积累。

学习语言是在语言实践中学会运用的过程，语文教学要将对学生进行严格的语言训练作为首要任务来完成。这就要求我们的语文课堂教学要根据语文文本材料，采用不同的教学形式，引导学生学习探究，帮助学生积累语言，来发展学生的思维，开阔学生的语文知识视野。因此，语文教学要不断通过感受揣摩语言、品味感染语言、积累内化语言、迁移运用语言等手段，在感受、揣摩中品味语言，在品味、内化中积累语言，在训练、运用中发展语言，从而有效地提高学生的语文素养，达到语言训练的最终目的。

词句积累是基础。词句积累是语文课堂教学的重要环节，是语言积累的基础。学习语文必须积累大量的字、词、句、篇等语言感性材料。在课堂教学中应该重视课本中的好词佳句美段的积累，读写听说才能得心应手。语言材料的积累，只能靠自己听、说、读、写的语言实践。在学好词句的基础上才能真正领悟文本，真正提升语文能力。

文本概括需引导。阅读是一个从语言到内容，又从内容到语言这样一个循环往复的过程。这是一个“提取”和“概括”的过程。需要教师反复引导学生紧扣文本词句，抓住关键词句进行提取，才能进行正确的概括。要引导学生“字不离词，词不离句，句不离段，段不离篇”，结合自己的知识储备和阅读体验，通过一定的认知、分析、比较、筛选、综合，从而进行有效概括。还可借助联想想象对文本信息进行加工再创造，帮助对文句的理解掌握。

语境品味占主导。阅读教学中的目的在于学习品味语言的基本方法，培养品味语言的能力。在具体语境中品味语言应成为语文阅读教学课堂的主导。教学中要抓住课文蕴涵作者情感的关键词句、段，从方法上引导学生品析潜伏在语言深处的美，向学生传递语言深处的美，还要让学生学会创新语言。通过阅读教学，得到美的熏陶，提升语言运用能力，进行情感态度价值观的教育。

情境感悟仅辅助。情境的创设是教学的有机组成部分。创设教学情境，可以帮助学生理解课文内容，可以激发学生的学习需求，帮助他们理解语言、积累语言和运用语言，实现三维目标的有效整合。在教学中应该积极创设情境，引导学生走进文本的世界，更好地品味语言，使学生领悟语言文字中作者的思想和情感。但情境感悟作为辅助手段，不能喧宾夺主。

模仿运用乃目的。语言训练的最终目的是为了运用。在语文课堂教学中，教师要有意识地创设语言表达的情境，引导学生在具体情境中扎实有效地加强语言的训练。朗读、仿写不失为训练的重要手段。抓住精彩的词语、段落，反复引导学生朗读，读出语调，读出感情。找出文章的好句佳段加以品析，然后进行仿写练习。这对提高语言训练的效果也是不言而喻的。

五、教学资源生成化

《语文课程标准》指出，语文是“母语教育课程，学习资源和实践机会无处不在，无时不有”。“语文课程资源包括课堂教学资源和课外学习资源”，语文教师“要有强烈的资源意识，去努力开发，积极利用”。语文课堂上师生的多向互动，使课堂呈现高度的开放的状态。在这样的课堂上，多种类型的信息得到交流，学生的各方面潜能被充分调动起来。他们大胆地表达自己的感受、意见和结论，充分地思考所面临的各种问题，使课堂上常常出现不同的声音，经常发生与课前预设不一致甚至相矛盾的意外情况，这一切也就构成了教学过程中的生成资源。课堂教学资源的动态生成，已经成为新课程改革语文课堂教学一大亮点，它正在以这样或那样的方式冲击着原有的语文课堂形态，构建着新型的语文课堂教学文化形式。

但是，在教学实践中经常发现，有些教师课堂上只强调预设，课堂上“满堂灌”、“满堂问”现象比比皆是，抑制了动态生成的资源：有些很有教育价值的活动，有些活动中很有意义的事件（包括学生的问题、反应、表现等）教师常常发现不了，捕捉不到。有时虽然捕捉到了，也注意引导了，但可能由于知识的储备不够，或是教师的认识不到位，思维不够严谨，活动原本应有的教育功能没有充分地发挥出来，致使活动流于形式，为生成而生成。

1. 预设过强，缺失必要的生成

课堂教学是一种有目的、有意识的教育活动，教师在课前必须做好预设，课堂上也需要按预先设计开展教学活动，保证教学活动的计划性和效率性。但是教学不只是单纯的“预设”操作，更是课程创生与开发的过程。过度的设计必然导致对教学的控制，导致对学生活动和发展的包办、强制和干预，以致忽略了学生的主体地位，漠视了学生在课堂上的生成性。

2. 重视不够，坐失意外的生成

教师在课堂教学中应该根据学生的学情、课堂环境的变化，灵活地调整预设，而不能以惯常的思维来判断，没有从新课程的角度去审视，即意识不到要从课程资源的角度加以利用，进而对课堂生成消极对待，或压制、扼杀，或漠视、敷衍。如果教师的敏感性不强，不注意倾听，不善于捕捉学生在多元互动中所生成的可利用的资源，那么这些资源将“昙花一现”，转瞬即逝。

3. 引导不善，偏失深度的生成

真正有效的生成应时刻受到预设目标的关照，发展目标的引领。如若不然，学生虽然在互动中生成了，但并没有学会他原来不会的方法，增进他原来缺乏的认知。对学生来说，经历这样一个生成的过程与没有经历这样一个过程，没有本质上的区别。这是教师的无为，是教师引领作用的旁落而滑入了“学生中心”的泥潭。

4. 处理不当，流失精彩的生成

课堂教学是灵动的，不可预设的成分很多。学生的思维又往往带有片面性和主观性，冷不丁就会提出一个“出乎意料”的问题来。但正是这些出乎意料的问题，却往往生成新的资源。教师对此如果视而不见，或者采用种种借口转移话题，或者简单处理了事，都难以生成课堂的精彩，甚至会把学生引入歧途。

5. 把握不准，迷失适度的生成

课堂上即时生成的资源，有正面资源、负面资源、无关资源。这就要求教师首先对生成资源进行判定，优先出有效资源，以便合理利用。如果缺乏这种必要的教学机智，不管课堂生成的资源是否有价值，都看作生成，那么这样的生成就是漫无边际的，反而不利于教学重点和难点的处理，不利于教学过程有效开展。

“学生在课堂活动中的学习状态，包括他们的兴趣、积极性、注意力、学习方法与思维方式、合作能力与质量，发表的意见、建议、观点，提出的问题与争论乃至错误的回答等等，无论是以言语，还是以行为、情绪方式的表达，都是教学过程中的动态生成性资源。”（叶澜语）这些生成性的资源不是显性的，而是隐蔽的，往往转瞬即逝，稍不留神就容易忽视。这就要求教师要有善于捕捉信息的眼睛，会仔细倾听的耳朵，及时发现、捕捉有效的信息，将潜在的生成信息上升为显性的信息，生成新的教学资源，并将其巧妙地、不留痕迹地糅合进教学活动。

善用学生的“问”。《语文课程标准》要求学生“在交流和讨论中，敢于提出自己的看法，作出自己的判断”。因此，针对课堂上出现的预设外问题，教师不能回避学生的质疑问难，而要有较强的应变能力，通过及时抓住学生的提问，并顺着学生的思路延伸下去，适时引导，满足学生的求知欲，使之生成新的教学资源。这样的生成因基于质疑而丰富多彩，疑问因借于生成而豁然开朗。

妙用学生的“错”。教育资源无处不在，学生的“错误”中亦蕴涵着宝贵的教学资源。如果直接矫正错误，没有学生主动参与，往往效果不佳，而抓住这些错误信息，引发学生重新审视问题，激发学生间的对话交流，生成许多新的教学资源，使学生的理解由错误趋于正确、深入、全面，让学生经历南辕北辙的历程，使课堂、教师能更贴近学生、贴近文本，使学生从中感悟到自己的错误所在，真正达到纠误医谬之目的。

活用学生的“争”。在教学过程中，学生的状态、条件随时会发生变化。当学生的学情发生变化时，预设的目标在实施过程中需要开放地纳入直接经验、弹性灵活的成分以及始料未及的体验。在教学实践中，经常会出现因学生对某些问题的争议而影响教学预设，改变教学进程的行为，只要教师能敏锐地捕捉学生互动中所生成的可利用的资源，大胆调整教学预设，同样可以演绎出意外的精彩，起到“殊途同归”之功效。

巧用学生的“说”。无论是教师还是学生，都是课堂教学生活的创造者，都是课堂教学的资源。教师要认识到学生也可以是一个教育者，要充分挖掘课堂中的教育资源，捕捉学生的信息，与学生分享相关的经验。在教学过程中，教师在学生的“说”中，善于发现有价值的信息，并给予必要的引导，使学生能够以一种超越的和理智的态度来面对和汲取他人的智慧，形成对问题的一系列认识。

智用偶发的“事”。在教学现实中，会出现偶发事件，这是教学过程的常态和必然。偶发事件也是教学过程中生成的一种有益资源。教师要正视、利用偶发事件，凭着自己的深厚素养，在对该教学现场的敏锐捕捉、快速反应和非常得体的、合理的应对之中，往往能将一个没有成效的、没有希望的、甚至有危害的突发事件与情境转换成一个从教育意义上来说是积极的事件。

六、问题设计最优化

建构主义学习理论强调学习者的学习活动必须与问题相结合，教师应该引导学生在真实的教学情境中，以探索问题的解决方法的方式来进行学习。新课程也强调以问题为中心展开学习活动。可以说，讲究课堂提问艺术，精心设计卓有成效的课堂教学问题是构建高效课堂的根本保证。因此教师要在优化课堂问题上下功夫，积极探索课堂问题设计必须遵循的原则，掌握问题设计的技巧，充分发挥教学机智，精心设计出科学有效而又富有艺术性的高质量问题，以实现课堂教学过程的最优化和教学成果最大化。

由于受各种因素的影响，当今的语文课堂教学在问题设计方面还存在诸如问题设计的随意性大、深浅失当、问题琐碎繁杂等误区，空耗时间精力，无助于学生思维的训练和能力的培养，也无助于教学活动的展开和教学目的的实现。

1. 无的放矢的问题，缺乏针对性

有的教师对教材缺乏深入的研究，对学生情况缺乏充分的了解，或对问题教学的目的不明确，所提问题缺乏针对性，问题指向不明，游离教学主题，脱离教学重点，偏离教学思路。有的教师在教学过程中即兴发挥，漫无目的地发问，生成的问题画蛇添足，偏离教学主线，分散精力，浪费时间，无助于教学。

2. 深浅失当的问题，缺乏适度性

如果教师缺乏对年级目标、教材实际以及学生的知识现状、年龄特点等方面的全面思考，设计的问题常常不科学，深浅失当，不切实际。过大、过深的问题使学生无从思考和解答，难以碰撞出思维的火花，容易挫伤学习积极性，导致学生对问题置之不理。过浅的问题缺乏思考和讨论的价值，徒耗时间，达不到培养能力和发展智力的作用，并且容易使学生产生轻视问题的心理。

3. 单调乏味的问题，缺乏驱动性

有的教师设计的问题千篇一律，“老调重弹”，缺乏鼓动性和号召力，容易抑制学生的思维，使学生对问题产生惰性和反感。如果问题未经设计，老是用习惯性的是非问式，如“是不是”、“对不对”这类问而无疑的问题，学生对答如流，表面上“互动”得轰轰烈烈，实际上没有任何教学价值。如果问题的呈现方式呆板平淡，缺乏创意，也很难激发学习和思考的兴趣，容易使课堂变得枯燥乏味。

4. 封闭单向的问题，缺乏启发性

有的教师喜欢用单向式的是非问、选择问提问。问题指向明确单一，答案封闭内聚，学生只能按既定的方向思考，难以打开思维空间，难以形成认知矛盾。师生之间也难以碰撞出思想的火花，只能进行一问一答式的“对话”。这种缺乏启发性的问题不但无法培养学生分析问题和解决问题的能力，甚至会扼杀学生的想象力和创造力，妨碍学生思维的发展。

5. 繁杂细碎的问题，缺乏简约性

如果设计问题时缺乏全盘考虑，不注意问题设计的系统性，问题繁杂细碎，不分主次轻重先后，甚至“满堂问”；或者提出的问题语句太长，表达不清，学生不明白问题的指向，答非所问。问题琐屑化，学生便无暇思考，只能始终处于被动应答的状态，或者造成学生思维和理解的混乱，使问题教学成为学生学习的负担，也会造成教学头绪和内容繁杂，教学效率低下。同时，过多、过细、过浅、过泛的提问也常常会将精美的课文肢解成琐屑的问题，用提问与答问代替美读、美听、美析，使教学过程平淡无味，失去语文教学的精彩和价值。

语文课堂教学的有效性在很大程度上取决于教师设计的问题。因此，语文教师要积极探索和掌握问题设计的优化策略和具体实施方式，使设计的问题具有针对性、量力性、启发性、共振性、包孕性，体现“精、少、实、活”的特点，使课堂教学简洁、省时、高效，实现课堂问题教学最优化。

设计的问题具有针对性——有的放矢。设计问题时要深入教材之中，全面、准确地把握文本的精髓，明确三维目标。问题既要切中教学主题，直指教学重难点，又要针对学生实际，具有鲜明的目的性、针对性、明确性，有利于教学活动的顺利进行和教学目标的实现。设计时要尽可能地剔除可有可无、目标模糊的问题。教学过程中生成问题也要从教学目标出发，杜绝随心所欲、漫无目的的发问，这样才能使问题恰到好处，使教学省时、高效。设计针对性的问题，最关键是要找准问题的最佳切入点，如文本的关键点、学生的疑难点和模糊点等。

设计的问题具有量力性——切合学情。问题设计要切合学生的知识背景、思维特点、实际能力和需要。要注意问题的深度和广度，难易适度，繁简适当，数量合理，面向全体，具有科学性、量力性、广泛性。为此，问题要接近学生智力的“最近发展区”，即要与学生已有知识经验有密切的联系，又具有一定的思维容量和强度，学生经过努力思考能够解决。这样，才能激发学生的学习兴趣和探究欲望，吸引学生积极参与，充分发挥学生的主体作用，有效地实现教学目标。对于难度较大的问题，要分解生成一系列由浅入深、以旧导新、从易到难的子问题，在解决问题中逐步突破难点。

设计的问题具有启发性——启迪思维。启发性是课堂问题教学的灵魂。问题要能启迪思维，必须具有开放性、探究性、挑战性特点。即问题是从书本上难以直接找到答案或不能用现有的知识直接回答，需要经过学生的思维加工才能间接找到答案。或者问题有多种思考和讨论的路线，能帮助打开学生思想的闸门，让学生从不同角度不同方向去思考、讨论和探究，从而促进学生发散思维、逆向思维等思维品质的发展。为此，问题设计时必须以对学生已有知识经验和教材内容全面科学的分析为基础，寻找“新旧知识结合点”，多设计发散性、设想性、开放性、辨析性的问题。这种问题最具“问”的价值和效果。

设计的问题具有共振性——和谐共振。设计问题必须准确把握学生的心理特点和心理需要，学会“换位思考”，巧用“思维暴露”，问题能“引入矛盾，变直为曲”，具有思维的多维性、挑战性、驱动性特点，问题的呈现形式要新颖。这样才能给学生造成悬念，激发认识冲突和思维兴趣，让学生积极主动地投入到思维活动中去；才能消除教学隔阂，充分发挥教师的主导作用和学生的主体作用，营造适合教学展开和师生乐于教与学的“势场”，形成教学合力，让师生相互启发，相互碰撞，互动推进，和谐融洽，使教与学保持最大的一致，从而获得最佳的教学效益。

设计的问题具有包孕性———内蕴丰富。教师设计问题时要充分解读文本，抓住文本的主要矛盾，找准突破的角度，要从课堂教学的整体考虑，问题的内蕴丰富，精炼概括，能牵一发而动全身，由一个问题生发出一个或几个更深层次的问题；问题之间既有顺承性又有递进性，有层次成系统，具有包孕性、整体性、简约性特点；能够借助一个或几个问题有效地整合教学内容，简化教学头绪，引导学生进行整体阅读和长时间、深层次的课堂学习活动，并且不断地开启学生的智慧大门，让学生高屋建瓴地思考问题，使课堂教学一气呵成，省时高效。

七、评价语言多元化

课堂评价语言是教师在课堂教学过程中所使用的一种行之有效的调控手段，是贯穿于整个课堂教学始终的一项重要的师生教学交往活动。《语文课程标准》也指出：“对学生的日常表现，应以鼓励、表扬等积极的评价为主，采用激励性的评语，尽量从正面加以引导。”这种评价不仅仅是一种激励，更是一种学习意向的引领，学习方式方法的指导，在点燃学生学习激情的同时，也启迪了他们的思维、智慧与创造力。因此大多数语文教师在课堂教学中，越来越注重对学生在课堂上的学习态度、方法、过程、效果方面进行即兴点评，以便激励、调控、导向以及推进学生的后继学习进程，促进教学相长。但课题研究表明，教师在使用课堂评价语言方面还存在不少问题，它也制约着课程改革的良性发展。

之前的课堂，教师很少关注课堂评价这一问题，更多是漠视学生的表现，对学生的回答未知可否，无言以对，学生变得无所适从。甚至是轻率下结论，学生没有说出教师想要的答案就立刻加以否定，武断地评价封杀了学生独特的理解和张扬的个性，制约了鲜活的课堂生成。新课程语文强调尊重、赏识学生感受，于是有的教师便不管学生怎样表达、表现，也不管学生的感受合理不合理，都一味给予表扬，至于好在哪儿，不足在哪儿，从教师的评价中很难找到答案。这类缺乏针对性和准确性的评价语言，学生无法从中获得启迪，从而打开思路，因而对学生来说是无效的甚至是负效的。

1. 未置可否，学生无所适从

由于一些教师缺乏对教学评价在课堂教学中的重要意义的深刻理解，再加上自身在捕捉评价时机、表达评价内容、把握评价方式等等方面能力的欠缺，“教学无评价”现象仍极为普遍——即教师经常不对学生在课堂上的表现作出评价，使学生难以把握自己的课堂学习状况。不管学生课上表现如何，教师基本上都不置可否，最多的回应也只一个“嗯”或“好”。这样流于形式、未置可否的评价，学生会感到无所适从。

2. 滥用赞语，误导学生思维

现在，语文课堂上表扬肯定性的评价多了，这虽说是一种进步，可是，随之而来的矫枉过正的现象也在大行其道——滥用赞语。很多教师在课堂上总是用机械的、缺乏真情的肯定和表扬来评价学生的回答，像“很好”、“非常棒”等评价语言几乎成了口头禅。其实表扬或激励性评价过滥，缺乏真情的赏识评价，只会使学生变得浮躁、麻木，批判力锐减，承受挫折的能力下降，把学生引向随意附和、不尊重科学的歧途中，给学生产生误导作用，抑制了学生创造性思维能力的发展。

3. 急于定论，制约课堂生成

目前在课堂评价时经常出现教师的评价结论轻率随意的现象：学生没有说出教师想要的答案就急于给出预设的答案，说得不够全面也不再启发，说得不到位也不及时点拨提升。而是用简单随意的评价语，这样不仅不能对学生产生积极的引导，反而会制约课堂的生成，导致学生形成浅尝辄止和敷衍应付的学习态度，闭塞学生创造性思维，使评价失去应有的价值和意义。还会导致只关注学生的学习成果，忽略对其学习行为意向的具体引领和方式方法的具体指导。

4. 点评泛化，导致思维肤浅

在课堂学习过程中，有的教师不加分析，对学生回答问题的内容，如大众化的答案和轻而易举得到的结论大加赞赏，这样的评价就失去了应有的意义和价值。而作为被评价的学生来说，听惯了教师千篇一律的拔高式评价，本来强烈的心理期待就会疲软，不愿意再去深思熟虑，因为只要浅思考就能得到高评价，久而久之，他们会在教师盲目的评价中迷失自我。因此，点评不到位，犹如隔靴搔痒，无法起到激励的作用。

5. 苍白空洞，缺乏真情实感

课改实施后，很多教师也注重课堂评价语言的使用。但苍白空洞的课堂评价俯拾皆是——要么评价的语言机械单调，要么评价只是简单地重复学生的回答，多余而无效，挤占了本该属于学生的时间；缺乏思维的启发和有效的引导，形成空洞苍白的评价。这样不仅不能对学生产生积极的引导，反而会导致学生形成浅尝辄止和随意应付的学习态度，不利于课程目标的达成，使原来的教学效果大打折扣。

实际上，充满智慧和魅力的随机点评艺术在语文课堂教学中具有举足轻重的作用。要使课堂教学直接走进学生的心灵，关键不在于说了多少话，也不在于辞藻的华丽与否，而在于能否抓住问题的实质，用恰当的语言表达出来。课堂评价语言看似简单，其实也是一门高深的学问。对于学生，教师要有一双慧眼，要善于捕捉、发现学生身上的闪光点，适时有针对性地对学生学习、思考、发言加以评价，它能活跃学生的思维，激发学生的兴趣，提高教学质量。所以，对学生学习活动的评价，应实事求是，恰如其分，多一份真诚，少一份虚伪，既要大度地肯定学生的成功与进步，也要鲜明地指出存在不足与错误，让学生清醒、正确地认识自我，在评价中不仅体验成功，更能促进自身道德认知的发展。

用赞美性的语言，激励学生。教师在课堂上用赞美的语言来评价学生，能够调动学生学习的积极性，打消学生回答问题的恐惧心理，营造和谐的课堂气氛，取得良好的教学效果。当然，面对全体学生，教师表扬赞美的措辞要有变化，既要表扬全班同学，调动全体学生的积极性；又要赞美个别学生，让他感到自己是与众不同的，这样能挖掘他的才智，发展他的个性。教师的每一句赞语，每一个肯定的眼神都要直接走进学生的心灵，让学生感受到教师的赞美是真诚的，从而树立学生的自信心，使学生体会到学习与交流的快乐。

用委婉性的语言，修正思维。在师生的沟通中，有时直截了当指出学生的不足，虽然完全正确，但学生却因为碍于情感而感到难以接受，这种直言不讳效果一般就不好了。如果把话语磨去一些“棱角”，变得委婉一些，使对方在听话时仍能感到自己是被尊重的，就能既从理智上，又在情感上接受教师的意见了。这就要求教师在评价学生时尽量把批评否定的语言换一个委婉的说法，让学生更容易接受，更能引发学生的反思。

用引导性的语言，培养习惯。作为教师，当发现学生的理解存在偏差时，应该及时抓住学生认识上的误区，因势利导，使他们在启发引导下获得正确的价值取向。尤其是新课程背景下的语文课堂，是师生互动、生生互动的课堂，学生是课堂的主角，教师应把自己定位为学生学习的引导者、启发者，教学中教师要尽可能地采用引导性的语言，给学生的思考提供明确的要求，注重教给学习的方法，启发学生的心智，培养学生良好的思维习惯。

用深情性的语言，促进和谐。深情的评价语言，会走进学生心灵的，不仅会使学生感动，让他们在课堂上情感充沛，而且给学生以自信，激励其拼搏向上，从而可能影响他们未来的生活。在课堂学习中，学生除了有渴望被认同、被赞赏的内心需要以外，他们还需要从教师那儿得到尊重、宽容和教诲。所以教师在实施课堂评价时，要尽可能地注意语调、表情和言语的相互配合，让学生通过细节来感受教师的真诚：在胆小学生窘迫的关键时刻，一句深情真诚的语言，会让其平添了无穷的力量，使学生感受到学习是一项充满快乐、富有成就感的趣味性活动。

用幽默性的语言，调控课堂。幽默的教学语言，绝不只是为了博得学生一笑，它在给学生以愉快欢悦的同时，促使学生深入思索，悟出“笑外之音”，从而起到积极的教育作用。幽默的评价用语，不仅可以打破课堂内死水般的枯燥局面，活跃课堂气氛、和谐师生关系，而且可以有效地激发起学生的求知欲，调节学生学习情绪，轻松地开启学生的智慧之门。

用针对性的语言，彰显个性。教师在课堂教学中，要根据评价对象的不同而采用有针对性的语言，对学习能力不同的学生，评价的侧重点应有所不同。具体来说可以从学习态度、学习信心、学习效果等各方面，对不同层次的学生做出针对学生个体实际情况的、具有激励作用的评价，使每个学生都体会到成功的喜悦，产生乐于求知、积极向上的情感，形成主动、健康的学习心理。

八、媒体使用针对化

《语文课程标准》指出：“应拓宽语文学习和运用的领域，注重跨学科的学习和现代科技手段的运用。”以多媒体技术为代表的现代化科技手段在新课改中扮演了极为重要和活跃的角色，它对于优化课堂教学、提高教学效率起到了重要的作用。但是多媒体演示在课堂教学中只是一个辅助手段，语文课堂上使用多媒体时要分清主次，不能乱用图片，该用时用，不该用时坚决不用，把教学的重点、难点的顺利解决放在第一位，而不是把使用多媒体演示当做主角，真正发挥多媒体应有的作用。

不少教师喜欢借助多媒体进行教学，因为它形象、直观。然而如果音像手段控制不当，就会成为干扰因素。有的教师不从实际教学需要出发滥用多媒体，甚至为用多媒体而用多媒体；有的存在着把手段异化为目的的现象；有的片面强调用影视替代学生必要的文本阅读，用图片代替学生的想象。

1. 游离化，忽视文本的阅读

在“信息技术和学科整合”的口号下，许多教师把主要精力放在教学手段的翻新上，片面地利用多媒体的音频技术和视频技术，在设计课件时，过分注重课件的音响、动画和色彩等效果。更多地注重利用多媒体技术对文本进行再现，而忽略了学生本人对文本的解读，甚至用对视听的多重刺激代替了对文本的阅读。

2. 程序化，忽略师生交流

在视觉、听觉效果方面有其独特的优势的多媒体课件走进了课堂，这是件好事。然而实际教学中，有些教师过分依赖课件，活跃的师生情感交流变成呆板、枯燥的“人机对话”，灵活的教学过程变成固定的机械程序。制作的课件模式化的现象随处可见。

3. 花哨化，拼凑许多音像

多媒体教学走进课堂，显示出语文教育改革的美好前景。因此多媒体课件制作成了很多语文教师追求的目标，有的甚至形成了“无多媒体不成公开课”的局面，更有甚者以是否使用多媒体来评价课的优劣。这使许多教师把主要精力放在教学形式的翻新上，只一味追求课件制作的精美。他们在课件制作中不管内容是否需要，生搬硬凑些声音、影像、图片等以体现多媒体。活生生的语文课堂教学变成了单纯的信息技术表演，当然更谈不上辅助教学了。

4. 放映化，挤掉思考空间

利用多媒体教学必须正确认识和处理好与教学实际的关系，不能盲目、不顾及学生的学习实际随便使用。教学中，有些教师“一味将大容量的文字资料尽数搬上屏幕，以致于看上去密密麻麻，而当教师讲课时由于课时安排的限制，往往一读而过，学生仍在费劲地辨认并判断所需攫取的有效信息，更来不及做笔记”。师生交流匆匆过场，未能突出教学重点，也挤掉了学生领悟的时间。教师成了“放映员”，学生却成了“观众”。

5. 限制化，束缚思维想象

语文教学为学生的想象思维能力培养创造更为有利的条件。课件将抽象而生动的文字空间具体化，自然地将学生的思维与想象带入教师或课件制作者的思维中，学生所接受和理解的是教师或课件制作者所提供的知识。教师无意间的框架约束了学生的想象力，限制了学生自己对文字对象的理解和扩展思维。

多媒体作为传统教学的一种辅助手段，它必须为内容服务。有针对性地加以使用，能激发学生的学习兴趣，变抽象为形象，化繁为简，更好地帮助学生突破重点、难点，在教学过程中帮助学生积极学习、主动建构知识，从而提高课堂效率，实现教学的最优化。

化抽象为形象。语言文字作为描绘客观世界的符号，具有抽象性、概括性。而多媒体可以提供声画并茂、视听结合的客观世界的表象，将抽象、概括的文字符号转化为形象具体的可感的东西，使文字与客观事物之间建立了联系，化难为易。多媒体还能够超越时间和空间的限制，把课文中介绍的，学生不熟悉的事物形象地展示到学生的面前，既能激发学生的学习兴趣，调动学习的积极性，也能使学生加深对课文内容的理解，大大地活跃了课堂气氛。

创设逼真情境。多媒体手段便于创设丰富多彩的教学情境，展现多层次多形态的情感场景，能诱导、激励、唤起学生感悟；图、文、声、像并茂，立体式的信息刺激学生多种感官，便于引发学生兴奋，调动他们学习的主动性、积极性和创造性。

促进语言转化。作文的构思和表述的中心任务，就在于不断寻求与表象相应的语言标志。只有当学生头脑中的表象和语词紧密结合起来，表象才可能转化为用词加以描述的具有客观意义的形象，即把形象的直观转换为抽象的语词。多媒体对写作指导极有价值，它通过创设情境、激发兴趣，指导观察、启发创新，激活语词、转化语言，由画到话、加强表达，由说到写、提高素质，由视听语言到书面语言，最大限度地发挥多媒体的“辅助作用”。

解决了重难点。在教学过程中，教师能否合理地处理教材，是影响教学效果的重要因素。其中如何突出重点、突破难点是至关重要的。有效地利用现代技术教育，采用多媒体教学手段就成为教师在教学过程中突出重点、突破难点的有效手段。多媒体CAI课件具有文字、图片、动画、声音、图像等直观媒体信息可同步进行的优点，在同一屏幕上同时显示相关的文本、图像或动画，变抽象为直观，变静为动，化繁为简，更好地帮助学生突破重点、难点。

增加课堂容量。学生学习语文的过程实际是一个广取博览，博采众长的过程。语文教学要提高质量，就是要大面积、大容量、高速率地使学生掌握更多的知识，在一定时间内给学生传导最多信息，使他们提高语文学习的效率，从而发展智力、形成能力。多媒体技术的运用，增多了课堂信息传递的通道，提高了单位时间内传递信息的容量，增加了课堂的密度，又能够充分表现教学内容。

九、学生地位主体化

《语文课程标准》在“教学建议”一节中明确提出要“充分发挥师生双方在教学中的主动性和创造性”，“学生是语文学习的主人”。语文教育功能的发挥，靠的是以生动的形象感染人，以深厚的情感温润人，以深刻的哲理折服人。而生动的形象、深厚的情感、深刻的哲理不是教师所给予的，而是学生在积极的阅读过程中所获得的。可见，在语文教学中只有真正地确保学生的主体地位，学生的学习积极性才能得以发挥，自主学习的意识和习惯才能得以培养，学习能力才能得到提高。

传统课堂教学是以落实所谓的“知识点”为前提，以单纯的接受性学习为过程，以知识技能的熟练为目的，这样的教学注重向学生传授以往的知识，学生只能简单地接受，记忆，储存知识，不能主动积极地获取知识、运用知识、发现知识和创新知识，无法真正实现学生的主体地位。往往在语文课堂教学中，“一讲到底”、“一问到底”、“一练到底”，这都是置学生于被动地位而以教师或以教材为中心的。

1. 学生失去做事机会

在教学实践中，有些教师对学生老是放心不下，看低学生，习惯把所有的事给包办代替了。课堂上教师讲，学生听；教师写，学生听。以教师为中心仍充斥着各种各样的课堂，教师似乎总认为学生是不如自己的，似乎总对自己的学生不放心，似乎没有教师的“教”，学生就不会“学”。于是原本学生会说、会读、会写、会做的事情，也都由教师给“承包”了。

2. 教学缺少生本对话

在语文课堂中，有些教师往往把学生读书当做一种摆设，常常是走马观花，浮光掠影，学生还未来得及好好思考和咀嚼，教师就迫不及待地开始分析讲解，用理性肢解人文性很强的文学作品，用理性肢解禁锢学生的审美评价想象。结果是学生对课文理解一知半解，或者是根本没有自己的真切体会，只能死记教师的分析，食而不化。

3. 教师垄断评价权利

传统的语文课堂中，“教师是教育过程的绝对权威者”，不仅教学内容、教学目标、教学方法等都是在教师直接控制下完成的，就连学生的学习方式、教学内容、教学目标也是完全掌控在教师手中的，更不用说“教学评价”了。“评价”绝对是教师的“专利”。学生回答问题的对与错，考试成绩的好与坏，学习过程中的一切表扬与批评，对教材解读的不同看法等等，都是教师“说了算”、“独角戏”，完全忽视了学生参与评价。

4. 课堂消逝琅琅书声

有的教师把讲读课文，变成了教师提出一连串的问题，学生忙着应付回答问题，问题回答完了，课文也学完了；有的教师在课堂让学生自由朗读时，所放时间不多，草草收场，生怕“冷场”。这些做法都是不可取的。因为朗读不充分，指导不到位，必然导致朗读不能入情，不能引起强烈的情感体验，那样赏析文章语言也就成了“走马观花”式的空洞摆设。

5. 教师漠视独特感受

不少教师急于完成既定的教学目标，课堂上的问题接二连三抛出来，学生连囫囵吞枣都来不及，更谈不上对课文的再认识和独特的体验。在这样课堂中，以教师的思维替代学生的思考，以教师的见解覆盖学生的感悟，以教师的努力去包揽学生的尝试，以教师的“惟一”去统摄学生的“多样”，完全漠视了学生的独特感受。

新课程强调“以人为本”，重视学习过程，让学生自主参与，乐于探究，勤于动手，自己去获取知识，构建知识。因而，语文教学应尊重学生的主体地位，尊重学生的主体个性，应把学习的主动权交给学生，充分发挥学生学习的积极性、主动性和创造性，让他们以自己喜欢的方式与文本对话，注重培养学生自主学习的意识和习惯。教师只是学习活动的组织者和引导者，要为学生创设良好的自主学习的情景，灵活地运用多种教学策略，引导学生在实践中学会学习。

给学生更多的做事机会。学习的本质，乃是一种认识和实践的过程。在课堂上，这个过程是需要“等待”的，教师要有充分的耐心把过程留给学生。凡学生能够做的事，应尽量给学生机会；凡学生能够读的内容，应尽量引导学生读；凡学生能够说的内容，应尽量让学生说。在进行自学、讨论时，不要走过场，草草从事，而要实实在在地让作为学习主体的学生成为课堂的主人、学习的主动者。

让学生和文本充分对话。建构主义心理学认为，学习是学习者与文本之间的交互作用，学生用自己的经验、知识解读文本内容，从而在自己头脑中建构出新知识与新世界，这种建构是和教学同步进行的，学习者的学习完全是自主的活动。因此，只有学生深入领会了文本，才可能有高质量的师生对话和生生对话，才能唤起学生学习的情感，使他们获得知识，获得思的启迪、美的熏陶、情的感染、能力的发展、语文素养的提升，才能为学生的个性化阅读提供可能。

给学生更多的评价权利。建构主义教学理论认为最好的评价者是学习者本人。因此，课堂教学应该让学生在教学过程中成为主动参与者。这就要求教师必须改变教学过程中那种绝对权威的观念，采取民主、平等的教学态度，提倡开展学生自评、生生互评、师生互评相结合的多向性评价。教师多给学生评价的机会，把评价的权利留给学生，使语文课堂成为学生自己的舞台。

把琅琅的读书声还给课堂。叶圣陶先生告诫我们：“要让学生充分地读，在读中整体感知，在读中有所感悟，在读中培养语感，在读中受到情感的熏陶。”因此，教师一定要保证每个学生都有充分的时间读书，不要轻易干扰学生，打断学生，也不要作喋喋不休的烦琐分析，要让学生在阅读中自我领悟，自我建构；不要强求学生对每篇文章的每一句话都理解透彻，要允许他们在今后的学习和生活中慢慢感悟。

珍视学生独特的感受。《语文课程标准》特意指出“对学生独特的感受和体验应加以鼓励”。所以，课堂上一定要充分调动学生参与的积极性，珍视学生独特的感受，尊重学生多元的理解。特别是对一些在我们看来哪怕毫无价值的感受和理解，也要带着宽容的心去肯定、去鼓励，因为他们是课堂的主人！

十、方法指导经常化

《语文课程标准》指出：语文教学要“培植热爱祖国语言文字的情感，养成语文学习的自信心和良好习惯，掌握最基本的语文学习方法”，“学会运用多种阅读方法”。学法指导的实质在于师生精神的契合、理念的呼应、情感的沟通和智能的互补，从而培养并发展学生的自学能力和创新能力，让学生从盲学到善学乃至乐学，不断提升学习品位，提高学习效益。学法指导势必成为课程改革的焦点，如今许多教师已意识到学法指导的重要性，但同样存在着种种影响了学法指导落实的问题。

在传统的语文教学中，由于注重现成的书本知识的传授，往往只强调教师把书教好；在教师的教研活动中，一般也只是重视研究教法，而忽视研究学生的学法。由于对学生学习习惯的养成教育仍然未得到重视，目前很多学生在学习语文时都存在这样那样的问题。

1. 展示资料即预习

预习是一种行之有效的学习方法，是学生上课做好接受新知识的准备过程，是学生变被动学习为主动学习的前提，也是教师搞好课堂教学的基础。有些学生虽能预习，但只是简单地收集材料，或直接从参考资料上“拿”答案，并未经过自己的思考，从而使预习简单等同于掌握字词、查阅资料，预习检测成为“资料展示”，不利于学生智力的开发。

2. 朗读指导不到位

目前的很多语文课堂，教师轻朗读指导的现象仍普遍存在，导致很多课文朗读，基本上也只是为了读而读。由于指导不具体，训练不得法，很多朗读流于形式，其特点是，读得很平淡，没有顿挫的语调，没有快慢的语速，没有高低的变化。这样，学生的朗读水平和综合素养也难以真正提高。

3. 圈点勾画欠规范

勾画圈点可以帮助学生品读美文，筛选捕捉重要信息，概括分析文章内容，创造性地理解文章。但是，有的教师引导学生圈点批注没有建立在理解文章的基础上，学生乱画一气，胡批一通，该标记的没做，不该标记的却做，标记符号随意、混乱；批注的内容多而杂，或是教师直接塞给的，或是随便加上一些“好”、“绝妙”或“废话”、“胡说”之类没有用处的话，这样反而会影响对文章的深入理解。

4. 质疑指导被忽视

传统的语文教学并没有把培养学生如何发问、如何思考作为重要的教学目标予以重视，学生不敢质疑、不会质疑的现象普遍存在。如学生质疑，不是抓住主题，而是支离破碎，不得要领，或只是在一些细枝末节上纠缠不休，偏题，离题，甚至与主题背道而驰。结果，造成教学计划难以完成，教学过程松散庞杂。学生质疑的问题不粘边，没质量，实际上是他们不知道从何处下手，即教师没有给予必要的方法指导。

5. 文体知识代方法

研究表明，当读者不善于运用文体策略来阅读时，就容易产生诸如焦虑等心理障碍。同时，对字词、句子、段落、篇章等各个层次的理解，都离不开文体策略的支持。如果学生连基本的文体知识和“文体感”都不具备，语感的培养就无从谈起。但目前语文课堂上却存在一种普遍的现象，那就是把文体知识的灌输，简单等同于阅读方法的指导。这样的课堂教学仍然是一种单纯的“知识灌输”，学生所得到的也仅仅是一堆现成的知识而已。

教育的最终目的就是培养良好的习惯，这是学生一生学习、一生受益、终身发展的基础。因而新课程背景下的语文教学要特别重视学习方法的指导，培养学生良好的学习习惯。可以说，学法指导是自主学习的突破口，是学生学好语文的根本。课堂教学，既是知识传授的主要环节，也是学法指导的主要途径。实践表明，要真正实现学法指导的经常化、具体化，以期获得切实的效果，主要的途径在于把学法指导有机地渗透于课堂教学之中。

注意预习的有效生成。教师通过“预习”这一环节对学生进行学法指导，可以逐步培养学生的自学能力，激发学生自觉学习的主观能动性，从而达到优化课堂整体结构以至优化课堂细节的作用。当然，预习不只是为了更好地完成预设的任务，更重要的是为了使课堂上形成更多的“生成性”内容。有效预习是高效课堂的重要特征，让学生在预习过程中接受智力挑战，开阔思维，拓展阅读，体验生活，挑战文本，逐渐成为衡量有效预习的价值标尺。我们的课堂只有坚持“有效预习”先行，才能焕发出智慧光彩，彰显人文情怀。

教给学生朗读的方法。优秀的朗读教学设计能有效地提高学生的朗读能力，并能尽善尽美地让学生在情感上受到感染熏陶。语文教师要在教学实践中发现更多行之有效的朗读指导方法，并自觉指导自己的教学实践。对学生的朗读指导除了让学生了解文章的意思、作者的感情外，还需要对学生进行朗读技巧的训练。学生只有在掌握了一定的朗读技巧后，才能声情并茂地朗读。

让学生学会圈点批注。圈点批注是一种传统的阅读方法。引导学生在阅读时作适当的圈点批注，注重的不仅是学生知识的积累，更是学习方法的习得，能力的提高，习惯的养成和品位的提升。学生一旦养成圈点批注式阅读的习惯，他们在长期的个性化阅读中，在日积月累的独立思考中，在年复一年的深入思考中，会不断地获得自己独特的感受、体验和理解，这更有利于促进学生思维的发展。

教给学生质疑的方法。新课标把重视学生质疑放在了改进阅读教学的首位。教师要鼓励学生独立思考，在阅读中发现问题，善于质疑，进而释疑，达到领悟问题的目的。我们要经常结合课堂教学的实际，给学生一些有关的提问题的常识及方法。引导学生根据不同问题要求质疑，启发学生如何表述问题，保护他们的好奇心，特别要大张旗鼓地表扬那些发问切中要害，角度新颖的学生，给学生以发问思路和思维方法的正确引导。

根据文体确定阅读法。任何一种文体都有它区别于其他文体的不同特点，这些特点鲜明地表现在内容的选择、结构的安排、技巧的运用和语言表达等方面。指导学生运用“因体探微法”来精读课文，是提高学生阅读分析能力的有效手段。教学中应针对不同文体教给学生不同的策略，才能真正提高学生的阅读能力。

十一、小组合作实质化

《语文课程标准》指出，“积极倡导自主、合作、探究的学习方式”，“对课文的内容和表达有自己的心得，能提出自己的看法和疑问，并能运用合作的方式，共同探讨疑难问题”。课堂中利用小组合作学习可以提高单位时间内学生学习、交往、表达的频度与效率，利用优势互补，培养学生探究意识和合作精神，也有利于学生口语交际和解决问题能力的发展。作为一种有效的学习策略，合作学习越来越普遍地受到语文教师的广泛关注和重视，并且自觉地在教学实践中不断加强合作学习策略的指导，但同时也存在种种问题，导致合作学习严重形式化。

当前，新课程所提倡的教学模式中，人们谈得最多的就是“小组合作学习”。因为小组合作比较容易从形式上模仿，因此许多教师自然地把小组合作学习用于课堂教学。其实，语文学习语言的特点，更多情况下属于个体行为，很多内容本身就不适合合作学习。课堂上没有学生独立思考并形成自己的独特感受，就仓促开展合作学习，讨论就难以落到实处，小组合作就会流于形式。

1. 滥用“合作”：缺少合作的条件

在新课程的课堂教学中，一些教师为了追求学习方式的多样化，不考虑教学内容的特点和学生实际盲目地采用小组合作学习方式。一有问题，不管合适与否，难易如何，都要学生合作讨论，从而使得一些没有思维容量，甚至是一些根本就不屑一论的问题充斥课堂，无法激发学生参与讨论的兴趣。过度使用合作学习会导致其策略的失效，明显出现了小组合作形式化的倾向。

2. 仓促“合作”：缺少合作的时间

教师在组织学生参与讨论或探究之前，要留给学生一定的独立学习思考的时间。如果给学生讨论的时间过于仓促，讨论难以沿着正确的轨道进行，目标当然难以达成。要么学生的讨论只停留在表面上，最后要么教师不得不越俎代庖，要么极少数学生成了讨论的主角；课堂讨论仍旧沦为教师的“一言堂”或教师与少数“精英”学生的“对话”。

3. 模糊“合作”：缺少合作的分工

小组目标是学生追求外界对集体成果的认可，它有助于标明合作学习的方向。在缺乏明确的个人责任时，缺乏小组合作学习的规则，小组就会变成学生逃避责任的避风港。在这样少数人学习，多数人游离的课堂上，参与合作学习的只是少数几名学生，大多数学生却达不到共同发展的要求。

4. 自流“合作”：缺乏教师的指导

学生的认知能力毕竟有限，如果仅仅依赖学生间的合作，教师放任自流，不作任何引导，学生的认识就得不到提高。目前在语文的合作学习中，教师的指导经常出现两方面的失误，要么对合作学习的过程控制过多，使合作学习难以顺利进行；要么对合作学习的过程控制过少，使合作学习流于形式。

5. 迷失“合作”：缺少科学的评价

目前在小组合作的评价方式上存在两个问题：一是小组评价匮乏，二是教师评价缺乏实效。教师偏重于对学生个体的评价，忽略了对学生所在小组集体的评价；偏重于对小组合作学习结果的评价，忽略了对学习过程与方法的评价。这种不公正、不全面的评价极易挫伤学生参与合作学习的积极性、主动性，更不可能很好地发挥“评价促进发展”的功能。

实际上，合作学习只是提高教学效率的一种方法，并且有一定的适用范围，制约合作学习效果的因素是多方面的。教师要使合作学习有效地开展，让小组合作学习实质化，必须综合考虑多种因素的影响，而不在于简单地套用某种具体的策略。语文学科有着其自身的特点，语文教学中采用小组合作学习，除了掌握好合作学习的基本策略，关键还在于根据实际需要进行创造性地发挥。尤其是必须对教学目标、教材性质、学生特点作全面分析，适时适地开展合作学习——选择适合于合作学习的教学内容，设置适合于合作学习的问题，采用适当的合作学习类型。

分组合理是前提。要真正发挥小组合作学习的实效，首要的问题就是科学地进行分组。小组合作学习大多数采取的是组间同质、组内异质的办法。组内异质、组间同质为互助合作奠定了基础，而组间同质又为全班各小组间展开公平竞争创造了条件。语文教学中合作学习可以灵活采用“组内异质，组间同质”、“组内同趣，组间异趣”、“动态生成，自由组合”等分组策略。

责任落实很重要。“个人责任”是合作关系中的一个基本要素，个人责任的落实与否就成了小组合作能否实质化的一个重要因素。也就是说在合作学习中应有明确的责任分工，才能积极相互支持、配合，进行有效的沟通，建立并维护小组成员之间的相互信任。这样才能充分调动学生的自主性，产生强烈的内驱力，积极的相互支持配合，完成共同任务。

问题选准最关键。在小组合作学习中，设置精当的问题是学生热烈讨论的诱因，更是小组合作学习实质化的源动力。教师设计问题时，要把具有开放性、探究性的问题，或趣味性、生活性的问题，或热点性、规律性的问题作为小组合作学习的载体。这样学生就愿意积极思考，与同伴讨论交流，主动参与到教学活动中。

教师引导避误区。合作学习十分强调教师在教学中作为教学领导者和学习促进者的作用。合作学习的有效实施，离不开教师适时地监督与介入。教师要深入到学习小组中，参与学生的学习活动，对学生在合作学习中出现的问题进行指导，注意随时监控合作学习的进程和质量，帮助学生掌握相互合作、交流的方法。

评价巧用见效益。评价是合作学习的重要组成部分。因此，对合作学习的不同阶段采取不同的评价方式进行相应的评价，将评价贯穿于合作学习的整个过程。既要评价学习结果，更要评价学习过程。既要教师评价，又要引导小组自评。不仅要总结小组合作中的成功经验和不足，还要在小组内部承认个体对小组所做的贡献。特别要注重通过激励团队之间的竞争、小组内部的合作来促进每个成员的积极性，更好地促进学生的合作学习的发展。

十二、探究学习有效化

新课程改革一个重要的理念就是大力提倡探究性学习，因而新课程的课堂教学不只是传授知识的场所，而更应成为探究知识的场所。《义务教育语文课程标准》积极倡导自主、合作、探究的学习方式。这种富有个性色彩的学习方式使学生自己发现问题、探索解决问题的方法，通过各种学习途径获得知识和能力、情感和态度的发展，特别是探索精神和创新能力的发展，从而使学生逐渐养成了自主参与意识和自我发现问题的习惯。

探究性学习弥补了传统教学在过程指导方面的缺憾，拓展了教学的时空，给语文教学带来了生机与活力。但在推进课改的过程中，相当多的教师在接受、认可新的教学理念的同时，把主要精力放在教学形式的创新上，以为探究式教学是一种教学形式，忽视了探究式教学首先是一种教学理念和教学精神。这样在教学实践中也就容易产生误区：在学习中探究才是唯一的途径，在教学中探究才是唯一的方法，从而在认识上形成“探究”万能论思想，在实践中走上“探究”唯一化道路。

1. 探究时机仓促化

探究性学习与接受性学习二者之间是相互依存、彼此促进的互补关系。有的教师片面地认为，探究性学习是针对传统接受性学习而提出的，是对接受性学习的彻底否定。由此课堂教学片面强调“探究”，忽视了知识传授的重要性和必要性。在探究时机上，没能充分体现“给学生充裕的读书时间，把课文读通读熟读懂”的要求。学生还没有全面掌握课文内容，还没来得及消化、思考、形成自己的认识，就在教师的安排下仓促地投入到“分组讨论，合作交流”之中，使得分组讨论的学习机会蜕变成学生课内放松的机会，学生讨论交流的质量也就可想而知了。

2. 探究问题零碎化

为迎合新课改，不少教师言必称探究，每节课都有探究，每项学习内容都要进行探究，似乎一堂课中没有那么一两个问题让学生探究，这堂课就不能体现新课改的理念。如果教学中对作品中本没有争议的内容等都要进行探究，势必使语文探究性学习浅层化、庸俗化。其害处当然少不了：第一，浪费了学生宝贵的学习时间，事事必探究，样样要交流，势必影响教学进度。第二，这种庸俗、浅层的探究性学习必然熄灭学生主动探究的热情，打消学生真正探究的兴趣。

3. 探究方式简单化

有的语文教师简单地认为课堂教学中的“探究”就是讨论。凡课必讨论，小问题大讨论，浅问题深讨论。这种探究性学习，未能充分发挥学生的独立思考能力，表面上看热热闹闹，实质上是流于形式，收效甚微。究其原因，是教师没能真正理解探究合作学习的含义，未能在探究过程中对具有意义的关键性问题起组织引导作用，导致了“探究性学习”的形式化、程式化。

4. 探究内容游离化

目前有些探究学习，不能准确地紧扣教学理念、单元目标和课文要求，在语文具体情境中导学，在课文具体内容中发问，只注重课文内容的探究、注重知识内容的任意拓展、却忽视了语文的本体训练，将说明性课文的学习探究成了“科学课”，将记叙性课文的学习探究成了“故事课”、“思想品德课”，导致探究内容游离于语文学习之外，折损了探究性教学的本质与价值，从而迷失自我，“肥了别人的田，荒了自家的园”。

5. 探究结果复杂化

探究式教学的实质是以“问题解决”为中心的教学，探究过程中教师的“引导”作用要体现，尽量避免让学生经历众多的迷途。然而，不少教师对探究教学认识有偏差，致使课堂中的探究教学泛化，教学行为变形，结果把本来简单的学习任务，弄得学生朝着复杂的方向发展，明显地出现了把探究结果复杂化的倾向。对不需要探究的问题而进行探究，东施效颦、无病呻吟，是对探究教学的作用及价值的贬损和摧毁，必将导致探究教学的浅层化、庸俗化，也会使课程改革陷入困境乃至绝境。

实际上，语文教学的目标不仅指向于引导学生在教学活动中学习语文知识，掌握听说读写基本技能，更在探究性层面上致力于培养学生主动发现并掌握语文知识规律和学习方法的能力，在引导学生主动探究、创新的阅读过程中激发其潜在创造欲望，形成探究性学习品格，培养探究能力和创新精神。

探究目标：关注过程，鼓励创新。语文学科的探究性学习既要符合探究性学习质的要求，又具有比科学探究更复杂，更难操作的特点。因为科学创设的情境，问题指向明确而集中，而语文课文本的元素是多元的，学生的阅读是个性化的，课堂又是动态生成的，探究的问题不易聚焦，这往往容易导致学生的自主发现与教师预设的问题不一致，多向性使课堂教学很难抉择。语文探究性学习中的创造性，并不等同于科学方面的真正创造，课堂教学注重培养的马斯洛的那种“自我实现的创造性”——发现有价值的新问题和提出解决问题的新见解，对于个人、对于同学、对于课堂教学有独到的新意。

探究内容：立足文本，适度拓展。语文探究性学习应该引领学生走进文本，让他们充分地和文本和作者进行对话，在潜心会文中“批文入情”，继而“情动辞发”，补白文本的空间，使他们认知发生迁移、情感产生共鸣、精神进行交流，自得自悟，比较反思，从而积极主动地发现、建构意义，甚至创造意义。文本是探究活动的物质基础，只有抓住文本的特点，学生的个性才能得到张扬，学生深入地与文本交流、对话，这样才是有效地探究活动。

探究指导：把握方向，点拨方法。语文的探究性学习强调学生的能动参与，但并不排斥教师的学习指导，相反对教师提出了更高的要求。教师应自觉成为探究性学习的引路人，指导学生对所提问题进行梳理、调整、提升，帮助学生选定探究的方向，而且要在探究方法上提供尽量全面的帮助，让学生在潜移默化中养成习惯，找到方法，循序渐进地由教师限定逐步过渡到学生自主选定。也就是说，在探究性学习过程中，教师不仅要提供一些精心设计的问题让学生去研究，更要教授探究的方式、方法和策略，“扶”着学生走一程，帮助学生建立科学的探究学习方法，在有价值的探究中提高探究的能力。

探究问题：确定方向，留有空间。语文课文都存在空白和不确定因素，从某一个角度对学生提出理解与建构的吁求，有待于学生通过想象进行填充、丰富甚至重建。也就是说，这样的内容本身就有潜在的探究价值。在教学中，教师要善于寻找或引导学生寻找这样的内容，开展有效的探究活动，激发学生探究、创造的动力。

组织有效的探究活动至少应该精心考虑两个因素：一是进行探究学习的问题是否准确，即探究的问题是不是课文的重点、难点、关键点；二是进行探究的问题设计是否合理，即课文本身的内容和意义，是否值得学生去挖掘、探究，学生是否有能力探究，学生是否能够获得探究信息。

探究方式：激活已知，引向深入。有效地进行探究性阅读教学，首先要求教师要发挥主导作用，适时引导，把学生由“已知”引向“未知”，由表面理解引向深入探究，也就是引导学生以已有的知识经验为背景，使学生阅读学习的过程成为学生在原有知识经验的基础上自我建构、自我生成的过程。学生在教师的指导下获得的新知识、方法和规律，是他们继续学习、迁移阅读的基础。因此，教学活动必须尊重学生已有的知识与经验，引导学生“有意义”、“有价值”、“有深度”地探究，从而为学生的终身发展打下坚实的基础。

农村留守儿童的社会化困境及其对策研究

崔丽娟
（华东师范大学）

由华东师范大学崔丽娟主持的全国教育科学“十一五”规划教育部重点课题“农村留守儿童的社会化困境及其对策研究”，以积极心理学为主要理论依托，运用了参与式观察、访谈和问卷调查等传统的社会心理学研究方法，并借鉴了生命历程的研究理论，从横向和纵向两个维度，深入探讨了留守儿童社会化状况及保护性因素。

一、内容与方法

（一）研究内容

留守儿童的出现是一个复杂的社会问题，它是多种因素共同作用所形成的结果。非留守儿童和留守儿童也存在诸多相同的问题，留守情境只是催化或加深了相关儿童群体原先处于萌芽阶段的各种问题。但留守情境究竟通过影响哪些中介因素来实现对留守儿童社会适应性的影响，一直以来并未引起太多关注。究竟哪些问题确实是由于父母外出打工造成的，哪些又是由于其他因素导致的？这些问题是如何产生并不断发展的？为什么有些留守儿童能够在困境中仍然取得较好的发展？对这些问题的解答，需要对留守儿童所处的整个成长环境加以综合性的考察和分析，并借助生命历程的研究范式对留守儿童的生活进行纵向研究。该研究主要涉及到留守儿童的个人方面，重点是考察留守儿童的心理品质和自我成长能力，并关注留守生活对儿童生命历程的影响过程。我们认为，留守情境并不必然的导致留守儿童诸多问题的产生，而是留守情境通过留守儿童的心理品质来影响留守儿童的社会适应状况。所以在此理论假设基础上，该研究的基本内容包括：

1．农村留守儿童的基本现状

主要涉及留守儿童的日常生活状况及监护人照料状况，包括了饮食、衣着、零花钱的使用、健康、安全等方面，以及留守儿童在父母外出前后这些方面的变化。

2．农村留守儿童的社会适应性现状

这部分主要考察留守儿童和非留守儿童在社会适应性发展上的差别和具体特点。具体涉及到他们的人际关系、行为表现和情绪控制等方面。通过我们的实证分析，期望达到对留守儿童界定标准的确立，以及性别、年级、联系频率等人口统计学因素对留守儿童社会适应性的影响。

3．农村留守儿童社会适应性的保护性因素分析

以往留守儿童的研究多将留守儿童的诸多问题现象直接归因于家庭结构的断裂，而很少探讨这种独特的家庭结构通过何种中介因素而产生影响。所以这部分主要考察农村留守儿童的心理品质特点，分析得出何种心理品质会对留守儿童的社会适应性起到保护性作用。从而进一步得到适用于留守儿童社会化进程的心理品质，为留守儿童的对策研究提供新的视角。

4．农村留守儿童的生命历程分析

现有研究所得到的更多的是一种横切面的结论，在这一过程中，研究者们往往忽视了生命的多样性和丰富性。自20世纪80年代留守儿童开始大规模出现以来，留守儿童已经经历了二十多年的发展过程，在这一过程中，留守儿童的生命历程其实就是我国城乡发展的一个缩影。而他们对留守生活的不同适应情况，也反映出了在社会发展大潮中个人的主动性和适应能力。本研究中，我们根据质性访谈的结果，筛选出具有代表性的农村留守儿童进行生命历程研究，深入他们的生活环境，全面了解他们生命历程中的点点滴滴，刻画出生动形象的个体生命轨迹的变化发展过程。

5．对策分析

通过上述分析，在深入了解农村留守儿童社会适应性特征及心理品质的基础之上，根据相关理论和经验，从留守儿童的家庭、学校、农村社区以及制度层面等角度为留守儿童的顺利社会化提供有价值、可借鉴、具有一定操作性的对策。

（二）研究方法

1. 参与式自然观察

在浙江衢州的一所山区小学，我们为全校所有在校学生开展了“走近阳光”素质拓展夏令营，其中留守儿童占了近50%。夏令营的主题是训练“抗逆力”，也就是抗击逆境，应对困难的能力。训练的形式主要是游戏，通过游戏，启发孩子开动脑筋、解决问题、管理好情绪、形成乐观向上的态度。对留守儿童的观察主要集中在以下几个方面：（1）游戏的参与性、积极性；（2）对游戏指令的理解能力，游戏意图的感悟能力；（3）注意力，主要是在游戏过程中注意集中、转移的能力。（4）言语表达能力，包括书面表达和口语表达能力。（5）游戏中同伴之间的人际关系。

2. 质性访谈

在文献分析和参与式观察基础上自编访谈提纲，采用半结构式访谈方式。访谈内容共分为五个部分：留守儿童的基本情况；留守儿童对自身现状的认知；与父母依恋关系的补偿；实际的社会支持系统；留守儿童问题解决方式。

3. 量表研究

该研究采用量表测验对留守儿童和非留守儿童进行施测，量表主要由两大部分组成，第一部分是关于心理品质的量表，包括自尊量表和心理控制源量表，考察不同类型的儿童之间（如留守儿童和非留守儿童、社会适应良好的留守儿童和社会适应不良的留守儿童等）在心理品质上的差别。另一部分是修订的社会适应性量表，考察不同类型的儿童在社会适应性发展上的差别。

4. 生命历程研究

根据质的研究结果，筛选出具有代表性的农村留守儿童进行生命历程研究，深入到他们生活的方方面面，把深入访谈扩展到其社会化成长过程中的监护人、教师、同学、玩伴等等，从动态的视角展现社会转型对农村留守儿童生命历程的建构和制约作用，以及儿童自己主动建构生命历程的过程。

二、结论与对策

（一）研究结论

1. 自尊和心理控制源这两个心理品质和儿童的社会适应性以及社会适应性的各个方面都呈极其显著的正相关，也即自尊和心理控制源得分越高，社会适应状况就越好。

2. 父母一方外出打工半年是一个关键时期。留守时间一旦达到半年，儿童在自尊、心理控制源、情绪控制、心理支援以及社会适应总分上都发生了变化，显著地低于一般儿童。

3. 五年级是一个比较关键的时期，这个时期留守儿童在自尊、心理控制源、社会适应等各个方面的表现都有所下降，进入比较低谷的时期。

4. 留守儿童和非留守儿童在自尊与心理控制源这两个积极心理品质上存在着极其显著的差异，非留守儿童的积极心理品质得分明显地高于留守儿童。

5. 在情绪控制、心理支援、生活信心以及社会适应总得分上，非留守儿童都要显著高于留守儿童。

6. 和外出打工的父母保持密切联系的留守儿童在自尊、心理支援、生活信心以及社会适应总分上都有明显的优势。

（二）对策与建议

1. 家庭方面的相关措施

（1）积极参加各类培训，提高自身素质

留守儿童父母的自身素质对留守子女的发展有显著影响。他们在外地的工作类型、和子女之间的交往方式以及在外地所形成的多元教育观都会对留守子女的发展产生影响。所以，可以有针对性地为外出务工的家长开展各类培训。亲子教育类的培训让他们树立正确的教育观，提升如何为人父母的能力；心理学知识的培训，尤其是对有处于青春期留守儿童的家长，可以帮助他们更加了解孩子身心发展的特点；各项职业技能培训，可以改善留守儿童父母在城市中的生存状况，这也是解决留守儿童教育问题的另一项根本举措。

（2）定期和留守子女的任课教师以及班主任联系，了解留守子女的动态发展变化

留守儿童父母非常缺乏和教师沟通的意识，有关子女的教育、发展状况基本上停留在原先的印象或者仅仅来自于子女和监护人的报告，无法了解留守子女身心发展的真实现状以及各种问题产生的根源。所以留守儿童的父母要及时向教师说明自己的情况，及时从教师处了解子女的动态，共同商讨教育孩子的策略和方法，从而避免出现家庭教育的盲区。

（3）加强与监护人的联系，积极引导他们对留守子女的教育

如果条件允许，父母之间最好留一个人在家照顾孩子的学习和生活，保持家庭教育气氛的完整性。如果夫妻双方都出去打工，就要尤其注意和监护人之间的沟通交流。因为留在家庭里照料留守儿童的监护人，大部分文化程度较低，责任感不强，监护能力有限，存在着过于溺爱或放纵的现象，所以在外务工的父母要保持与监护人的沟通联系，与他们一起探讨留守子女的教育问题，积极地引导他们对留守子女的教育方式和教育内容。

（4）改善亲子沟通的方式，拓展亲子沟通的内容，真正做到全面、深入、动态地了解留守子女

父母外出的时间、外出的距离、回家频率以及联系的频率都是影响留守儿童问题行为的重要因素。所以，家长要通过各种方式对孩子的学习和生活进行指导，注意与孩子的沟通交流。沟通的频率越高越好，一方面加

深孩子对父母打工现状以及家庭现状的理解，另一方面保证动态地熟悉孩子的生活、教育情况以及孩子的心理变化；沟通内容不要仅仅限制在孩子的学习和生活方面，尤其是对处于青春期的留守儿童来说，要更为注意他们的心理发展和情感需求。在沟通方式上，除了电话交流和当面交流外，要注重书信等交流方式。这种书面的沟通方式更有利于孩子表达自己情感，提高他们语言文字表达能力，产生良好的沟通效果。

2. 农村社区方面的相关措施

（1）充分利用志愿者资源，提高留守儿童父母及监护人的素质

农村家长和监护人的文化素质普遍较低，极大地限制了他们对自身现状的改善以及对家庭教育知识的学习和内化。有鉴于此，基层农村社区可以组织退休教师或志愿者开展各项教育，提高家庭里大人的文化素质。还可以组织家长参加有关家教知识的学习班，掌握教子方法与艺术，学会关心和帮助子女，增进亲子间的情感交流，提升家长教育子女的责任心。还可以开展家庭教育的研讨会，鼓励家长之间进行家教经验的交流，多学习成功的家教经验，反思并改进自己在教育孩子中存在的问题。

（2）在农村为留守儿童建立社区教育和监护体系，更好地保障他们的身心健康

可以由基层学区、学校和共青团三家牵头，联合妇联、工会、村委会和派出所，共同构建农村中小学生健康发展的教育和监护体系，这必将对留守子女的成长产生深刻的影响。一方面可以利用基层党政机关中的富余人员、中小学校里大量的退休人员，调动他们参与留守儿童的监护、教育和生活料理等工作的积极性，另一方面可以发挥基层政府以及部分相对比较富裕外出务工经商人员的作用，建立针对留守儿童的教育、休闲设施以及留守儿童的权益维护机构。比如针对农村留守儿童的合法权益遭到侵害的事件屡屡发生，尤其是农村留守女孩遭受性侵害的事件较多，可以在农村建立儿童权益维护中心等，从而更好地来管理和监护留守儿童。

（3）在农村建立较为完善的社会工作制度

社会工作作为一种专业在世界上已经存在了一个多世纪，它在为弱势群体服务、实现社会公平、推进社会进步等方面发挥了重要作用，成为西方发达国家社会生活中的一种重要制度安排，这也为我们解决农村留守儿童的教育问题提供了一些启示。社会工作者可以对留守儿童进行生活辅导、学业辅导和心理与行为辅导，帮助他们解决生活中的困难，心理上的问题以及对他们进行人生观、价值观的引导，引领他们朝有利的社会化方向发展。另外，社会工作者还可以作为家长和学校的中介，实现家长与学校的良好沟通与互动。而且社会工作机构和社会工作者还可以定期在农民工社区开展教育活动。一方面提高他们的文化素质和工作技能，顺利实现城市社会化，使得他们在城市竞争中处于更有利的地位，顺畅地融入到城市中。另一方面也提高他们的认识，纠正他们在教育子女的认识和观念上的偏差。

3. 学校方面的相关措施

（1）在“代家长制”、“寄宿制”、“保育制”等开拓性研究的指引下，进一步探索有利于留守儿童身心发展的教育模式

相关研究已经发现，寄宿制、代家长制在减少父母外出对留守儿童产生的不利影响方面产生了积极的作用。因此，应该充分利用已有的成功经验，在有条件的地方推广寄宿制和代家长制，这样可以从一定程度上弥补家长缺失给孩子带来的“亲情饥渴”，也方便学校的统一管理。除此之外，我们还可以积极地探索其他有效的教育管理模式，力争为留守儿童提供最人性化、最有效的教育。

（2）学校要切实加强对留守儿童的关心和监护

一方面，可以建立专门的留守学生档案，定期地和其父母取得沟通和联系，有条件的学校应开设心理健康课程或者设立心理健康咨询室，及时了解留守学生的心理变化，提高留守学生对自己心理的调节和控制能力，进而帮助他们健康成长。另一方面，要加强教师在课外时间和留守儿童的接触，注重对留守儿童生活的关心和心理素质的培养。现代教育理论认为心理素质比知识素质更为重要，良好的心理素质也有利于留守儿童克服留守情境带来的不利影响，使他们在困境中磨练自己的意志，提高生活自理能力。

（3）学校要教导留守儿童辩证性地看待留守情境给自己带来的影响，在困境中学会自尊、自强、自信

已经入学的留守儿童应该在教师和家长的引导下丰富自己的课余生活，在学习之余尽量多与同学朋友交往，在理解父母打工选择的基础上，发展自身的独立性，增强生活、学习自理能力和自我控制能力。

4. 制度层面的改革

（1）打破“城乡二元分割”的经济和社会管理体制

长期以来，我国城市和工业的高速发展在一定程度上是以国家政策的偏向、牺牲农村利益为代价的。解除这种经济发展政策性上的偏向，实现城市对农村的反哺是将年轻的农村父母留在家中，保持农村家庭完整性的根本。此外，拆除就业、医疗、住房等社会制度壁垒，打破维系多年的城乡“二元社会管理体制”，引导农村富余劳动力在城乡之间的有序流动，也是解决农村留守儿童问题的根本所在。

（2）改变现行的户籍管理制度

目前，我国城市的各种就业、医疗、住房等政策与

户籍制度息息相关，我国义务教育实行的是按户籍所在地就近入学的原则，适龄儿童只有在其户籍所在地才能享受国家所规定的义务教育。农民工如果把孩子带到城里就读，必须向流入地学校交纳较高的借读费，大部分农民工承受不起。所以加快户籍制度的改革，不仅保障了农民享有与城市居民同等的权利，也使得农民工子女在教育方面享受与城市儿童同等的待遇。

（3）解决教育资源分配不公的现状

地方政府可以根据学校生源、师资、办学条件等情况，在兼顾公平的同时，优化重组教育资源，提升农村办学效益；改变农村教育的投资体制，多方筹集资金，积极吸纳社会资本办学，弥补国家财政资金投入的不足；采取多种办学形式，为农村留守儿童的教育提供更多的机会、更好的条件。

我国少数民族本科预科教育办学模式与办学效益研究

乌丽亚·米吉提
（北京邮电大学）

由北京邮电大学乌丽亚·米吉提主持的全国教育科学“十一五”规划教育部重点课题“我国少数民族本科预科教育办学模式与办学效益研究”，通过对少数民族预科教育的历史、现状及存在问题进行深入剖析，探索了办学模式和办学效益之间的关系，对提高我国少数民族本科预科教育办学效益提出了操作性建议。

一、统筹规划民族预科教育的格局

（一）实施集中化办学

由于民族预科教育是高等教育的一个特殊层次，具有民族性、过渡性和预备性的特点，因此其教学单位应该独立设置。从办学规模的角度来讲，集中办学有利于民族预科教育的规模化发展，从而带来规模效益。此外，集中办学还便于研究预科教育的规律、管理、教学等相关问题。走集中化道路，创建民族预科教育基地，是今后一段时期内民族预科教育发展的趋势。

（二）设立国家级、省级民族预科教育基地及省级民族预科教育集中点

按照2006年在校预科学生的统计情况，少数民族相对集中的地区招生数量明显高于其他省区。从集中化办学的思路出发，国家需要重新在全国范围内对民族预科教育的格局进行统筹规划。

选择文化教育发达的中心城市，依托学科背景雄厚、教育资源丰富、师资力量强的知名大学，根据学生目标专业类别和学校学科优势，分大类建立若干国家级民族预科教育基地，主要为部属院校培养预科生（兼为省属、地方大学培养预科生），促进优质教育资源有效共享，使少数民族预科生受到良好的教育熏陶。

在少数民族较多且人口比例较大、第一语言为汉语的省区，在省会城市或该省文化教育发达城市选择知名大学，设置省级民族预科教育基地，主要为省区内各高校培养预科生（兼为省区外全国其他高校培养民族预科生）。

在少数民族聚居、母语为本民族语的省份，如新疆、内蒙古、西藏自治区等，需上预科学习提高汉语水平的学生人数较多，可选择省会城市或文化教育发达城市，以教育资源丰富的高校为依托，根据学生目标专业类别和学校学科优势，按学科大类建立若干个省级民族预科教育集中点，形成一定规模，使教学和管理专门化、专业化和正规化。

国家级预科基地、省级预科基地、省级民族预科教育集中点，不应单纯追求规模，应在办学过程中找到自身的特色，力求创新，使预科教育上水平，出质量，显效益。

二、加强民族预科教育的管理与协调

（一）制定民族预科教育战略发展规划

站在为边疆民族地区、西部民族地区培养社会建设人才、促进民族地区各项事业发展的高度，国家要做好民族预科教育的中长期战略发展规划，对民族预科的招生、教育投资、管理与监督、办学评估等制定专门的管理制度。各民族省区也应从未来发展的实际人才需求出发，充分考虑国际化教育背景，做好本省区民族预科教育的中长期发展规划。

（二）给予民族预科教育政策支持

解决高校举办民族预科教育积极性不高的问题，把民族预科教育的教学评估纳入到承担预科办学的本科教学水平评估里，单列分值。建立民族预科教育数据库，以学年为单位，全面统计各省区民族预科教育现状，充分了解和掌握民族预科教育的成本和效益情况。

（三）加强民族预科教育的质量管理

建立教学质量保障长效机制，由政府教育主管部门主导，以民族预科院校自身常规数据统计与教学质量监

控为主，预科教育同行定期进行交流评议，辅以评估专门机构组织专家进校现场考察与核查。定量的评估可以根据数据统计与监测进行，定性的评估可以通过专家进校考察以专项核查和评价的方式进行。同时，将日常评估与集中评估相结合，形成过程考核机制，从而避免突击准备、走过场搞形式的弊端。

引入认证制度是对民族预科教育培养质量进行直接评估的一个可行办法，简捷宜操作。在民族预科教学评估中发挥社会权威认证机构的参与作用，对民族预科阶段的英语、汉语、计算机实施结业水平等级认证。同时，结果性评价结合过程性评价，全面地评估院校教学质量。

（四）加强民族预科教育的财务管理

无论是预算内教育资金或预算外教育资金的收入或支出，都必须建立健全严格的规章制度，管好用好教育经费，让有限的经费发挥出最大的作用。建立民族预科教育办学效益的保障体系，建立科学的效益约束和评价、审计制度，建立培养成本核算与效益分析制度，并据此科学合理地调整教育经费投入，每三年或五年对预科基地、预科集中点进行教学评估。

三、优化民族预科教育资源配置

（一）优化财力资源配置

1. 加大国家资金投入

加大对民族预科教育的资金投入力度，在预科生教育收费上，减少个人教育负担成本在教育成本中的比例，增加国家教育经费拨款在教育成本中的比例。国家规定高等学校收取的预科生学费，要全部用于预科办学支出。国家制定相关政策，确保各级各类预科教育经费到位，支持民族预科生在预科教育阶段享受国家助学贷款。

2. 民族预科院校自身积极拓宽经费来源渠道

增加社会筹资在办学经费中的比重，是高校发展步入良性循环和提高办学效益的根本途径。民族预科教育应拓宽筹资与融资的渠道，在资本运营上引入先进理念，吸纳银行贷款、接受社会捐赠、吸引企业及个人投资。预科院校可以根据自身的资源和优势，开发教育服务产品，创造经济效益与社会效益。

3. 制订科学的教育投资计划

民族预科学院应充分考虑本单位教育发展战略，做出科学的教育投资总体规划，包括近期规划、中期规划、长期规划，并建立健全相关管理制度和监督措施。在执行投资计划的同时，要突出投资重点，把资金花在必须建设的项目上去，才能真正出办学效益。

4. 合理运用财力资源

财力资源配置在各种资源配置中最为有效，衡量其效益最基本的指标是每位学生的年总培养费用。高校的财力资源主要用于两大方面，即教育事业经费和基本建设。在教育事业方面，学校应投入更多资金在购买教材、订阅有关民族教育的期刊、资助贫困生和师资培训等方面。基本建设方面，在全国预科基地和省级预科基地条件允许的情况下，建设民族预科教学综合大楼，努力使民族预科学生生均校舍面积、生均教学及实验室用房、生均教学仪器、生均图书占有量达到国家评估标准，并建设高标准的清真食堂，努力使财力资源效益达到最优化。

（二）优化物力资源配置

物力资源配置是民族预科教育资源配置的重要内容，物力资源效益最基本的指标是固定资产利用率、实验设备利用率。物力资源的优化配置应重视基础设施建设，改善民族教育办学条件，扩大办学规模。

（三）优化人力资源配置

人力资源配置是核心环节，衡量人力资源效益最基本的指标是师生比。高校人力资源的优化配置包括设置精简高效的组织机构、科学合理的人员整合和最大限度发挥每一个人的作用。从提高现有队伍素质入手，逐步使民族预科教师的年龄结构、学历结构、职称结构达到国家标准，优化师生比例。同时，为民族预科的教师提供经费和进修机会，让预科教育系统的教师更多地参与科研、学术交流等活动，使他们拥有和其他普通高校教师一样的素质提高及职称晋升机会，为预科教育学院教师尤其是青年教师的成长提供有利条件。

（四）整合与利用各种教育资源

整合校内资源，提高教育资源使用效率是提高办学效益的重要途径。承担民族预科教育的学院或部门要提高现有校舍及图书、师资、教学仪器、实验设备等教育资源利用率，可以实行校际、院际合作，统一管理，统筹使用。发挥社会文化教育场所的育人功能，充分利用预科院校所在城市的社会文化教育场地、设备，打破校园封闭环境。

四、改革现行民族预科招生制度，扩大预科生招生规模

民族预科生的招生规模按本科增长率同比增长，使各省、区、市少数民族学生上大学的比例不低于少数民族人口在全区人口中的比例。改革现行招生制度，借鉴广西模式的良好经验，使得民族成份、生源地的预科生比例合理分布，最终使民族预科教育成为各少数民族特别是人口较少的少数民族学生上大学的桥梁。

新农村建设背景下西部地区农村教育发展战略与制度创新研究

温　涛
（西南大学）

由西南大学温涛主持的国家社会科学基金青年课题“新农村建设背景下西部地区农村教育发展战略与制度创新研究”，通过大量的实证研究，描述了西部地区农村教育对农村经济发展各项指标的贡献，探讨了为促进西部地区农村经济社会发展而改进农村教育的基本途径，设计了社会主义新农村建设背景下西部地区农村教育发展战略和制度创新模式，为西部地区各级政府制定建设社会主义新农村的教育投入与发展政策提供了决策依据。

一、研究目标与内容

在当前中央高度重视农村发展、致力于解决“三农”问题的现实背景下，基于农村教育制度创新视角，研究西部地区农村教育与农村经济协调发展问题，旨在为西部地区各级政府及其相关部门制定建设社会主义新农村的教育投入与发展政策提供决策依据，并为西部地区进一步统筹城乡经济发展、深化农村经济社会体制改革、大力推进社会主义新农村建设提供理论与实证支持。为此，该研究在深入考察西部地区农村教育与农村经济社会发展的客观现实基础上，实证分析了西部地区农村教育对农村发展各项指标的实际效应，揭示了新农村建设背景下西部地区农村教育发展面临的主要问题，并针对性地设计了西部地区农村教育的发展战略和制度创新框架，最后提出了适应西部地区社会主义新农村建设的教育发展政策。

二、研究方法与创新

（一）本研究在定性、定量方法有效结合的基础上，创新性地从多角度（教育学、经济学、管理学）分析了农村教育与农村经济发展关系。尽管关于农村教育与农村经济发展关系的文献资源不少，但将其纳入规范的教育学、经济学和管理学分析框架内的研究却不多。很多文献只是对农村经济发展中农村教育存在的问题进行描述性的分析，在研究上既缺少教育学、经济学和管理学的规范性，分析力度也不够，政策建议也因此而无法具体。农村教育与农村经济发展关系研究是否能够以及怎样纳入规范的教育学、经济学和管理学的研究框架、如何提高农村教育研究的理论分析水平和实证分析质量都是本研究面临的重要问题。因此，本研究在规范的教育学、经济学和管理学分析框架内开展西部地区农村教育发展战略与制度创新的研究，不仅具有方法上的创新，而且也是对上述问题的有益探索。总之，该课题丰富和补充了中国特色的教育经济学理论体系，有助于教育学、经济学、管理学这一交叉学科研究领域的融合与拓展。

（二）本研究在大量调查研究的基础上，全方位（涉及基础教育、高等教育、职业教育、远程教育等）揭示了西部地区农村教育对新农村建设的绩效与偏差。在实地考察的基础上，系统剖析了西部地区新农村建设中高等教育发展的效应及问题、农村劳动力转移面临的职业教育问题、新农村建设中现代远程教育发展问题、传统农区“普九”教育发展效应及问题、民族地区教育发展效应及问题、新农村建设中面临的高校科技成果转化问题等内容，结果表明：各类教育协调配合有利于加快农村发展，这为推进新农村建设创造了新路径。此外，本研究还基于科学实证明确了制约教育对新农村建设能动作用的主要因素，并就此提出了农村教育和新农村建设良性互动的对策建议。这些研究不仅对于推进西部地区新农村建设和城乡统筹发展具有重要的现实意义，而且对于我国教育和经济全局协调发展、良性互动也具有重要实践价值。所以，该课题在教育经济学、农村经济学理论和实践上都有新发展。

（三）该研究实现了教育经济学分析范式的转换，不仅拓展了农村教育研究的视野，而且丰富了教育经济研究的方法体系。在统计数据整理的基础上，综合运用了时间序列、灰色系统、面板模型、复杂劳动简化系数法等数学方法科学研究了农村教育对农村经济发展的实际效应；在经济效率理论的基础上，运用数据包络分析方法（DEA）和Tobit模型建立了我国农村教育发展的绩效评价模型，并对西部地区农村教育发展绩效及其影响因素进行了实证分析。将这种新的研究不完整数据、模糊的和不确定性知识的表达、学习及归纳的数学工具运用于农村教育发展的绩效分析，可以避免专家凭主观意图打分来确定重要性程度中存在的随意性，有助于提高这一绩效评价模型的实用性和客观性，实现了研究范式的转换，超越了停留在哲学层面或理论意义上的既有农村教育与农村经济发展关系的一般研究，开辟了研究新视野。总之，数学模型的科学运用，有助于丰富教育经济学研究的方法体系。

三、研究结论与对策

（一）研究的主要结论

1. 人力资源是实现新农村建设目标的根本源泉，发展农村经济的前提和基础是提高农村文化科学技术水平和农村广大劳动者的素质。西部地区农村劳动力不仅文化程度普遍低，而且创业精神、职业道德、专业技能、职业习惯也与新农村建设的要求存在极大差距。

2. 从长远看，解决西部地区农业和农村发展问题，根本出路在于依靠科技进步，依靠众多掌握科技知识和技能的劳动者；从现状看，农民对市场信息选择和运用水平，对科技吸纳能力及能否真正实现增收，根本上取决于农民自身的科技文化素质。

3. 教育对西部地区农村发展提供了强有力的支持，对于推动社会主义新农村建设具有极为突出的贡献。教育所形成的人力资本积累已经成为对西部地区农村经济增长贡献最大的资源要素。

4. 不同类型教育对西部地区农村经济社会发展的贡献不同，各类教育共同进步、协调配合有利于加快新农村建设步伐。“普九”教育对西部地区农村经济增长作用最大，高中及中专教育次之，高等教育贡献相对较小，而职业教育和现代远程教育发展同样起到了助推作用。

5. 西部传统农区“普九”教育和民族地区农村教育在这些地区农村经济社会发展中贡献突出，对其新农村建设目标的实现意义重大。因此，解决好这些地区农村教育发展面临的问题，是释放教育对其新农村建设能动作用的关键环节。

6. 西部地区农村教育总体绩效有待于进一步提升，农村教育发展水平与新农村现状并不适应，亟待加大各类资源的整合力度。尤其是农村教育资源的投入与农村经济、社会发展状况并不适应，导致教育对西部地区农村经济、社会发展的能动作用尚未充分显现。

7. 高效发挥教育对西部地区新农村建设的能动作用，必须科学设计农村教育发展战略，大力推进制度创新，实现教育与经济的协调发展。为了形成农村教育与农村经济的良性互动，西部地区农村教育发展必须推进教育理念创新、人力资源开发、教育功能提升、教育投入机制优化、教育重点扶持等五大战略协同，并在此基础上，加快基础教育、职业教育、远程教育以及高等教育与新农村建设协调配合的战略实施与制度创新。惟其如此，西部地区农村教育发展所面临的资源投入不足与资源配置效率低下的双重“瓶颈”，才能有效根除。

（二）研究的对策建议

1. 切实加大农村教育投入，完善农村教育投融资机制。西部地区必须加大投入，形成农村教育服务新农村建设和城乡统筹发展的坚实基础。第一，要完善农村教育投入保障机制。强化政府对农村教育的投入责任，调整各级政府财政支出结构，逐步提高农村教育经费的支出比例，确保每年新增教育经费用于农村义务教育的比例不低于70%。建立健全财政拨款的追踪问效、动态管理和公共监督机制，提高财政经费的使用效率和透明度。第二，要拓宽农村教育经费筹措渠道。充分发挥财政资金的调节功能，引导企业、社会资金积极参与农村学校建设、农业科技研发、成果转化和农村各类人才培养；积极探索利用金融、保险、信托、担保等方式，拓展农村、农业教育融资的新途径；以打造教育投融资平台为基础，推进农村教育发展的金融服务创新。

2. 优化农村教育资源配置，促进教育均衡发展。西部地区必须建立资源优化配置机制，促进教育均衡发展，增强教育缩小城乡差距的社会功能。第一，确立科学的资源配置理念，在发展中缩小差距。农村教育资源配置要坚持“两手抓”，一手抓提高教育效益，另一手抓保障教育公平，着眼于为农村各级各类学校、教师和学生发展创造公平竞争的机会。第二，在教育发展布局上，加强城乡教育、区域教育、各类教育之间的统筹规划。将教育资源适当向西部传统农区、少数民族地区倾斜，在农村地区重点建设一批与地区产业发展相适应的优质特色职业学校。第三，统筹农村教育建设项目，重点支持薄弱环节、薄弱地区的教育发展。集中力量推进农村中小学标准化、寄宿制学校建设、现代远程教育、教师素质提高、农村教育扶持等工程。第四，在师资配备上，根据农村边远地区和少数民族地区地域广、生源分散、校点多的实际，适当调整教职工编制标准，增加寄宿制学校安全保卫、生活管理、卫生保健等方面人员。继续实施“农村教育特设岗位计划”，鼓励和支持高校毕业生到农村学校任教，建立城镇学校教师定期到农村支教制度，设立义务教育师资培训专项经费，大力培训农村中小学教师，缩小城乡师资差距。

3. 深化课程教学改革，提升农村教育人才支撑能力。西部地区应当建立课程教学改革机制，培养高素质创新型人才，促进农村居民的全面发展。第一，紧紧围绕农业、农村产业结构调整加快培养、引进紧缺专门人才。适应西部地区农村新型工业化、城镇化和农业现代化发展的需要，推进课程教学改革，促进人才培养与市场需求的有效对接，满足农村新兴产业发展对专业人才的迫切需求。第二，创新人才培养模式。推进职业院校构建以能力为本位的课程体系，积极开展农村普通初中、高中未升学毕业生再延长半年或一年学习时间，进行职业技能培训的教育模式改革。推行弹性学制和学分制，实行“订单式”人才培养。实施高等农业研究生教育创新计划，促进相关专业研究生创新能力培养。第三，进一步推进学科专业课程调整。通过优化课程结构、调整专业门类，为学生服务西部地区新农村建设提供更多、更实际、更优质的课程和专业。第四，培养学生创新创造创业能力。要着力培养学生实践能力，突出实践环节的权重，鼓励地方农业龙头企业全方位参与人才培养工作，探索建立学校和地方之间开放式的人才资源交流共享机制。

4. 推进产学研结合，提高教育对新农村建设的贡献。西部地区应当优化产学研结合机制，建设一批研究型大学，提高教育对农村经济结构调整的能动作用。第一，建设农业科技创新平台。围绕西部地区农业、农村支柱产业发展，以生物医药前沿技术、资源综合利用和深加工技术、现代农业科学技术等为重点，加强高校重点实验室建设，鼓励高校建立面向农户的农业技术创新和服务平台，推进高校与区县共建农业特色产业科技创新基地。第二，鼓励开展科研联合攻关。紧密结合农村发展实际，鼓励高校和职业学校打破学科界限，组织科研团队，围绕农业、农村支柱产业关键技术和行业共性技术联合开展技术攻关，力争在若干重点领域取得重大突破，提高西部地区农业产业技术水平，推动科研成果与农户、龙头企业技术需求实现有效对接。第三，建立健全促进科技创新和产学研结合的体制机制。完善权益保障机制、评价考核机制、激励扶持机制、资金投入机制、人才柔性流动机制。第四，完善农业科技创新和产学研结合服务体系。加快完善研究开发、资源共享、成果转化三大科技平台，实现学校、农业生产组织、科研院所资源全方位共享。加快发展农村专业中介机构，促进技术信息、市场信息、产业信息融为一体。

5. 健全教育培训服务，增强农村教育学习服务功能。西部地区应当健全教育培训服务机制，推进学习型社会建设。第一，发展多种形式的成人教育和继续教育，通过学习培训，提高农村居民的职业能力。第二，强化劳动力职业培训，鼓励和规范发展各类专业化、社会化、市场化培训机构，提升培训机构质量，满足紧缺人力资源的教育培训需求。积极开展就业、再就业培训，提高农村初高中毕业生、返乡农民工、进城农民工的职业技能和职业转换能力。第三，逐步健全农村全民学习和终身学习制度。建立正规学习与非正式学习等各种学习经历和成果记录、评价、认证和转换制度，促进学习途径、模式和方法的多样化。第四，构建农村终身教育体系。统筹和整合学校、社区、集体、村社等国家和民间的教育资源，推进学习型组织建设，构建学校教育与社会教育相融合、职前教育与职后教育相沟通、学历教育与非学历教育并重的城乡教育网络，形成开放、灵活、方便的终身学习平台。积极发展乡村社区教育，开展科普活动，提高农民科学文化素养。第五，促进学习资源共享。逐步推进图书馆、实验室和技术测试等资源在内的各类学校教育资源向社会、集体和农村居民开放，为农业技术创新和农村居民学习提供有利条件。

6. 创新教育教学评价机制，健全教育服务新农村建设的制度保障。西部地区必须强化政策导向，建立健全科学、合理、可操作的教育教学评价机制。第一，对政府层面的评价，要把落实农村教育优先发展战略、营造有利于农村教育发展的良好环境和提高农村教育对新农村建设的贡献作为主要内容列入考核目标。加快建设服务型政府，搭建政府服务平台，推动农村教育与农村经济社会的紧密结合。第二，对学校层面的评价，要突出学校创新能力、服务新农村建设能力和吸纳社会资金能力的考评权重。人才培养质量由用人部门评价，基础研究评价引入国际通行办法，科技创新、社会服务评价主要听取地方政府、行业、农业生产组织、龙头企业的意见。要完善农村各级各类学校质量评价体系，建立办学的黄、红牌预警和退出机制。第三，对教师层面的评价，要将教师参加农业技术攻关、农产品研发、新工艺推广所取得的专利和经济效益作为业绩考核评价的重要指标。第四，对学生的评价，要由过分注重学业成绩转向注重学生综合素质的提高，注重学生发展的潜能；评价的功能从注重甄别与选拔转向激励、反馈与调整。鼓励学生走出课堂，走进社会，将所学的知识技能应用到具体的实践活动中，将学校生活与社会生活紧密联系在一起，形成理论与实践的科学结合，从而促进农村生产可持续发展。

中国教师资格制度研究

管培俊
（教育部师范教育司）

由教育部师范教育司管培俊主持完成的全国教育科学“十五”规划教育部重点课题“中国教师资格制度研究”，考察了中国教师资格制度的历史发展和现状，借鉴发达国家的教师资格制度和经验，着眼于我国教师队伍建设现状与发展趋势，提出了改进、完善教师资格制度的对策建议。

一、中国教师资格制度现状与问题分析

1. 学历条件要求较低，滞后于教育发展的需要

随着社会经济发展和教育水平提高，尤其是我国进入高等教育大众化阶段后，教师资格申请人学历层次大幅提高，原规定的学历标准尤其是小学和初中教师学历标准显得偏低。近年来，我国学校聘用教师对学历的要求在逐步提升，特别是在教育发达地区和条件良好的学校。如果申请人仅有合格学历，即使拿到相应的教师资格证书，也难以获得聘任，教师资格的权威性被质疑。

2. 缺乏严格的考试制度，不利于从源头上保证教师队伍的质量

作为国家职业准入的教师资格制度，我国一直没有建立起统一的、严格把关的考试制度。法律规定的“国

家教师资格考试”只是针对学历标准不达标的申请人举行的，由于绝大多数申请者已能达到《中华人民共和国教师法》（以下简称《教师法》）规定的学历要求，因此“国家教师资格考试”没能真正实行。各地根据《教师资格条例》规定，仅对非师范类毕业生进行教育学、教育心理学考试以及教育教学能力测试，其实施方式各异，效果不尽如人意。相比之下，世界发达国家大多通过考试来获取教师资格，国内法律工作者、医师、会计师等专业化职业资格也都面对所有申请者进行国家统一考试。

3. 教师资格终身有效，不符合教师职业发展的规律和人事制度改革的要求

教师资格终身制存在一些弊端：一是不利于激励教师的终身学习和专业发展。二是不利于清理已获教师资格人员中的不适于执教者。因为诸如性格、品行等方面的种种问题，往往是执教以后才会表现出来，靠教师资格初次认定难以准确鉴定。三是不利于对教师队伍的有效管理和监控。不掌握持有资格证书和实际执教的动态关系，就会影响对教师队伍发展的宏观决策。

4. 教师资格分类不完善，融通不科学

我国教师资格主要依照教育阶段而不是教师执教特点来分类，标准偏于简单，类别不够完善，这与国际上教师资格分类多样化、灵活性的普遍做法存在差距。例如美国、日本等国的教师资格就按照有效期限、级别、教育层次、任教学科等多种标准划分为若干类别。现行《教师资格条例》允许取得教师资格者可以到下一层次教育机构任教，以及高级中学与中等职业学校教师资格相互通用，忽视了不同类别和不同学科教育的特点、要求和规律，也容易造成教师资格不合理利用等诸多问题。

5. 师范生直接认定存在弊端

现行教师资格制度允许师范教育类毕业生可以直接认定获取教师资格，将学历教育混同于职业资格准入条件，造成了师范生和非师范生在教师资格认定中的“双轨制”，违背了职业准入的一致性、开放性和公平性的原则。也难以确保各类师范院校培养的师范生均达到教师资格要求的教育教学素质和能力，削弱了教师资格制度“严把入口关”的作用。由于传统的师范教育正向开放的教师教育发展，在教师资格认定操作中师范和非师范类毕业生的界定越来越难，在管理方面也增加了执法失误的概率。

6. 对教育教学能力的要求未落实

《教师法》、《教师资格条例》规定教师资格申请人应当具备教育教学能力，实际上这只是对非师范生的要求，而且在具体认定工作中未能有效落实。各地教育行政部门分别制订教育教学能力的具体测试办法和标准，测试标准差异很大，难以准确反映申请者掌握教育专业知识和具备教育教学的能力水平。由于各地对申请人的教育学、教育心理学补修培训往往偏于简化，效果不理想，也难以强化教育教学能力测试。

此外，教师资格制度实施过程中还存在着教师资格认定权限偏低、教师资格制度实施对象范围尚有局限、面向港澳台公民的教师资格认定尚未开展等问题。

二、改进和完善教师资格制度的对策建议

1. 提升教师资格学历标准

将教师资格的法定学历标准分别提高一个层次：小学教师应有专科及以上学历，中学教师应有本科及以上学历，大学教师应有研究生学历。教师资格学历要求的提升应求稳健，可以先实施“正规”和“通融”两重标准，体现既重在提高、又照顾现实。通过平稳过渡的程序和办法完成教师资格学历提升。

2. 完善教师资格分类

将职业高级中学文化课、专业课教师资格合并为中等职业学校教师资格；中等职业学校实习指导教师资格可以延伸到高等职业院校；酌情考虑增设特殊教育学校、校外教育机构和培训机构等特殊教师资格；高等学校教师可以不再设立国家资格，在基本条件具备的前提下，以获取高校聘任为准。建议取消教师资格可以融通到以下等级的规定，实现教师资格与执教领域的合理对应，但应当允许部分融通，已获一种教师资格者申请其他教师资格时，可以在条件和程序上适当简化。

3. 实施国家教师资格考试

在《教师法》等法律尚未修改时，可以先实行国家统一的教师资格教育教学能力测试，并面向包括师范教育类毕业生的所有教师资格申请者。由国务院教育行政部门委托国家考试机构负责制定考试办法、考试标准、考试大纲，建立试题库。教师资格教育教学能力考试分为笔试、实践能力测试两部分，综合考查申请人的实际教育教学能力。笔试为国家统考，实践能力测试由省级教育行政部门根据国家制订的标准、办法组织实施。待条件成熟后，教师资格教育教学能力测试即可转化为国家教师资格考试，体现教师职业准入的开放、严密和公平性。

4. 强化对申请人教育教学能力的要求

将修学教师资格课程和进行教育实习作为申请教师资格的必要条件。依托有资质的师范院校和综合性院校，开设教师资格课程；设立制定申请人实习制度，强化教育实践环节。教师资格课程总体上包括教育理念、教育知识与技能、教师职责和教育实践等模块。依据国家制订的课程标准，允许各实施机构自主设置课程，进行教学、教材、评价和管理制度等方面的建设，待时机成熟后，应当按照确定的办学标准和条件，对所有开展教师资格课程教学的教师教育机构进行资质认定。

5．建立教师资格定期注册制度

注册的时段划分应与教师专业发展的时段相吻合，通过规定次数的注册后，可给予无限期认定。教师资格定期注册应将师德表现、业务能力和培训进修、继续教育学分作为基本依据，并与教师职务制度有良好对接。定期注册应尽量减轻教师本人及认定机构的负担，可以与业务考核结合，由任教单位负责操作，认定机构只做终审注册，但是有关部门必须在相关的各个环节加强监控，确保客观公正。对未通过定期注册的教师应根据具体情况，提供弥补的机会和便利。

6．改革教师资格认定办法

调整教师资格认定程序和认定权限。要求教师资格申请人先具备所有认定条件并取得各项证明材料，各级认定机构只需审核证明材料后做出是否认定的结论，从而使教师资格认定过程更符合行政许可程序的要求。可采取调整教师资格认定布局的办法加以相对集中。待法律修订后，再重新确定教师资格认定权限。

此外，还需加强专业机构对教师资格认定的支持，建立教师资格制度与教师培养培训、教师聘用等相关制度的联动机制，并尽快制订非中国内地公民（含港澳台及旅居国外华侨）教师资格认定办法，和制定外籍人士在中国认定教师资格的政策。

美国教育政策研究机构研究

黄忠敬
（华东师范大学）

由华东师范大学黄忠敬主持的全国教育科学“十一五”规划教育部青年专项课题“美国教育政策研究机构研究”，选择美国有影响的七所教育政策研究机构做个案分析，考察了这些机构的发展历史、类型、运作机制、研究内容、影响力等内容，通过剖析美国教育政策研究机构赖以生存的土壤、研究者与决策者的关系以及研究与政策之间的关系，从而为我国教育政策研究机构的发展提供了借鉴。

一、背景与意义

20世纪50年代之后，政策科学在美国取得了突飞猛进的发展，政策研究机构如雨后春笋般涌现而出，无论是政府、企业还是社团、大学等很多都设有自己的政策研究机构。这些现代政策研究机构，有时又被称为“思想库”（Think Tank）、“脑库”（Brain Tank）等，是政策主体的一个重要组成部分，在政策过程中起着重要的作用，成为“现代国家决策链”上不可或缺的一环。

作为公共政策领域中一个重要分支，教育政策研究也倍受重视。随着20世纪50年代以来的政策研究机构的成立浪潮，美国教育政策研究机构也纷纷成立并得到长足的发展，尤其是80年代末以后，发展了专门进行教育政策研究的机构。教育政策的历史发展证明，教育政策研究机构在产生教育思想、影响教育决策和培养人才等方面发挥了极其重要的作用。从组织理论的角度来看，教育政策研究机构既是教育政策理论研究的阵地，又是其组织保证，而从现实需要来看，教育政策研究机构是教育政策制定科学化、民主化、制度化、程度化和绩效化的重要保证。

党的十七大报告进一步阐明要“推进决策科学化、民主化，完善决策信息和智力支持系统，增强决策透明度和公众参与度，制定与群众利益密切相关的法律法规和公共政策原则上要公开听取意见”。鉴于教育政策研究机构对教育发展的重要作用，如何通过建立具有中国特色的现代教育政策研究机构，推进教育决策的科学化与民主化，避免教育决策失误，进而促进教育与社会的可持续发展成为一个值得思考的问题。

二、对象与方法

（一）研究对象

根据思想库对教育的关注程度、研究成果、影响力等指标，确定两大类的教育思想库：一类是综合性思想库，其中非常关注教育问题研究，比如，兰德公司中的兰德教育，布鲁金斯学会的布朗教育政策研究中心、遗产基金会的政策研究中心等等；一类是专门进行教育政策研究的思想库，如美国教育科学研究所、教育政策研究联盟、美国教育政策中心、教育政策研究实验室等等。最终确定以下7个教育政策研究机构作为研究对象，它们的全称是：美国教育科学研究所（The Institution of Education Sciences，简称IES）、兰德教育（RAND Education）、美国教育政策研究联盟（CPRE Consortium for Policy Research in Education，简称CPRE）、美国教育政策中心（Center on the Educational Policy，简称CEP）、布鲁金斯学会布朗教育政策研究中心（Brown Center on Educational Policy at Brookings，简称BCEP）、美国亚利桑那州立大学教育政策研究实验室（Education Policy Studies Laboratory at Arizona State University，简称EPSL）、遗产基金会政策研究中心（Domestic Policy Studies at Heritage Foundation）。

（二）研究维度与方法的确立

从确定的主题来看，很多文献只把教育政策研究机构作为公共政策研究机构的一个部分来进行介绍，没有作为一个单独的、专门的主题来加以研究，本研究是一个初步的尝试；从研究的思路来看，本研究摆脱传统的从研究内容着手来考察美国教育政策的做法，而从组织与机构入手来考察美国的教育政策，这能够更加全面而深入地剖析教育政策的实然状况；从研究的方法来看，本研究不仅注重文献资料的整理与收集，更注重比较研究、调查与访谈方法的使用。本研究主要采用文献法、个案研究法、比较研究法。通过文献及案例的分析，全面、整体、深层次地把握美国教育政策研究机构。

三、内容与结论

本研究的目标是通过对美国教育政策研究机构的全面考察，分析美国教育政策研究机构的发展历史、类型、运作机制、研究内容、影响力等内容，为我国教育政策研究机构的建立、管理运作提供借鉴，促进我国教育政策研究与决策的民主化与科学化。

（一）概念界定及机构分类

1. 概念界定

政策研究机构又称“思想库”、“智囊团”、“脑库”、“智库”、“外脑”等。对于什么是现代政策研究机构，很难给出一个准确的答案。对它的界定，不同的学者有不同的理解。本研究对思想库的界定是：对国内和国际问题进行政策导向的研究、分析、建议，帮助政策制定者与大众进行有效决策的机构。它既包括大学内的政策研究机构、政府内部的研究机构，也同时包括民间政策研究机构；既可以依附于政党、政府、利益集团或者公司，也可以是独立的非政府组织。这些思想库具有这样一些特点：（1）从事政策研究；（2）非赢利性；（3）相对独立性。教育政策研究机构具有政策研究机构的一般特征，但以教育政策为研究对象与目标，包括专门进行教育政策研究的政策研究机构以及研究范围涵盖教育政策，对教育政策产生重大的影响的综合性政策研究机构。

2. 机构分类

政策研究机构的分类有多种标准，其中按照规模大小，可以分为大型政策研究机构、中型政策研究机构以及小型政策研究机构；按照政策研究机构的职能特点，可以分为学术型政策研究机构、合同型政策研究机构和游说型政策研究机构；按机构的性质和资金来源，可分为官方政策研究机构、半官方政策研究机构和民间政策研究机构。按照独立性的强弱，政策研究机构又可分为独立型政策研究机构以及依附型政策研究机构两类。独立型政策研究机构一般是公众通过私人捐献进行资助的自治机构，有以下三种具体类型：学术型政策研究机构、合同型政策研究机构、游说型政策研究机构。依附型政策研究机构是指那些在管理上、资金上或者法律上与其他组织相联系的机构。根据依附的类型，依附型政策研究机构又分为政党依附型、政府资助型、高校依附型以及私人营利组织四种。

（二）发展历程

虽然美国政策研究机构在20世纪初便已产生，到二战后，尤其是最近三四十年来得到了迅速、蓬勃的发展，但是这些政策研究机构并不是一开始便关注教育领域。

1. 萌芽期（20世纪初至20世纪70年代前期）：政策研究机构产生并得到一定程度的发展，但较少涉及教育政策研究

最早的政策研究机构可以追溯到美国进步主义年代的公司进行慈善事业的传统。20世纪初，受美国进步主义和精英主义理论的影响，人们认为专家，尤其是社会科学家所拥有的“科学知识”（scientific knowledge）能够逾越党派纷争，形成科学、有效的备选方案从而解决政府和公众所面临的政策问题。20世纪早期的这些精英政策研究机构具有很强的独立和中立色彩，几乎处于政治程序之外。

第二次世界大战后，思想库的目标已不是单纯的进行学术研究，而是通过接受政府资助，与政府和公司签订长期或短期合同进行以行动为导向的研究，影响政府的政策制定过程和决策。虽然有部分涉及教育问题，例如，拉塞尔·塞奇基金会曾对教学成绩评估标准进行研究，但是总体而言对教育领域涉足不多。

2. 发展期（20世纪70年代至20世纪80年代初）：综合性政策研究机构把研究范围扩大至教育政策研究

随着战事的结束，越来越多的专家、学者把目光从军事转向公共事务的管理，注重政府的功能。日益加深的教育改革引起了人们对教育问题和教育政策的广泛关注。面对这种趋势，有一些综合性的政策研究机构开始扩大自己的研究范围，开始成立专门的教育研究部门。

这一时期的典型代表为兰德公司对教育政策执行的研究，还有美国卫生、教育、福利部下的教育办公室（the U. S. Office of Education, Department of Health, Education and Welfare）以合约的形式展开的学校改革评价项目，以实践为基础来检验学生学习方法有效性。

3. 成型期（20世纪80年代中期至20世纪末）：专门进行教育政策研究的政策研究机构的兴起

1983年国家优质教育委员会出台了《国家处于危险之中：教育改革势在必行》的报告。受这份报告的影

响，美国教育研究与发展办公室（Office of Educational Research and Improvement）于同年出资设立美国教育政策联盟（CPRE），在2007年被美国《教育周刊》评为美国过去10年来最具影响力的10个教育组织之一的美国教育政策中心也于1995年成立。20世纪末成立了美国亚利桑那州立大学Mary Lou Fulton教育学院的教育政策研究实验室（EPLS），专门进行教育政策研究的政策研究机构开始兴起。同时，越来越多的综合性的政策研究机构成立了专门的教育研究部门。

这些教育政策研究机构不仅关注教育政策的制定，更加关注教育政策的执行。它们不再是学术型与合同型，也开始依附于大学。它们开始寻找自身的定位与立场，发挥着自己的独特优势。

4. 繁荣期（新千年至今）：多样性并存，教育政策研究机构蓬勃发展

进入新千年后，尤其是在颁布《不让一个孩子掉队法》之后（*The No Child Left Behind Act*，简称NCLB），美国教育政策研究机构就进入了一个蓬勃发展的繁荣期，这主要体现在两个方面：第一，新的教育政策研究机构的成立；第二，教育政策研究范围的扩大、数量的剧增。

2002年年底，美国时任总统布什签署了《2002教育科学改革法》（*The Education Sciences Reform Act of 2002*，简称ESRA），并根据该法案的规定，于同年在教育部内设立了一个新机构——国家教育科学研究所（IES），负责联邦的教育研究工作。另外，兰德教育、美国教育政策联盟、布朗教育政策研究中心在进入21世纪以来，都呈现出繁荣发展的局面。

纵观美国教育政策研究机构的发展历程，可以发现有以下几种趋势：第一，机构的类型从单一走向多元。第二，教育政策研究机构的角色从“旁观者”向“参与者”转变。第三，教育政策研究机构对教育政策的研究从关注教育政策文本的制定向关注教育政策执行与评估转变。最后，教育政策研究机构的价值取向从标榜独立向意识形态型转变，思想库的独立性、客观性受到挑战，意识形态倾向越来越强。

（三）运行机制

1. 资金管理

思想库的资金主要来源于私人资助，包括基金会、公司和个人，同时也有部分来自政府。美国具有高度发达的市民和慈善传统，无论是地方政府还是联邦政府都通过税收制度（例如遗产税）等一系列手段鼓励公司和个人对政策研究机构进行资助。而且作为私人资助的组织，政策研究机构享受非赢利组织的特殊税收政策，可以从州和联邦政府豁免所得税。

在资金使用方面，主要用于科研，也用于传播、年轻力量的培养，甚至是投资于进一步获取资金。虽然教育政策研究机构都重视对科研、传播的投入，但是不同性质机构在资金的分配上呈现不同的特点。相较学术型与合同型的教育政策研究机构而言，游说型的教育政策研究机构更加重视自身项目的包装，更重视成果的传播，开展与外部的联系活动。

2. 组织与人员构成

教育政策研究机构在人员构成上已呈现出以下几个特点：（1）成员的学科背景构成复杂，学历构成较高。教育政策的研究并不仅仅需要教育学的知识，还需要经济学、社会学、政治学等等学科的知识，教育政策的研究需要多学科知识。教育政策研究机构的研究人员的学历构成较高。（2）研究人员社会背景复杂。在不同的政府时期出任政府的不同要职，使政策研究机构在华盛顿的政治游戏中处于无可取代的地位；而在社会上担当多个职位则带来广泛的人脉。美国教育政策研究机构人员社会背景复杂的这个特点使机构的影响力大大地得到拓展。

3. 科研管理

美国教育政策研究机构主要采用项目制，围绕项目配置科研资源。各个教育政策研究机构项目主要是自下而上提出，经主任、会（所）等上级负责人、董事会批准后实施。在项目研究的开展上，通过对7个案例的考察，发现主要有以下两种特点：（1）矩阵式的管理。所谓“矩阵形式”，是指将学科知识与研究课题相结合，一方面将所有的研究人员按照他们所学知识的学科类别分组，另一方面又按照研究课题成立研究小组长，从按学科划分的各小组中抽调研究人员组成课题的研究队伍，从而形成一种矩阵结构。（2）专家具有很强的导向作用，他们和一至两名助手主持一项课题或某研究领域的项目，进行发表文章、出版文献、向国会陈述政策等活动。在科研管理上，美国教育政策研究机构不仅重视课题的进展，而且重视课题的评审与推销活动。美国政策研究很重视研究的质量管理，每个机构都有一套严格的成果评审制度。

（四）研究内容

教育政策研究机构的研究领域和研究内容是一个逐渐发展的过程，成立以来各个时期的数量也有所差异。以教育思想库所关注的研究内容为对象，对其近五年来的科研课题、研究项目、课题成果以及公开发表的出版物进行比较分析，考察这些思想库所普遍关注的重点政策问题。结果发现，各教育思想库所讨论的问题主要集中于政府在教育政策过程中的角色、《不让一个孩子掉队法》以及这项法案中诸多条款在实施过程中具体的落实情况以及所出现的诸多问题。

（五）影响力

根据影响力策略的不同而引发的政策研究机构行为模式的差异，将政策研究机构影响力分三个层次：决策（核心）影响力、精英（中心）影响力和大众（边缘）影响力。

1. 决策（核心）影响力

这是思想库试图影响政策所采取的最直接的方法，它们建立直接与政府的政策决策机构正规或非正规的沟通渠道，将自己的研究成果以各种口头或书面的形式提供给政府机构的决策者，尽力使决策者理解并采纳自己的政策主张，比如委托研究、国会活动和政府决策顾问等。影响的途径包括：（1）与政府签订合同，承担政府课题项目；（2）成员在政府部门担任要职；（3）参加听证会；（4）发放政策简报，举行议员情况介绍会。

2. 精英（中心）影响力

通过在学术刊物上发表学术论文、出版著作、召开研讨会等形式，将自己的研究成果展现给同行及其他社会精英，也是政策研究机构活动的重要组成部分。政策研究机构如果能够说服其他社会精英赞同并支持自己的政策观点，同时能够联合其他政策研究机构一起倡导自己的学术主张，那么，其政策观点就更容易成为中心阶层的主流观点，从而影响政府的核心决策。途径包括：（1）出版相关的研究成果；（2）与其他政策研究机构的合作；（3）召开论坛、演讲、会议。

3. 大众（边缘）影响力

普通大众的理念和支持也是影响政策的重要因素，在西方选举制国家中，它对政策的作用也更加明显。但是，政策研究机构没有长期固定的渠道向公众灌输观念影响其意识，所以政策研究机构必须借助大众媒体的宣传平台，它们经常通过在大众媒体（如网络、电视、报纸）公开发表自己的观点来影响普通大众关于某个政策的看法。政策研究机构内的专家和研究人员比较愿意接受公众媒体的采访，也经常会主动发表一些时评和短论，就当前公众所关心的话题表达自己的看法。政策研究机构的公众知名度越高，媒体在编写报道时就越倾向于引用其观点，而公众也越容易相信并接受这些政策主张。虽然媒体属于精英范畴，但其影响力施加对象主要是普通大众，所以，我们将政策研究机构和媒体的关系归入大众影响力之中，并且认为这种关系是政策研究机构大众影响力的最重要形式。策略包括：（1）建立相关的网站。（2）利用媒体，在报纸社论等文字媒体上，政策研究机构的研究人员为报刊担当编委或是作为新闻评论人，成为报纸的专栏作家。（3）建立会员制。建立会员制是遗产基金会扩大其大众影响力的一种独特的策略。遗产基金会保留有保守主义运动的最为重要的一个性质——草根性，机构每年都会举行一系列来自不同阶层的民众的集会。

四、思考与建议

改革开放以来，我国建立了一些政府或学校所属的以教育政策研究为主的科研机构或学会组织，如教育部“国家教育发展研究中心”、“全国教育政策与法律研究会”等，自成立以来，这些机构对国家的重大教育决策问题提供了信息和咨询服务。但是，我国教育政策研究机构存在种类单一，研究滞后于客观实际的现象。我国主要的教育政策研究机构大部分为官方性质，民间、非官方的不多，独立性不强，资金来源的渠道也不太广泛，教育研究方法有待进一步改进，教育研究为教育政策服务有待加强。面对我国教育政策研究机构存在的问题，应当结合我国特有的国情，借鉴美国教育政策研究机构的经验，有效地加强我国政策研究机构的发展，促进教育决策的科学化、民主化。

（一）扩大基金会等民间资本，为我国民间和半官方教育政策研究机构的发展提供丰富土壤

发展民间和半官方教育政策研究机构必须要扩大基金会等民间资本。美国思想库的发展之所以迅速，规模、种类、数量之所以庞大，很重要的一点就是它有慈善基金会等雄厚的民间资本，为政策研究机构的发展提供源源不断的资金支持。

随着政府对教育决策咨询的不断重视，我国政策研究机构为政府决策作出了很大的贡献，尤其是在制定重大教育中长期规划时，都离不开广大咨询人员的努力。建议发展民间和半官方性质的思想库，扩大民间资本，为民间思想库的发展提供适宜的土壤。

（二）完善教育政策研究机构人员构成，提高自身的政策研究水平

思想库不仅是产生思想的阵地，也是培养人才的基地。政策研究机构的一个重要功能是汇集各路人才，这包括三个层面的含义：一是培养未来的研究人员和人才；二是网罗社会各阶层的精英；三是为前政府官员提供容身之处，为新政府输送官员，扮演人才中转站的角色。为此，不仅要考虑到学历、文凭、学科等背景，还要考虑到工作阅历、人员流动、学术交流等等方面。

（三）加强教育研究与教育决策之间联系

教育研究者可以通过多种途径去影响教育决策。这些途径包括直接与政府签订合同，承担政府课题项目、让机构成员在政府部门担任要职、积极参加听证会、发放政策简报、在学术刊物上发表学术论文、出版著作、召开研讨会、与其他政策研究机构的合作、建立相关的网站、充分利用现代化的传播媒体（报刊、电视、广播等），去影响公众舆论、社会精英，甚至是决策者。建立研究者与决策者互动的机制，比如专家咨询制、听证会制度，等等。

论点摘要

青少年学生网络生活及其道德指导方略研究

东北师范大学孙彩平主持的全国教育科学“十一五”规划教育部青年专项课题“青少年网络生活及其道德指导方略研究”，着力于探索网络生活对青少年道德成长产生的影响与问题，并提出改进与解决的策略。研究发现：

1. 当前青少年网络生活状况的基本研究结论

青少年学生普遍参与网络生活，8%～10%存在网络沉迷；他们参与网络生活的主要形式包括：网络聊天，网络游戏，结交网友，网络恋爱，网络婚姻（一夜情）；需要替代满足与文化适应不良是青少年沉迷网络生活的主要影响因素；网络生活中的价值观念表现出利益中心和更明显的暴力倾向，不同程度地影响其现实生活；青少年学生是网络文化建设的主体之一。

中学生网络生活状况。网络对中学生来说是休闲娱乐、即时通讯、获取信息的方式，多用于看电影、听音乐、收发邮件、聊天、游戏，与学业生活相关性很小；与其真实身份一致的青少年是中学生网上的首选角色；多数中学生选择理性而不盲目的网络生活观；中学生是网络文化建设的积极主体之一，有半数以上的中学生有自己的网络主页。

大学生网络生活状况。大学生普遍参与网络生活，其中10%以下的大学生存在网络成瘾的情况；大学生的网络生活中休闲娱乐占有重要地位，其次是人际交往与通讯，自我表达是大学生网络生活的主要内容之一。（只有16.5%的被试没有个人空间）；大学生喜欢在网络生活扮演与自己性别一致的职业角色。

2. 青少年学生网络生活理论分析的主要结论

网络生活的伦理特征。网络生活是一种建立在新技术或者新型生产力基础上的生活方式，与代表着新生力量的青少年思想的结合，昭示着新的伦理范式；由于网络生活的自由与参与者即主体建构者的原因，它为个体道德决断权力的真正实现提供了一种可能；由于其社会身份隐匿与相遇的偶然化特征，也为道德超越义利之争，重返道德本真提供了一种可能。

网络生活提供给人一种不同于真实生活的存在状态、存在体验。网络生活中相遇的匿名化、偶然化与戏剧化、自我建构化、自由出处化，给参与其中的人提供了观光及流浪心态体验，这一方面构成青少年参与网络生活的原因，另一方面，也决定着网络生活的质量、性质、伦理特性。

网络生活是一种道德监视缺失的文化环境，这种外在道德监视的缺失可能成就自律的道德或者是真道德，而网络空间是一个去除伪装的世界，在其中，一切都不再需要寻求假面，善变得纯净，恶变得赤裸。从而成就一种为道德本身而追求道德的行为，而不是把道德当做一种达到其他目的的手段。

青少年学生是网络文化的重要主体之一，他们在采用多种形式参与网络文化的建设，如网络聊天，个人网络空间的开设，参与网络话题的讨论（BBS和社区论坛等），写博客。

其中博客书写最能集中体现青少年学生作为网络文化建构主体的身份。博客书写是为广大青少年学生喜爱的一种网络书写方式，为青少年学生提供了抒发成长情怀，与他人进行精神与思想交流的一种方式，同时，网络文化建构的相互性特征也让青少年在书写与交流思考的过程中实现思想与精神的成长。

中美两国青少年网络生活的比较研究表明，两国青少年已经把网络作为重要的信息来源、娱乐方式和交友方式，无论是查看娱乐消息、相关爱好消息、新闻还是登录聊天室、玩游戏，所占比例都很高，网络生活对于他们具有很强的休闲性与娱乐性，而与青少年学业发展的联系较少。然而，不同的是，美国的学校作为一个教育机构，也是青少年、特别是贫困青少年学习了解参与网络生活的重要场所，而中国则是家庭和商业性网吧。这不利于青少年学习与掌握最先进的科学技术与生活方式，因而，我们应该加大家庭，特别是学校对青少年网络生活的支持与引导，深入与细化青少年网络生活的研究。

3. 青少年网络生活指导策略的研究结论

宏观层面的指导方略，包括网络时代教育与道德教育的价值立场。网络时代的学校教育应该肩负起养成积极的网络文化主体（具有健康的网络文化观和安全的网络生活所需要的理性与鉴别力）的时代使命，鼓励青少年积极学习与参与新型网络生活。学校应成为青少年学习网络知识与掌握网络生活技能与养成网络生活品德的重要场所，成为引导健康参与网络生活，解决青少年网络生活中的主要困惑与问题的重要场所。德育应该积极应对网络时代的新挑战，适应网络伦理的新要求，开展真正的对话与开放式的道德教育，在归还学生道德决断权利的前提下，养成学生的道德决断能力，道德教育的逻辑要超越义与利之争，唤起学生本真的道德欲求，养成追寻道德而不是追寻功利的道德主体。微观层面的指导策略指具体指导青少年参与网络生活过程中出现的问题的各种具体策略，这些策略的原则包括：改变态度，大中学校要积极引导青少年学生普遍参与的网络生活（网络游戏、网络交友、网恋等）；指导要有很好的针对性，针对不同群体和个体在网络生活中可能存在的问题。如针对新生学习与生活适应的引导，针对不同性别和年级的同学进行不同的计划与方案设计；指导要采用灵活多样的形式，如学生容易接受的报告会、群体辅导、辩论会、专家讲座、网络咨询等。

中小学教师教育技术能力结构与层次研究

南京师范大学沈书生主持的国家社会科学基金“十一五”规划青年课题“中小学教师教育技术能力结构与层次研究”，深入分析了教育技术能力应该建设什么以及如何建设的问题。研究的主要结论如下。

1. 教师教育技术能力结构

指向教师专业发展的教育技术能力。指向教师专业发展的教育技术能力，主要是指教师在自己的成长过程中，为了适应不断发展的外部环境，需要不断变更自己的知识体系，理解自己所从事的研究领域或相关领域的发展变化，从而提升自身的专业能力，包括已知—输入能力和未知—输入能力两个方面。已知知识的输入能力的获得，表现在教师的教育技术能力的加强，但其真正的价值还是体现在教师运用这些能力去不断学习的过程中。未知—输入能力的获得，则主要表现为教师借助于新的工具或方法来学习的能力。

指向教师职业过程的教育技术能力。教师的能力需要在其履行教师职业的过程中体现出来。教师在完成教师职业的过程中，既需要向学习者介绍相关学科领域的知识，也需要教会学生如何去应用所学知识解决生活中的实际问题，并能够不断探索所在学科领域的发展，这种能力包括已知—输出能力和未知—输出能力两个方面。输出能力关注了教师的职业履行过程，即教师运用技术支持教学的过程。

教师形成教育技术能力，其结果表现为教师能够在实践过程中广泛并合理地运用技术为教学服务，其结果必然是指向学生的整体学习力的构建，为学习者更好地面向未来奠定合理的基础。教师的教育技术能力的展现，体现在其借助于特定的技术以后所形成的能力是否引起了学习者的改变方面，而不仅仅是判断其在实施教学行为的过程中有没有运用到具体的技术工具等方面。教育技术能力的获得，是为了帮助广大教师能够运用更加全面的视野，开拓教学的境域，帮助学生在更加全面的范围内来理解学习的真谛，从已知世界到未知世界，从接受到发现，逐步形成指向未来的终身学习力。

2. 教师教育技术能力层次

教师的教育技术能力层次，是建立在对教师的教育技术能力结构进行系统分析的基础之上的，能力层次关注了在教师的教育技术能力建设过程中，如何合理地安排学习的内容关系，使能力的培养能够符合教师认知的基本特点，并与教师自身的需求一致起来。能力层次包括三种不同的含义：第一种是从人的认知的一般性过程出发，对能力获得的适应性进行的描述，是从未知到已知的变化；第二种是从人的知能获得的逻辑关系出发，对知能体系的关联性进行的描述；第三种是从人的能力素质提高的角度出发，对人的认知发展阶段的描述，是从新手到专家的变化。第一种作用于每一个学习行为或过程，第二种反映了所需学习内容之间的序列关系，第三种则体现了人的专业成长与认知能力的变化。

教育技术能力建设，帮助教师理顺了知识的输入与输出关系，因而会增强教师履行岗位职责的能力。在教师的教育技术能力建设过程中，同样需要考虑创新能力的培养问题。一方面，教师需要具备一定的创新能力，另一方面，教师要具备激发学生的创新意识的能力。创新不仅仅是一种重要的学习能力，更是学习的一个重要阶段。结合对人的一般认知过程的分析，我们认为可以把创新能力看做人的适应性学习过程的一个重要阶段，这里所说的适应性学习，主要包括接受性学习、反审认知与创新三个层次。

根据对教育技术能力建设中的知能关联分析，可以将教育技术能力建设的知能概括为以下几个层次：第一，奠定恰当的信息技术基础，帮助广大教师寻找易用的工具，让其在培训学习中从技术工具的沉重学习负担中解放出来，并将有限的学习精力转移到技术的有效应用方面。第二，建立信息技术与教育的关联，建立了信息技术与教育本身的关联问题，可以帮助广大教师学员理解其作用，为应用实践奠定基础。第三，引导教师理解信息化环境下的学习方式的变革，在教育技术培训中，有必要帮助广大教师去认识在新的学习形态下的学习方式的变化，转变自己的教育观念，从而为学习者的学习提供更为可靠的支持。第四，能够设计多形式的学习活动，信息传输载体的变化，既改变了时空关系，也改变了教学的结构关系，帮助广大教师发现这些变化，并能够设计出一系列与这些变化相一致的活动，有助于激发学习者的学习热情。第五，懂得如何运用技术支持教学实践，在长期的教育技术培训过程中，人们已经积累了多种不同的培训策略，有些培训倾向于进行理念的训导，有些培训关注了实践中的应用，教育技术的自身特点启发我们，只有在应用中不断思考，才能提高教学效能。第六，懂得如何运用技术管理学习活动，管理是为了激励人的行为和提高办事效率所采用的技术与方法的总和，如电子档案袋、博客等工具已经被广泛应用于教育管理实践领域，引导广大教师学员利用这些工具支持教学的管理，探索一些新工具的管理功能，有利于教学整体效率的提升。第七，能够运用技术支持教学评价，理解在信息化学习环境下如何进行评价，包括教育技术对其他评价方式的支持作用，教育技术条件下形成的新的评价方式的变化等，将有利于促进过程性评价的实现。

3. 培训项目的学习活动模型

分析教育技术能力建设的结构与层次，真正的意义在于完成教育技术能力的培训。培训活动的设计，需要能够完成对教师能力结构的重新塑造，同时也需要考虑到教师的能力的基础与认知特点，逐步建立起符合其认知特征的能力层次关系。

人的认知过程是十分复杂的，但是，在复杂的认知过程中依然隐含着特殊的规律。在活动设计的过程中，应该能够从学习者的接受过程出发，强调活动设计对认知过程的影响，由此，可以通过对人接受知识与技能的心理学机理进行分析，将其概括为四个基本要素：即理解、创建、分享和评估，并由此创建项目学习活动模型，本研究将其称为“理解—创建—分享—评估”（UCSA：Understanding，Creating，Sharing，Assessing）模型。（如下图）

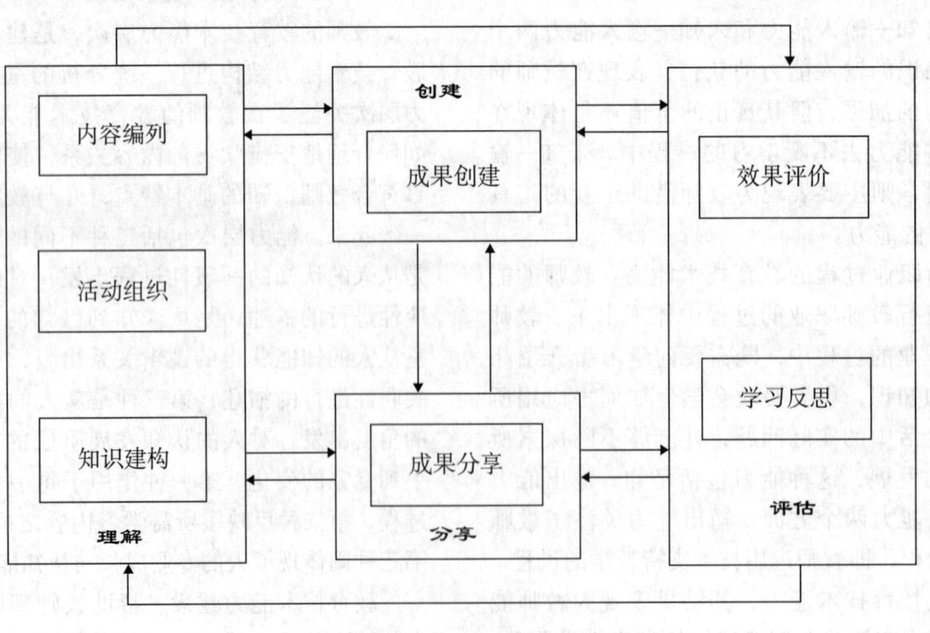

“理解—创建—分享—评估”模型图

我国农村青少年流动人员学习需求的调查分析

曾天山　周　越
（中央教育科学研究所）

在我国城市化和工业化进程中，人数多达1.5亿的15～30岁农村人员的62%迁移到在城镇地区工作，其中20世纪八九十年代以后出生的农村青少年约占60%，这些青年人因学习处境不利而遭遇就业困难。为他们提供适当内容和形式的教育，使其成功改善生活境遇和提高社会地位，已成为一个亟待解决的现实问题。“在试点地区为青少年流动人员提供非正规教育的基线调查”项目组（以下简称项目组），围绕农村青少年流动人员的学习需求及有效供给问题，根据“基线调查”的任务要求，于2009年6～12月，分赴北京、湖南、陕西、天津、河北五省市开展调研活动，共发放调查问卷1 500份，回收810份，访谈100多人，对农村青少年流动人员（根据实际情况，界定为18～26岁，可分为农村校外青少年、农村流动青少年和进城务工农村青年三类，以下统称农村青少年流动人员）、用人企业、农村青少年流动人员流入和流出地教育部门以及劳动管理部门四个方面的相关人士进行访谈，提出相关政策供给和制度安排建议。

一、多数农村青少年流动人员有着强烈的学习愿望

学习动机是学习者的学习行为产生和持续的动力。调查情况表明，多数农村青少年流动人员有着强烈的学习上进心，力求适应以知识为基础、以能力为取向的现代社会发展潮流。48.88%的调查对象的“打工的主要目的”是“学本事”以改善生活处境，其发展性动机明显超过生存性动机。在访谈调查中，大部分访谈对象认为通过“打工”学到了一些知识技能，希望能够获得更多的学习机会提高就业质量，增加经济收入，改善生活境遇。调查组选取年龄段、区域、性别、学历、行业企业、工种等方面进行对比分析。（见图1）

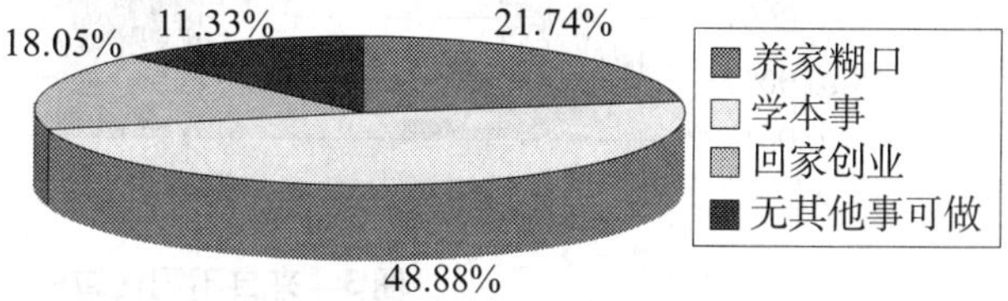

图1　青少年流动人员打工的主要目的

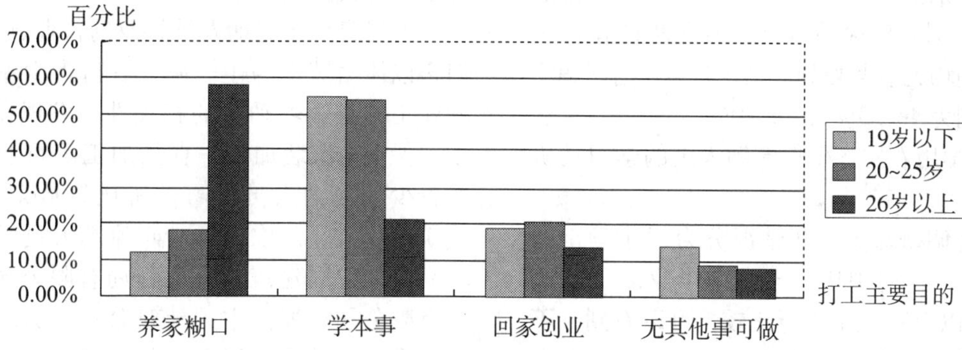

图2　不同年龄段的青少年流动人员打工目的的比较

1. 不同年龄段农村青少年流动人员的学习动机存在显著差异

调查中发现，不同年龄段农村青少年流动人员出外打工的主要目的存在显著差距：20～25岁组和19岁以下组以“学本事”为打工主要目的的比例分别达到53.73%和55.42%。本调查可近似为无限总体的无放回抽样，可以按正态分布考虑，符合百分比差异检验的条件。通过对不同年龄段的流动人员打工的主要目的情况做百分比差异检验：26岁以上组以“养家糊口”为打工主要目的的比例高于20～25岁组和19岁以下组，差异极其显著；20～25岁组和19岁以下组以“学本事”为打工主要目的的比例高于26岁以上组，差异极其显著。而在其他方面比较均无显著差异。这种情况说明，农村青少年流动人员越年轻，其学习动机和愿望就越强，越对未来有所憧憬，而26岁以上的农村青年流动人员则更多关注于提高经济收入，改善家庭生活。

2. 不同区域农村青少年流动人员的学习动机存在一定差异

来自不同区域的调研对象的年龄分布情况见表1。比较发现，来自不同区域的农村青少年流动人员打工的主要目有所差异：同年龄组相比较，河北省、河南省的农村青少年流动人员选择“学本事”一项的比例明显高于其他省。其中，除来自山东省的农村青年流动人员中有54.55%以“养家糊口”为主要目的、36.36%选择“学本事”外，来自其他省的流动人员选择“学本事”的比例均超过40%，其中尤以河北省流动人员选择该项的比例为最高，达到75.36%，这主要是由于来自山东省的调研对象年龄相对偏大而来自河北省的调研对象年龄相对偏低造成的。

表1 不同省域调研对象的年龄情况

	19岁以下	20～25岁	26岁以上	合计
河北省	65	6	0	71
河南省	23	15	2	40
湖南省	193	129	86	408
陕西省	92	25	2	119
山东省	9	6	18	33
其他省	91	22	26	139
合计	473	203	134	810

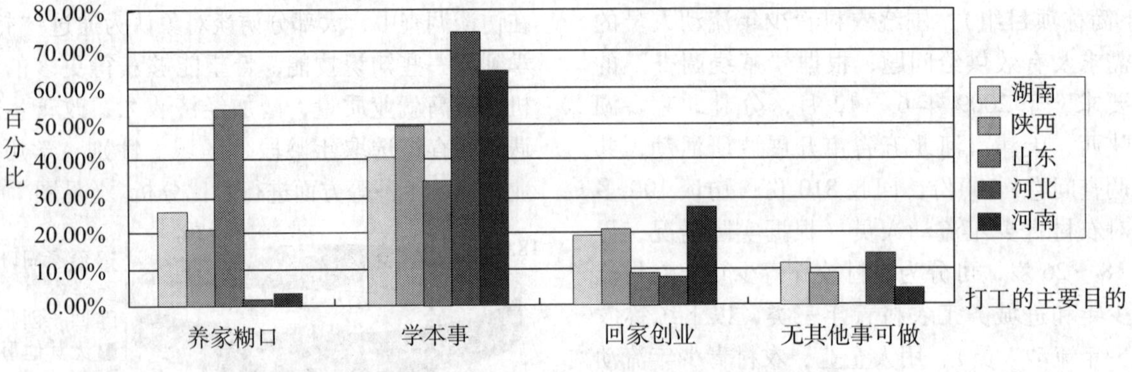

图3 来自不同区域的青少年流动人员打工目的的比较

3. 不同性别农村青少年流动人员的学习动机无显著差异

对不同性别的农村青少年流动人员打工目的的情况做总体比例差异检验可见，男女两性在各个选项上的比例均无显著差异，其中均以“学本事”为最高，分别为46.53%和50.70%。

4. 不同学历农村青少年流动人员的学习动机无显著差异

课题组将调研对象学历情况分为“小学至初中毕业以下”、“初中毕业至高中毕业以下”和“高中毕业及以上”三组进行比较，可以看到，不同学历水平的农村青少年流动人员在各个选项上的比例均无显著差异，且均以“学本事”为最高，分别为45.92%，50.24%和48.95%。

5. 不同行业企业和工种农村青少年流动人员的学习动机存在显著差异

农村青少年流动人员就业的行业领域比较宽，但多以体力劳动为主。调查农村青少年流动人员就业工种与学习动机的相关性，发现在洗浴、餐饮、保安、服装加工、食品加工等行业就业的农村青少年流动人员学习动机比较低，而在制造、建筑行业就业的农村青少年流动人员学习动机比较高，如中国建筑第五工程局有限公司、三一集团有限公司、浙江中天建筑公司等大型企业，技术要求高，员工学习动机足。调查还发现，从事低端工种的农村青少年流动人员学习动机比较低，从事中端及以上工种的农村青少年流动人员学习动机比较高。

二、农村青少年流动人员获得的学习资源尚不丰富

学习资源是农村青少年流动人员学习的基本材料，是他们学习知识和提高能力的基本保障。调查发现，他们能够获取的学习资源比较有限，存在“几多几少”的现象：系统课程形态的学习资源比较多，非正规形态多样实用的学习资源比较少；传统书本知识形态的资源比较多，而网络课程和计算机课件等现代化信息资源比较少；职业技能培训比较多，社会交往技能、文化修养和休闲健身方面的资源比较少，尚不能充分满足他们全面发展的要求。

1. 农村青少年流动人员通过以网络为主的多样化渠道获取信息

了解农村青少年流动人员获取信息的主要渠道有助于确定为他们提供有效的非正规教育资源。调查发现，网络已经成为农村青少年流动人员利用最多的信息渠道，这种状况与其前辈所处的环境不大相同。通过访谈还进一步了解到，农村青少年流动人员往往通过不同的信息渠道获取不同内容的信息，同伴或亲友往往是他们就业信息的主要来源；图书、报纸、杂志则多以故事性的内容为主，与广播和电视一样，是农村青少年流动人员业余生活的常见内容；而网络则已成为农村青少年流动人员获取知识信息的主要渠道。(见表2)

表2　农村青少年流动人员获取信息的最主要渠道情况

	19岁以下	20～25岁	26岁以上	所占比例%
同伴或亲友	28.70%	18.41%	22.56%	25.06%
网络	29.13%	41.29%	26.32%	31.74%
图书、报纸、杂志	18.04%	21.89%	18.80%	19.14%
广播和电视	24.13%	18.41%	32.33%	24.06%

2. 农村青少年流动人员的学习内容以职业技能为主

目前，职业技能是农村青少年流动人员就业前培训最主要的内容，而职业道德、文化知识、日常生活技能和求职方法等方面的培训很少，后者是农村青少年流动人员在异乡生活中所需要的基本知识和技能。调研对象中曾获得职业技能以外各方面内容培训的比例均在20%以下，其中尤以获得“求职方法”培训的最少，各年龄段均在10%以下。

农村青少年流动人员学习和娱乐健身主要依靠业余时间。目前，农村青少年流动人员的业余时间安排情况，经0.05水平的差异显著性检验，19岁以下组和20～25岁组的农村青少年流动人员业余时间用于“上网”的比例显著高于26岁以上组，“看电视”的比例则显著低于26以上组；19岁以下组农村青少年流动人员业余时间用于“看书读报”的比例显著低于20～25岁组和26岁以上组。这表明，越年轻的农村青少年流动人员越倾向于利用现代信息环境来进行学习和休闲娱乐的趋势。同时可见，农村青少年流动人员将业余时间用于“体育活动”的比例很低，除19岁以下组达到23.89%外，另外两个组均不到15%。

3. 农村青少年流动人员所能接受到的多样化的培训教学方式

目前，为农村青少年流动人员提供的学习资源大多为各地相关部门组织的课程资源，并综合采用两种或更多种的教学方式，其中“教师讲一些理论知识”、“成功的打工者介绍经验”和“各行业的能手示范指导”三种方式最为普遍。不同年龄、地域、性别、学历的调查对象对这一问题的回答没有显著差异（见表3）。为农村青少年流动人员专门提供网络课程资源、并引导他们通过网络方式开展学习的情况非常少见。

表3　农村青少年流动人员所接受培训的教学方式统计情况

	19岁以下	20～25岁	26岁以上	总体
教师讲一些理论知识	41.23%	57.64%	57.46%	63.05%
成功的打工者介绍经验	44.19%	55.17%	37.31%	60.13%
各行业的能手示范指导	38.05%	58.13%	60.45%	61.43%
利用政府发放的图书音像资料自学	17.55%	16.26%	21.64%	23.50%

三、农村青少年流动人员的学习条件存在较大困难

农村青少年流动人员接受非正规教育需要一定的学习条件，以便在学习时间、学习方式等方面保证非正规教育的顺利进行。调查发现，目前农村青少年流动人员不仅难于获得丰富的学习资源，在基本学习条件方面也存在较大的困难。

1. 学习方式大多是短期培训

目前，74.17%的农村青少年流动人员所获培

训时间在一个月以内，培训时间超过6个月的只有13.91%。通过访谈了解到，在岗农村青少年流动人员的业余学习时间条件因行业差别而不同：在机械加工业、电子加工业和建筑业等拥有一定技术含量的行业，农村青少年流动人员多具有职业高中或更高的学历，他们的工作时间相对稳定，加班情况较少，因而大多具备利用业余时间接受非正规教育的条件。劳动密集型行业的工作时间则往往受外在因素影响较大，如服装加工业、食品加工业和洗浴休闲服务业等，其中，尤以洗浴休闲服务业从业人员的工作时间最不稳定，经常需要加班，不具备较为稳定的业余学习时间，接受非正规教育在时间上存在一定的困难，但恰恰是这些行业的农村青少年流动人员更需要通过学习以提高其生活和劳动能力。

农村青少年流动人员对学习时间的期望同工作经历相联系，尚未参加工作的农村青少年流动人员多期望能够在就业前获得岗前学习；但有工作经历的人普遍倾向于不脱离现有工作岗位、利用业余时间学习，即使正处于求职过程中的农村青少年流动人员也很少愿意在谋求新的岗位之前用一段专门的时间来用于各方面素养和技能的学习提高。

2. 学习场所大多数是在用人单位进行

目前，超过60%的农村青少年流动人员是在用人单位获得培训，政府机构、劳务市场或个体劳务组织者组织的培训也起到了一定的补充作用。不同年龄段和不同区域、不同行业企业工种的调研对象在此方面没有显著差异。

作为农村青少年流动人员工作和生活的环境，社区在开展面向农村青少年流动人员的非正规教育方面拥有非常有利的条件。项目组在调研过程中了解到，天津市广播电视大学结合当地已经建有一批农村青少年流动人员公寓的条件，在滨海新区海燕公寓建立了“天津电大海燕数字化学习中心”，为在当地工作的农村青少年流动人员提供了全方位的学习支持服务，在建立外来务工人员的学习模式、管理服务模式和长效运行机制方面作出了积极的探索。但这种社区化的外来务工人员学习模式在其他省市还不多见。

四、农村青少年流动人员的学习保障机制脆弱

多数农村青少年流动人员有着强烈的学习愿望，且年龄越小，学习动机越强。他们的学习动机情况并未因地域、性别和学历的差异而有所不同。但出于多种原因，政府和社会为其提供的学习资源和学习条件都还不能够充分满足他们的需求。目前，各种不同机构为农村青少年流动人员提供的培训，无论在内容上、范围上还是在持续时间上都很不充分。培训内容集中于职业技能，对农村青少年流动人员独立生活和成长发展所需要的其他多方面的知识技能都只有很少的培训；而且这些职业技能培训中有很大一部分是在企业中获得的，而那些尚未获得就业岗位或未能够为企业录用的农村青少年流动人员则难于得到这样的机会；目前提供的不脱产培训大多在一个月以内，脱产培训的时间更短，且培训经历往往和工作经历结合在一起，工作经历越长，获得培训的可能性越大。没有工作经历或工作经历较短的农村青少年流动人员，有机会获得培训的也很少，甚至不能得到岗前就业培训。

整体来看，政府对农村青少年流动人员的培训越来越重视，但依靠学校教育进行的职业培训缺乏针对性，企业安排了最基本的工作培训，但主要依靠短期培训和师傅带徒弟方式进行。集中组织的培训包括收看录像、请专家和技师讲课、举行业务技能比赛等多种形式。不同企业的培训方式有所差别，大企业主要是培训学校和传帮带相结合；中小企业主要是传帮带和个人自学；培训具有“急用现学”的特点，是典型的需求推动型学习，在中小企业里面尤其明显。

五、为农村青少年流动人员提供非正规教育的政策建议

农村青少年流动人员是国家现代化建设与和谐社会发展中一支重要的人力资源，通过必要的政策支持、有效的制度保障和有力的技术服务来保障农村青少年流动人员的继续学习，为他们提供适当的非正规终身教育，是当前政府保民生和促就业的一项重要工作，应从以下几个方面着手改进农村青少年流动人员的学习和工作环境。

1. 给予有效的政策支持

根据上述调研结果可知，企业是农村青少年流动人员工作和学习的主要场所之一，在用人单位开展职业技能培训，可以使农村青少年流动人员在劳动岗位上获得最直接有效的职业技能。因此，为聘用农村青少年流动人员的企业提供一定

的免税政策支持，从而鼓励并要求这些企业为其在岗职业技能培训投入更多的时间和经费，这将大幅度改善其职业技能及其教育现状。政府应当把为农村青少年流动人员提供培训学习作为企业的法律责任，也要给企业以利益诱导。在农村青少年流动人员的输出地，应加速推进学校教育中的基础教育新课程改革，开发校本课程和选修课程，为存在学习困难的学生提供相应的发展空间，帮助他们找回自信，找回学习的乐趣，尽可能延长他们在学校教育体制内学习的时间，以便为他们赢得更加充分的就业准备时间和相应的学习机会。此外，输出地的校外教育工作也应加强组织、拓展范围、扩大影响，为广大农村校外青少年提供弹性灵活、生动有趣、富有实效的教学活动，从而最大限度的将校外青少年吸引到非正规教育中。

2. 提供丰富实用多样的学习资源

基于基线调查所获得的资料及其分析，为改善农村青少年流动人员的学习和工作条件，应建立独立生活常识（包括法律与安全常识模块和健康常识模块）、信息技术基础、职业技能入门训练、生活技能（包括基本生活和卫生习惯、休闲娱乐、财务管理三个内容模块）、社会交往技能训练（介绍学习者在异地生活中可能面临的多种人际交流情境，及相关情境中的习俗习惯，分四个模块：与陌生人交流、工作交流、消极情绪中的人际交流以及日常生活交流等学习内容）等课程。此外，考虑到女性的特殊情况，另设立女性青少年外出务工常识课程（分女性独立生活常识、女性健康常识、女性职业技能入门模块、女性生活技能训练、女性社会交往技能等五个模块），将此作为组织实施农村青少年流动人员非正规教育课程开发的依据。教材的媒体形式可配套出版相应的印刷教材、知识手册、CAI学习软件和网络课程，CAI学习软件和网络课程中包含必要的音视频学习资源。宜采用案例化、图片化的方式编排、表述。对应的教学活动包括个别学习和集体教学两种形式，充分利用家庭、网吧、文化场馆等各种教育资源。

3. 完善学习保障制度

缺乏必要的制度保障是农村青少年流动人员继续学习面临的一个主要障碍。一方面，尽管新修订的《中华人民共和国劳动法》（以下简称《劳动法》）已经对企业安排“加班”相关问题作出明确的规定，但很多企业仍然存在违法加班问题。政府应建立企业加班监管制度，加强对不合法加班的监管，切实保障农村青少年流动人员有充分的业余学习时间，以解决严重的工学矛盾问题。另一方面，尽管新修订的《劳动法》对职工培训工作已经作出了规定，但企业对员工的培训责任还有待进一步落实，要建立健全相应的监管制度，督促企业提取和使用职业培训经费，并根据本单位实际，有计划地对劳动者进行岗前和定期职业培训。政府要督促企业按照要求建立或与职业学校联办工人学校，并划拨专门的经费和配备专门人员用于制度化的员工培训，督查工作重点要放在中小企业。同时，政府要逐步实施农村新生劳动力免费劳动预备制培训工作，完成进城务工前的必要职业培训，加快推进农村免费中等职业教育进程，探索非正规教育的学习辅导机制和管理机制，促进社会认可这种灵活多样的学习模式。

4. 提供先进的学习技术服务

课程资源包、学习手册等学习资源是提高农村青少年流动人员学习效率的技术手段。网络学习是人类进入信息时代以来形成的一种新型学习形式，便于农村青少年流动人员突破学习时间和空间方面的各种限制，获取形式生动、易于检索的学习内容。课程资源包是网络学习和计算机辅助学习的资源基础，是农村青少年流动人员接受非正规教育的重要保障。学习手册等印刷学习资源便于随身携带、随时利用，虽然在内容和形式方面有一定的局限，但仍然可作为农村青少年流动人员获取学习资源的一个便利途径。

农村青少年流动人员获取学习资源的条件和维持学习活动的能力往往弱于同龄的在校学生或高学历人员，因而有必要开展形式多样、内容实用、教学互动的非正规教育工作，保障学习资源流动途径畅通，以非正式教育为主送教上门，为农村青少年流动人员提供有力的帮助和支持。

调动各方面积极性，利用一切可利用的条件开展农村青少年流动人员的非正规教育。充分利用城市内的文化场馆、学校教室等房舍及相应设施的空闲时间，供农村青少年流动人员学习使用，可以大幅度节省农村青少年流动人员非正规教育的经费投入。大力调动在校大学生、学校教师及其他知识分子的积极性，为农村青少年流动人员的非正规教育招募社会志愿者，可以在一定程度上解决农村青少年流动人员非正规教育的师资问题。

5．加强综合素质教育

在实际调查中，无论是农村青少年流动人员还是用人单位都一致强调综合素质的重要性，希望学校教育和职业培训不仅要重视“传道授业解惑”和单纯的谋生能力，更要加强自尊、自立、自强的教育，培养独立工作和团队工作的能力，养成诚实正直、守时负责的职业道德，具备适应职业变化继续学习的能力。因此需要改造传统教育习惯，大力沟通普通教育和职业教育，打破普通教育重素质、职业教育重技能的人为分野，价值观教育应当成为教育和培训的新的特征之一，把以职业素质教育为核心的素质教育列入重要课程内容，把创业教育作为提升就业质量的重要途径，在认知、理解、情感、活动方面提高其创业自信心和创业能力，应对大批“农民工返乡潮”，积极开展“返乡农民工就业培训”工作，尝试引导返乡农民工走向自主创业的道路。调查发现，合法权益维护和安全卫生保护是关系农村青少年流动人员职业工作的两大重要问题，特别对建筑业和制造业尤为重要，而一些农村青少年流动人员对此一知半解，一些用人单位也不重视。政府应加强对《劳动法》、《劳动合同法》等法律的宣传教育活动，在劳动报酬、工作时间、签署合同、劳动纪律、休息休假、技能培训、社保福利、医疗卫生等直接涉及劳动者切身利益的关键问题方面给予支持，帮助农村青少年流动人员学会如何运用法律武器捍卫自己的利益，强制企业加强劳动安全法规和技能教育培训，执行安全生产规程，确保安全生产。

6．创新有效的培训模式

建立和完善援助农村青少年流动人员的服务体系极为重要。以保护权利为核心的干预措施将增强对最需要帮助却非常难得到帮助的社会群体的社会和劳动保护，而汇集良好范例和探索开发新方法，加强机构有效制定和执行法律与政策的能力是比较有效的措施，有利于为青年农村青少年流动人员和潜在的进城务工人员提供较好的素质教育、技能培训的机会。这些良好的培训模式应当在农村青少年流动人员中广泛宣传，进一步协调各关键利益相关部门的共同认识，提高培训机构的能力建设，推动共同开发战略来解决处境不利进城务工人员的学习需求。

国际组织创造了一些扶贫减困职业培训模式的成功经验，如联合国儿童基金会携手一汽大众奥迪销售事业部于2005年共同发起、由中国科学技术协会具体实施的一个为期5年的公益项目——“奥迪童梦圆”值得关注。这是一个旨在培养中国中西部贫困地区校外青少年生存技能的励志公益项目，面向贫困地区农村出于种种原因离开学校的10～18岁的孩子。项目在中西部的10个省区的20个县实施，为140个自然村的校外青少年建立起功能齐全的学习中心，通过组织各种生产生活技能培训、体育活动、拓展训练以及互动交流培训课程和活动，并提供各种必需的培训器材，使这些农村青少年在进入社会之前能够具备一定的生存技能和生活能力，培养团队精神、协作技能和解决问题的能力。更为重要的是，帮助孩子们发现自己的长处，树立努力改善自身生存状况的积极人生观和主动就业的信心，使其能够拥有在社会中自食其力的技能和勇气，成为一个社会的有用之才。在5年中，约有3万名农村校外青少年直接受益于此项目，而间接受益的农村儿童及家庭成员将达到10万人。

城市社区在开展面向进城务工人员的非正规教育方面拥有非常便利的条件。项目组在调研过程中了解到，天津市广播电视大学在滨海新区海燕公寓建立的“天津电大海燕数字化学习中心”，创设了基于网络平台和数字化学习资源的学习环境，主动送教上门，提供全方位的学习支持服务，为普及性、低成本的教育提供了现代信息技术支撑，还建立了英语角、街舞社、文学社、跆拳道社、悦颜社五个社团，在探索建立外来务工人员的学习模式（以资源建设为本、以自主学习为中心、多种学习形式、全面助学服务）、管理服务模式（建立了一条数字化管理链、形成了一套工作规范、建立了一支志愿者队伍）和长效运行机制方面做出了积极探索。企业在培训方面同样大有作为，如浙江中天建筑集团公司企业培训的教学内容实用，呈现形式形象直观、富于生趣，容易为学习者所接受；教学方法划分为“小步子”，缓解了学习者的心理压力，该企业精心制作的名言警句和图文并茂的“漫画书”式的知识手册对员工学习具有较强的吸引力。

随着城市化进程的进一步提速，我国农村人口的流动将呈现更大规模态势，农村青少年是其中的主力军，他们年龄偏小、学校教育不足、职业培训缺乏、没有社会经验，处于社会不利境地。调查组认为，农村青少年流动人员是重要的人力资源，关系社会的稳定和谐，他们出外打工就业的成长过程，实际上是从在校学习或居家闲散的状态融入社会，从“学校人”、“家庭人”转变成城市中“社会人”的过程。需要切实落实2010年发布的《国务院办公厅关于进一步做好农民工培训工作的指导意见》，尽快实施农村新成长劳动力免费劳动预备制培训，提高农村青少年流动人员的技能水平和就业能力，促进农村劳动力向非农产业和城镇顺利转移，加快推进城乡经济社会发展一体化进程。为此，要统筹规划，分工负责，整合资源，提高效益，政府支持，市场运作，突出重点，讲求实效，面向社会，面向人人，着重加强职业技能培训、在岗技能提升培训、创业培训和农村实用技术培训。鼓励各类培训机构平等竞争，探索推行培训券（卡）等自主选择培训项目、培训方式和培训地点的办法，使有学习需求的得到一次以上的技能培训，掌握一项适应就业需要的实用技能。要增强企业社会责任，重点加强建筑、制造、服务等吸纳就业能力强、市场容量大的行业企业的培训工作。完善教育体系，加强基础教育的素质培养和职业引导，大力发展非正规教育，总结成功经验，创造中国特色的农村青少年流动人员培训模式。

中职学生专业消极学习心理的分析及对策

吴　祥

（江苏省盱眙县教师进修学校）

中等职业学校学生正处在身心发展的转折期，随着学习生活由普通教育向职业教育转变，发展方向由升学为主向就业为主转变，以及将直接面对社会和职业的选择，面临职业竞争日趋激烈和就业压力日益加大的环境变化，他们在自我意识、人际交往、求职择业以及成长、学习、生活等方面难免产生各种各样的心理困惑或问题。①

因此，在分析中等职业学校学生的专业学习成效时，我们注意到，学生的心理状态常常起着非常重要的作用。这就要求我们专业课教师不仅仅致力于专业知识的传授，同时要花力气了解、分析、研究学生的心理，采取有效的措施将其中的消极心理转化为积极心理。学生有了主动的、自信的、愉悦的学习态度，专业课的教学就会取得事半功倍的效果。②本文主要讨论中等职业学校学生在专业学习过程中的消极学习心理表现，并提出消极学习心理的矫正方法和途径。

一、专业消极学习心理状态分析

进入职业学校的学生，经过中考的锤炼，大都渴望在学习中有进步，成绩有提高，重新获得自信心。然而愿望与现实之间有时会存在相当大的距离。学习原本是一种具有挑战性的心理历程，不仅是求取上进，获得知识的重要途径，而且应包含着许多快乐的成分。③ 在中考激烈的竞争下，对升入职业中学这部分学生来说，学习的快乐已消失殆尽，不仅如此，还常常受着来自学校，家长和自我压力的干扰，产生了种种消极心理，严重影响了学习效果。

1．迷茫心理。一部分学生刚入职校学习专业知识就显得费劲，感到跟不上；一部分学生对学习的专业知识心存畏惧，在学习中一旦遇到困难、挫折时就萎靡不振，悲观失望。认为自己笨，无论如何努力也不会获得好成绩，因而丧失信心，总觉得“技不如人”，觉得前途迷茫，因而性格变得孤僻。

2．消沉心理。有的学生胸无大志、目光短浅，对所学专业态度消极，认为“无论学好学坏都有学上，实在不行读自费，不必这样苦学”，觉得无所谓，提不起精神。这种学生，注意力涣散，思维反应迟钝，不喜讨论，钻研，对专业学习采取应付，马虎了事的被动态度。

3．厌倦心理。有这种心理的学生，看不到学习专业知识的重要意义。总认为专业学习太苦，太难，枯燥而乏味，单调而沉闷，是一种挥之不去的负担。便产生

① 叶瑞祥等主编：《 青年学习心理学》，广东高等教育出版社2003年版，第15～18页。

② 教育部：《中等职业学校学生心理健康教育指导纲要》，教职成［2004］8号。

③ 李骏修等主编：《中学生心理辅导指南》，青海人民出版社2002年版，第42～43页。

厌倦、反感的情绪，表现为心烦意乱，情绪起伏大，对一切无动于衷；时而激怒，一触即发，易与老师、家长发生纠纷和冲突。无论哪种考试，他们都敷衍、应付，时间很短便要求交卷，然后快速逃离考场。

4. 逆反心理。现在的学生都是20世纪90年代后出生，具有很强的逆反心理，表面上配合、服从，实质上心理一百个不乐意，消极对抗，我行我素，专业学习效果极差。有时由对某一专业教师行为的反感而导致厌恶该教师所任教的专业学科，甚至怀疑教师授课的正确性，使专业知识得不到及时的吸收、理解。

二、专业消极学习心理状态的阶段性表现

在职业学校三年中，因不同阶段专业学习内容、目标、难度有所不同，学生专业消极学习心理状态也不同，主要有以下表现。

1. 初始阶段。这一时期的任务是学习上的适应。从初三升入职业学校，专业课程知识及教学形式、专业学习方法等与初中阶段相比有较大差异，对此许多学生不能适应。他们容易焦虑和不安，这也常常招致家长的埋怨和不理解，许多学生对专业学习产生畏难情绪、焦虑心理。少数学生由此产生心理障碍，对自己各方面都产生怀疑，丧失信心，以至一蹶不振。由此变得沮丧和消沉，导致不自信、冷漠、厌倦等消极学习心理的形成。①

2. 分化阶段。一学年下来，学生在专业知识掌握程度方面已较明显地分出层次，对优生来说，他们的积极心理得到进一步发展，兴趣上升为乐趣，好奇心转化为求知欲和探索欲。他们充满自信，专业学习已成为自觉的行为，并不断从中得到成功的心理体验。而一部分差生则对专业学习的灰心、自卑甚至恐惧等心态已渐渐固化，出现兴趣转移，厌学等倾向。对中等水平的学生来说，专业学习热情不高，学习目的仅在于通过专业技能考试，取得相应的技能证书，以便毕业后找工作有一种资本，处于一种冷漠的被动状态。

3. 定型阶段。这一阶段的学生，已逐渐形成三种态势。面临对口高考的压力，怀有积极心理的学生正以饱满的热情、良好的心态，等待一场综合能力、素质的竞争和较量。专业学习成绩不理想的学生，左右为难，心事重重，有一种摆脱不掉的内心压力，心里非常烦恼。专业学习过程中的消极心理有增无减，并且日益强化。大约有10%左右的学生迷茫、厌倦、恐惧等心理状态则已成定势，面临对口高考，只能消极应付或自暴自弃、临阵脱逃，其结果一定令人失望。对没有升学压力的他们来说，抓紧享受最后的学校时光是主要任务。

三、专业消极学习心理状态在不同学习环节中的表现

1. 课堂教学。职业学校教师教学时要善于对教学内容进行“瘦身”，多增加一些他们感兴趣的东西，以吸引学生的注意。还要善于区分不同类型的学生。如果是坐在前面的，大多是想学习的学生。像自卑心理较强的学生，大多坐在教室后面。他们上课时不敢正视教师，怕被提问，更不会主动提出问题，怕出洋相，被老师同学看不起。有冷漠和厌倦心理的学生课前根本不预习，上课时注意力不集中，不记笔记或只在纸上随意涂画。有的甚至挤在一起看武侠小说、言情小说、各种时尚杂志、电子书、听MP4中的音乐。教学中的“双边活动”无法正常开展，教学效果差。

2. 作业和复习。职业学校学生的作业分文化课、专业理论和专业技能等。文化课、理论课作业他们喜欢做一些简单的，如抄抄定理、注释。不喜欢太动脑筋的计算题、翻译题。专业技能作业，学生喜欢动手的，像点钞、打算盘、上机、操作模型等轻巧活儿，不喜欢脏的、累的、枯燥乏味又要动脑筋的。对待复习，他们总觉得是完全没有必要，其中大半是做“无用功”。他们总想走捷径，寻“巧解”，希望老师考前透风压题，甚至盼望考试时邻座是个成绩出色的同学，而他们的卷子又少加遮掩，这时侥幸心理已发展为作弊欲。复习中的另一种消极心理则表现为过度的焦虑。复习时正值考试前夕，适度的现实性焦虑是很正常的心理反应，但有的同学每逢考试，就会心烦意乱，失眠，食欲减退，发无名火，惶惶不可终日。这就是“病理性焦虑”。这种现象不仅发生在成绩落后的学生身上，也发生在一些成绩好，但性格内向，好胜心强而又心理脆弱的学生身上。

3. 考试。职业学校的考试越来越像走过场，一类学生对考试成绩太在乎但对自己又太缺乏信心，考试中经常是“身在考场心在场外”，一副茫然，不知所措，极易看错题或填错答案的序号，不能发挥自己的真实水平。那些平时根本不学习的学生，这时候反倒是最忙碌。近年来职业学校考试中作弊现象屡禁不止，甚至有蔓延的趋势，这与作弊心理有关。首先，这类学生学习、考试目的性不明确，既想得高分，又不肯下功夫刻苦读书；其次是炫耀，自恃作弊手段高明，存在侥幸不会被监考老师发现的心理，铤而走险；其三是攀比，周围同学都作弊，却未被发现，自己不作弊如果得低分太吃亏。

四、变专业消极学习心理为积极学习心理的策略

职业高中学生在专业学习过程中的消极心理状态，严重影响了他们正常的学习、考试，也不能使教学效果

---

① 王铎全主编：《教师之友》，文汇出版社1991年版，第11页。

得到准确的反馈。因此教师应帮助学生了解职业高中阶段专业学习特点，掌握职业高中专业学习主动权，学会调节自己的情绪，不断矫正专业消极心理，发挥专业学习潜能，取得良好的专业学习效果。①

1. 因层施教，各得其所

我们知道，每年中考后，招生大战就像是一场没有硝烟的战争。经过重点高中、民办高中、本地乡镇高中、外地高中和各级各类中专校（技校）的轮番轰炸，剩下的“漏网之鱼”都是被逼无奈才进入职业学校的。这些学生中，有成绩较好但家庭经济困难念不起高中的、有因为各种原因的中考失意者、还有就是从幼儿园开始一路混上来的各方“豪杰”。面对这么一帮学生，要想充分调动他们的学习积极性，笔者认为分层次教学是目前比较合适的选择。让那些成绩较好而又想学习的学生全面学习文化、专业知识和专业技能，以参加对口高考为主要方向；让那些基础较差、想学习又学不会但动手能力比较强的学生在实训基地和车间练习各种操作技能，他们的目标就是就业。引导鼓励那些学习怕苦、实训怕累却又啥都不会，整天只想吃好、睡好、玩好的学生，积极参加各种他们感兴趣的活动以彰显个性特征，全面提升个人素质。

2. 开设和地方经济相适应的专业，增强技能学习的吸引力

现在各地的经济发展都非常迅猛，涌现出一批地方支柱性产业，而这些支柱性产业又需要大批合格的技术工人，这些工人从哪里来，显然职业学校的学生是最好的选择。可是我们现在大部分学校所开设的专业都是自说自话，根本不考虑市场的变化、企业的需求，这样造成的后果是企业需要的职业学校培养不出来，而职业学校培养出来的学生企业又用不上。常此以往，学生对待专业学习就会产生消极心理。要从根本上改变这种被动的局面，就必须面向市场设专业、围绕企业学技能、抓住特色求发展。这样，只有理顺了学校和企业之间的关系，使两者之间形成良性循环，才能极大地增强职业学校的吸引力。②学生觉得有奔头，学习专业技能才能有劲头。不再出现不愿学、不想学的学生。

3. 打造货真价实的“双师型”职教队伍

长期以来，人们都有这样一个观念，就是星级高中的教师含金量较高，而职业高中的教师大多是“水货”。究其原因，星级高中每年都有大批学生考上各类高校，而身在其中的教师自然水涨船高，风光无限。职业高中就不同了，不仅学生上不了高校，而且还和各种负面新闻联系在一起。其结果导致学生灰头土脸，教师也是低人一等、矮人三分。学生不专心练技能，教师不安心教专业。更为要命的是，现在不少专业课教师也是“嘴把式”：教烹调的炒不好菜、教财会的不会做账、教服装的不懂裁缝、教导游的竟然是畜牧专业毕业，等等。这样的教师在学生心目中就不会有威信，学生就不会有学习专业的积极性。所以要提高学生学习专业的积极性，首先要从教师身上找原因、想办法，不能一味地责怪学生。要鼓励教师进企业、进车间，练就一身真本领，这样再站在讲桌前，给学生的感觉肯定不一样。到那时，教师教得新鲜、生动、活泼、有趣，学生学得刻苦、扎实、轻松、快乐，就不会有厌学、逃学、愁学、退学等的消极现象发生。

4. 组织开展形式多样、全员参与、实实在在的技能竞赛

职业学校学生技能竞赛在各地都搞得红红火火、热热闹闹，这无疑是展示职业学校办学成果和职校生技能风采的一项有效措施。但是我们要注意，现在参加竞赛的学生都是有一定潜质、技能素质较好的学生。他们是职校生中的精英和骨干。而我们更应当举办面对全体学生进行的普及型的技能竞赛，这样才能保证所有职校在所有专业的技能教学和训练上健康稳步的发展与提高。使各个层次的学生都能参加相应的技能竞赛，在竞赛中培养学生的自信心。不放弃每一个学生，对所有人都一视同仁。

做好上述四方面的工作，中职学生专业消极学习心理状态的矫正不仅是可能的，也是可行的。根据苏联心理学家 H．列维托夫的观点，“人的心理活动可分为心理过程、心理状态和个性心理特征三种形态。心理过程是不断变化着的，暂时性的，个性心理是稳固的，而心理状态是介于二者之间的”。因此，中职学生的消极学习心理状态是可以捕捉和把握的，同时又是可以矫正的。学生消极学习心理状态的表现，往往是当前困难引起的心理过程与长时期得不到解决的心理问题融合的结果。③因此，教师应当结合专业教学，长期不懈又突出重点地对学生开展心理辅导和心理矫正，开辟适合中职学生心理发展的专业教学环境，以取得更好的专业教学成果。

---

① 北京市 101 中学编著：《学习与考试》，科学普及出版社 2005 年版，第 32 页。

② 崔景贵：《论心理教育的分化与整合》，《教育研究》，2005 年第 2 期。

③ 王延芳主编：《青年心理教育与咨询》，厦门大学出版社 2003 年版，第 211 ～212 页。

叙事范式与历史感知：教育史研究的一种方法维度*

丁　钢
（华东师范大学）

历史地看，在中国古代叙事文中，真正具有叙事范式的是历史叙事。如杨义所谓："中国叙事作品虽然在后来的小说中淋漓尽致地发挥了它的形式技巧和叙写谋略，但始终是以历史叙事的形式作为它的骨干的，在一个相当长的时间中存在着历史叙事和小说叙事一实一虚，亦高亦下，互相影响，双轨并进的景观。"然而，历史是充满思想与情感的，无论是为了研究教育历史或是为了了解教育历史，我们需要进入历史，去经历历史而感知历史。当教育历史的叙事进入历史，便成为教育历史真相的探索途径。正如英国史学家马考莱所称："一个完美的史学家，必须具有足以使其叙事感人与历历如绘的想象。"本文就此从叙事范式与历史感知的视角，探讨教育历史研究的一种方法维度。

一、历史叙事的范式

从叙事的视角来解读教育历史发展中的文化现象及其与社会发展之间的互动关系，其意义不仅在于变迁教育史研究视角与方法，更在于如何把人的活动置于教育史研究的中心地位，并以此强调教育史的历史感知及其人文意蕴。由此，历史叙事便成为一种令人关注的研究取向。而任何研究取向又必然活动于一定的文化处境之中，对于研究者来说，了解自身文化处境中的传统，以形成富有自身文化特征的研究取向，便成为了研究实践行动的必然前提。

王靖宇根据他对《左传》、《史记》等中国早期历史叙事文的研究，在其《中国叙事文的特性——方法论初探》一文中，曾对中国叙事文的整体特点作了分析。他认为，从整体来说，中国作者在涉及人物描写时倾向于依靠对话和行动。其他方法虽也可见，但相比之下少得多。直接的心理探索方法鲜为采用，不像西方叙事文作为技巧之一，运用广泛。这基于中国的一个基本哲学观念：真相只能暗示而不能直接表达。就像老子在《道德经》中所说："道可道，非常道"，以及庄子在《庄子·外物第二十六》中所说："言者所以在意，得意而忘言。"在中国叙事文中，最受珍视的作品往往是用尽可能短少的文字或用尽可能间接的话语来表现出作者的思想感情和情绪的。王靖宇进而认为，在中国叙事文中，叙事者多采用第三人称的手法，不仅体现为一种"史家"叙事，而且间接性的基本美学原则在这里至少部分适用。因为，公开地、详尽地谈论自己，对于中国思想方式来说是一种太直接、太露骨的过程。

其实，不仅在中国传统史述中如此，《论语》也是这种思维方式的叙事作品。作为中国教育叙事传统《论语》通过孔子学生的回忆、口述及故事的方式，描述孔子和学生在不同情境中的教学与交往故事，"研究"了孔子的生活与思想，从而构成一部意义丰富的教育叙事作品。

关于所谓间接性的基本美学原则，在杨义看来是一种独具特色的意象策略和方式，他认为，意象"借助于某个独特的表象蕴涵着独到的意义，成为形象叙述过程中的闪光的质点。但它对意义的表达，又不是借助议论，而是借助有意味的表象的选择，在暗示和联想中把意义蕴涵于其间"。这种表象或以某种自然之物、或以某种社会或文化事物等，成为叙事中极富光彩和中国特色的叙事策略和方式。

弗朗索瓦·于连（Francois Jullien）在《迂回与进入》中认为，从思维方式影响表达方式的角度来看，中国不是挖掘表象性，而是在关联的基础上建立对世界的看法。中国人关心的是顺应隐喻的价值，而不是象征的表达。所以，从最普遍的意义上讲，中国思想的确是一种关系性的思想。在中国人眼中，世界就是潜在与显明之间的不断互换，是在不言明与明言两极之间的言语过

* 原文刊载于《教育研究》2009 年第 5 期，有删减。

程。最成功的中国作品甚至把关联作为其运作的原则：在中国如此普遍运用的平行表达之中，每一个相对的表达都通过另一个得到理解，正如人们所说必须“互文见义”。所以，在中国，意义的迂回没有任何过分雕琢：因为当我说这一个时，另一个已经涉及，而说另一个时，我更深切思考的是这一个，这就是为什么迂回自身提供了进入。在中国叙事结构方面，杨义作了更为深入而全面的探索，将其概括为顺序性、联结性和对比性三个要素，并认为三者是“相互贯通、互动互补的，顺序以见结构的模样和层次感，联结使结构的各部分承接、转折、组合、贯穿，形成整体，而对比则使结构参差变化、波澜曲折、比例协调，使整体性中增加了生命感”。这也体现在中国对于叙事时间上整体性的关注。从中国的“年—月—日”不同于西方主要语种的“日—月—年”的时间标示的表达形态来看，集中体现了以时间整体涵盖时间部分的思维方式，以及相对西方分析性的整体性思维特点。杨义进而指出，中国历史叙事在总体上采取了全知的视角，而在小说中多采取了限知的视角，但真正值得重视的是在中国叙事文中所体现出的流动视角这一特点。并且，无论是从全知到限知，还是从限知到全知，过程方式是流动视角。而把视角的流动贯通作为一个过程来处理，这是与我们民族的认知心理和天人之道探究贯通的哲学根基相关的。中国在视角流动方面的创造在近人的历史著作中也有淋漓尽致的体现，如范文澜的《中国通历简编》以及黄仁宇的《万历十五年》便是明证，可惜，这样的研究实在太少了。

以上所举的对叙事范式的讨论，如果从思维方式的角度来看，在中国科技史上，发展得最充分的是观察科学，其典型代表是天文和历法，从这一点来看，可以说，我们民族的思维方式是比较直观的、整体的。即使是思辨性较强的《易经》，也是以直观的思维文化作为基础。表面上看《易经》似乎确实有些“符号逻辑”的味道，所谓“阴爻”、“阳爻”，用“阴爻”、“阳爻”组成“八卦”，然后八个“单卦”组成六十四个“复卦”，但这些符号里面所包含的意义却是“阴阳消息”，从阴到阳，从阳到阴，用来解释自然的季节变化和消长。而阴阳又代表天、地、人“三才”的构成，内涵一种阴阳和合的意境，都是从非常整体直观的角度来考虑问题。所以通过八卦，可以仰观天象，俯瞰人文，尽管这里没有区分所谓自然的法则和人文的法则，但中国的思维就是如此。由此，也为理解中国历史叙事的范式提供了一个民族思维方式的基础。如上所述，如果对中国叙事的风格和方法特点作一个简单概括的话，则主要体现为三个方面：一是中国叙事以各部分非同质性、非同位性，以及部分之间存在的联结性或对比性的关系，形成结构张力；二是以视角的流动贯通，形成整体性思维特点；三是依靠对话和行动，并借助有意味的表象的选择，在暗示和联想中把意义蕴涵于其间。这些都与我们的民族思维方式是一致的。对于教育历史研究而言，民族文化及其思维方法总是不可避免地渗入到我们的研究方法之中，当我们在解释、理解和研究教育历史时，恰恰需要主动承继而非被动渗入地传递这种方式方法，并组织成我们今天所需要的研究范式，发展为教育历史叙事研究的真正杰作。

二、叙事的历史感知

可以说，无论是为了研究历史，或者是为了了解历史，我们无可避免地需要进入历史，去经历历史，而体悟历史，这成为在今日我们面对历史所必须经历的。否则，历史只是干巴巴的知识，对历史的尊重仅仅是一种礼貌。博物、绘画、文学、影视等艺术形式在帮助人们对历史的想象，它们成为了历史舞台的主角，历史学却时常扮演着在幕侧提醒台词的角色。克罗齐说：“一切的历史都是当代史”，他把人类所经历的时间和空间加以了整合。这种共时态的观察虽然带有主观的成分，却着实震撼过历史学界。而在汤因比的《历史研究》中，把不同文化的历程归纳为不同的文化（文明）圈的时候，这种穿越时空的研究路线也如出一辙。这样一来，不同文化的比较成为可能，全球化不唯随着经济的发展而被认识，同样随着文化历史的研究进展而被揭示。然而，历史的文化并未因此成为我们当代人的体验，它虽然已与我们当代的生活有了联系，但是仍然不能为我们身临其境地或生动地经历与感知。

如何经历历史？如何获得身临其境的教育历史感知？比如，我们自己历史上的哲学，本是充满生活情趣、日常人伦道理、清新的玄思，然一经在以西方概念名词武装起来的一些研究者的手中把玩，就把原本平易的思想搞得艰涩难懂。而历史叙事曾经是中国历史书写的重要特色。《史记》作为典型的叙事历史，它有着强烈的个人意识与语言风格。然而，在后来的历史著作中，故事或者说叙述渐渐被驱赶出历史学的门墙，历史学开始习惯于用被认定为是严肃的话语和公正的叙述方式书写着过去，故事逐渐在历史中隐去。在理性分析、考据、论证与结构化的写作模式中，历史失去了它固有的鲜活内容。而今天，我们对于基于自身文化中历史叙事范式的反省，不唯是为了继承传统，也在于使教育历史更为广阔和丰富复杂的面相得以体现的努力，即通过关注教育历史中人物的生活经历和故事，而深入教育历史，从客观历史世界走进人的内心世界，揭示已经被过滤掉或被遗忘的教育历史真实。如今，历史的阐述已经多样化。从专注于过去的时间历史与文献的追寻到对于日常生活乃至微观历史的探索，从文献研究到非文献研究，从记述到叙述，以及任何可以反映历史的方法手段的多元加入，使我们的历史研究也逐步走向立体。要使教育历史生动如同我们今日所经历的一样，使无论是作者还是读者都能容易经历，中国绘画的白描艺术以及通俗文学的情节关注，也可为我们提供借鉴。叙事化和情节化为我们提供进入教育历史的喜闻乐见的范式。我们需要在研究内容上逐步取代原有的宏大叙述模式，让社会生活、各种人物及其个体和群体经验等进入人们的视野。而在研究方法上需要不断地进行富有中国特色的教育历史叙事方法实验的尝试与探索。应该承认，教育历史叙事必然经过研究者对教育历史的感知而进行的选择、修饰和重组，因为，没有把自己的经验带进去的体验和想象，你透不过这一被层层渲染过的修饰，看不到底色。其实，必要的体验能力和想象能力，常常是研究是否能够有突破的很重要的因素。但是，历史研究的体验感知与想象，要有必要的边界。必要的证据以及经过考证、排比和去伪存真的大量可靠的证据，这是确定历史想象合理性的基础。我们还需要考虑读者的态度以保持一个开放的研究心态，即不同的人具有不同的经历感受，历史的理解也各有不同，这正是教育历史研究所具有的特点。读者进入历史不需要知识的准备，而研究者的研究叙述却是精心设计的。当不同的文化历史阅读成为毫无准备的享受，教育历史就这样被我们所进入而经历。当教育历史的感知感悟成为我们共同的经历，教育历史就如此获得了新的生命，成为我们当代生活中的重要组成部分。

三、教育史拓展的可能

教育史是教育基础理论学科之一，也是教育学科国际化背景下更为凸显文化特色的重要学科。我国20世纪以来的教育史研究，无论是中国教育通史或外国教育通史研究，中外教育家的评传和中外教育比较史、交流史的研究，以及教育哲学史、留学教育史、中外教育交流史、书院史、教会教育史、课程教学史、地方教育史等众多的专题史研究，都曾为教育史学科的繁荣起到了重要的作用，其研究范式与方法基本是对于思想与制度的梳理和研究。21世纪以来，随着教育历史叙事、教育人物生活史、心态史等研究的逐渐展开，以及教育学术史或学术教育史和教育史学史的研究，教育史学科的自我更新、理论转型、研究视角和方法实验的重新审视和探究，已经揭开教育史学科前沿发展的序幕。通过对于教育历史研究方法的探索，讨论如何重新勾画教育历史研究领域所需要的方法，拓展研究的问题领域，从而形成新的教育史研究的方法图景，还在于关注教育历史研究在自身的发展过程中对于自身理论话语的形成历程，使教育历史研究成为教育学理论发展的重要组成部分。长期以来，我们的教育史学研究在于寻求教育历史发展的“规律”，注重精英思想和制度形成，而忽视了历史进程中各种人物活动及其事件。其实，教育历史离不开人的活动，或者说，没有人的活动就无所谓教育历史。而人的活动，我们必须从感知日常经验事实入手，从社会文化生活的角度来叙述人们的日常教育生活，以及与社会文化和经济生活的关系。这里，不是不要思想和制度的研究，而在于如何转换自上而下为自下而上的研究视角，以期更好地理解和解释教育历史事件和历史过程的复杂意蕴和内在价值。从叙事范式与历史感知的视角来探讨教育历史研究的一种方法维度，其目的正在于试图把教育史研究的拓展与承继自身叙事传统相结合，比如，如何实现研究重心的下移，将传统的“思想”和“制度”融合于历史主体即个体与集体经验世界中的发现，从传统教育史研究走向教育的日常生活史和社会文化史研究，体味教育与社会发展、与个人发展的内在联系，探寻教育史研究范式的变革；如何转换教育史研究视角与研究方法，从新的历史视角分析教育历史活动中的文化现象及其与社会发展之间的互动关系，把人的活动置于教育史研究的核心地位，并以此强调教育史的叙事感知及其人文意蕴；如何从教育史功用的角度，使读者和学者都有经历历史的感觉，进而从历史感知的角度，进入历史、经历历史，以探索教育历史真相的意义。可以说，厘清教育历史研究范式与方法取向，把方法论作为教育历史文化研究理论的灵魂，以及如何通过方法创新，进行教育史研究的开拓和创新，至少可以有以下三个方面的益处。第一，有助于我们解放思想，克服以往固化的思维方式和原有预设的立场，使我们更清楚地看到教育历史的多样性，赋予研究者更大的研究空间以提供不同的历史解释，而不只是简单地根据一种理论或范式去裁剪历史。第二，有助于我们研究视野的拓宽和研究重心的下移，这意味着多层次不同历史主体及其教育生活世界的发现，使重建教育史学科的知识图景成为可能。第三，有助于改变传统教育史学倚重于哲学史、思想史、政治史和经济史的偏向，重新厘定教育史学科领域架构，从而使更多的具有其他学科不可替代的研究领域逐渐走进我们的视野。总之，不同的民族文化中孕育不同的思维方法，而每种文化都会产生它自己的解释、理解和处理现实的方式方法，并把这些方式方法传递、组织成技艺，把它们发展为真正的杰作。知识与技能虽然在教育历史研究中依然占有相当地位，但读者的状态或态度却成为研究者所应重点关注的。

我们必须深入到社会的文化历史中去寻找作为教育历史思考和实践的源泉，我们需要考虑今天的教育历史研究的文化依据，以及教育知识的文化特征及其背后的思维方式特征，并由此建构、展开自身的教育历史研究。对于教育历史而言，如何在研究中确实地考虑中国自身叙事的风格和方法特点，是值得我们进一步思索的。

教育著作评论

《敢峰教育思想述评》序*

刘堂江
（中国教育报刊社）

敢峰先生打来电话，嘱我为舒风同志新著《敢峰教育思想述评》作序。

我不胜惶恐，极力婉辞。虽追随敢峰先生三十余年，但对他的教育思想学习研究很不够，怎敢造次？

但我又想起敢峰先生三十年前说过的一句话——“浪可排而情难却”。

1979年那个姹紫嫣红的初夏，敢峰是《人民教育》杂志主持工作的副总编辑。在他的领导下，《人民教育》办得红红火火。敢峰亲自设计的“虎头—象肚—孔雀尾”的刊物形象，一时间成为全国教育期刊的“偶像”。并且，“人才学”这棵新苗也舒枝吐叶，生机勃勃地成长起来了。

其时，王通讯同志是《人民教育》杂志总编室副主任，李树喜同志是骨干记者。有人说我们几人是敢峰先生的“得意门生”、“得力干将”，甚至还有人说几大“名旦”什么的。敢峰先生在为我们三人合著的一个小册子所作的序言中这样写道：

六月一天的上午，暖风融融，通讯来到我的办公室，嘱我为他、树喜、堂江三人合写的《春青漫笔》写个小序。这真的一下子把我难倒了。遵命作序，对我来说，已是第二遭。为避“好为人序”之嫌，我曾想把这事推掉，但却开口不得，因这几位都是与我朝夕相处的同志，私人间的友情也是不错的。浪可排而情难却，经过一番踌躇，我只有唯唯。

弹指间，三十年过去，这回该轮到我“难倒”、“踌躇”、“情难却”了。情急间，突然灵机一动，2007年4月20日，在“敢峰教育思想与力迈学校教改实践”研讨会上，本人不是有一个粗浅的发言么？我就把这个发言稿整理出来，权当为序，向恩师“交差”吧！

还要特别一提的是，舒风同志近年来潜心研究敢峰，继《人比山高：敢峰的理念和人生》、《敢峰教育文选》出版之后，又一部新著即将付梓，可圈可点。这几部著作，是他心血、汗水和才华的结晶。在这里，我要向他表达由衷的钦佩之情。

温家宝总理在2007年的《政府工作报告》中强调指出：“就是要进一步形成尊师重教的浓厚氛围，让教育成为全社会最受尊重的事业；就是要培养大批优秀的教师；就是要提倡教育家办学，鼓励更多的优秀青年终身做教育工作者。”2009年教师节前夕，他到北京市第三十五中学看望师生时，也指出：“要培养全面发展的优秀人才，必须树立先进的教育理念，敢于冲破传统观念的束缚，在办学体制、教学内容、教育方法、评价方式等方面进行大胆的探索和改革。我们需要由大批有真知灼见的教育家来办学，这些人应该树立终身办学的志向，不是干一阵子，而是干一辈子，任何名利都引诱不了他，把自己完全献身于教育事业。”

现代学校，需要教育专家和具有专家素质的校长来管理，更需要有可持续发展的教育理念来作为支撑与引领。教育家办学，就要求办学者能够用专家的眼光去审视教育，用科学的观点去研究教育，用先进的理念去经营教育，用务实的行动去发展教育。站在社会所需、人民满意和学生终身发展的高度去规划学校愿景，积极研究探索并带领教师向建设品牌学校的目标迈进。

* 舒风著：《敢峰教育思想述评——愿天下子女都成才》，人民教育出版社2010年版。

敢峰先生几十年来领导北京景山学校和力迈学校教改的实践，就是一个教育家办学的典范。

大家知道，敢峰先生是我国著名的教育家，更是一位杰出的教育改革家。20世纪60年代初，他受命于中共中央宣传部，创办北京景山学校并担任校长。北京景山学校按照毛泽东同志教育改革的思想，冲破传统教育的藩篱，大胆探索，教育改革搞得如火如荼，创造了经验，也形成了敢峰先生独树一帜的教育思想。从此，教育改革成为敢峰先生心中挥之不去且毕生追求的情结。

1995年，敢峰先生"重出江湖"，领衔创办北京力迈学校并出任校长。从一开始，他就率领他的教改团队的核心成员贺鸿琛、张定东、陈心五等人，制订了《北京力迈学校的施教方略》，明确了"办学的目标模式"、"对学生施教工程的总体设计思路"、"培养学生具有迎接21世纪所需要的特殊素质和品格"、"对学生智能结构工程的要求"、"对学生进行为人、立业、处世的教育要点"等十项目标。接着，敢峰先生又亲自设计了《北京力迈学校重构基础教育改革实验纲要》不仅为力迈学校描绘了一幅宏伟辉煌的蓝图，也为中国基础教育打开了一扇别开生面的窗户。

多年来，敢峰先生坚定地高举邓小平"教育要面向现代化，面向世界，面向未来"的旗帜，忠实地践行党和国家的教育方针，大刀阔斧地在北京力迈学校搞教改实验。以敢峰为校长的这一个教育家群体，用理性、智慧和激情全力打造了一所新型学校。力迈的价值，决不仅仅是办了一所好学校，而是对基础教育进行了一次开创性的实验，为我国基础教育改革探索出了全新的路向。

北京力迈学校重构基础教育改革实验，具有其鲜明的个性特征。

其一是根本性。力迈的改革，不是就事论事，不是头疼医头、脚疼医脚，不是修补改良，而是从根本上解决了基础教育的功能问题。敢峰先生遵照"三个面向"的精神，吸收我国传统教育和西方发达国家基础教育之长，以"会当凌绝顶，一览众山小"的气概，高屋建瓴地探索21世纪中国中小学优质教育的最佳模式。在他的带领下，力迈学校实施"新世纪根苗工程"，使学生扎好中华文化的"根"，扎好做人的"根"，扎好基础知识的"根"，长好德、智、体诸方面生动活泼地主动发展的"苗"。北京力迈学校的办学理念、办学目标、办学特色，既不是单纯的升学应试，也不是西方的"自由发展"，而是扎扎实实地为学生的一生发展打好坚实基础，这才是符合党和国家教育方针的真正意义上的基础教育。

其二是先进性。力迈的某些改革实验的成果，不仅在国内，即使是在国际上也是具有领先水平的。比如，他们在"根苗工程"中，首先锁定"培养学生健康发展基因"这个重点目标。教师们从学生的发展基因中，选出对学生一生的发展有决定意义的若干对基因，如："基因1：勤奋—懒惰"，"基因8：专心—浮躁"，等等。长年监测，有意识地通过各种教育、教学、教养活动及时进行培养和矫正。力迈学校大胆提出"素质发展基因"的概念，并在素质教育中运用，这是我国素质教育中最富先进性、最前卫的研究成果。据笔者所知，除了北京力迈学校在教育、教学、教养实践中进行素质发展基因培养和矫正的探索外，海内外尚没有第二所学校进行这种实验。

其三是原创性。力迈学校的教育理念、教育模式，不是从书本上抄来的，也不是从其他学校移花接木得来的，而是敢峰先生和他的教改团队根据自己几十年从教的深切体验，从教改实践中提炼出来的。无论是学制改革的方案，还是开发大脑的七条措施，或是课程整体设置的八大系统，都是敢峰先生他们匠心独运的心血结晶。

敢峰先生在北京力迈学校重构基础教育的改革实验，属于深度创新，对于我国基础教育改革具有重要意义，值得认真总结、研究、推广。

在北京力迈学校十几年的磨砺，进一步丰富、完善了敢峰先生的教育思想体系，即"人生教育导航"的宏观教育论，"教学互动"的现代教学论，"以学生健康成长为本"的新型学生论，"愿天下子女都成才"的教育理想论。

教改实践需要教育家引领，教育家在教改实践中成长、发展。敢峰先生和力迈，给了我们诸多启示。在需要大力提倡教育家办学的新时代，我们要格外注重研究"敢峰现象"，我们要特别倡导学习"敢峰精神"。

敢峰先生具有高度的社会责任感。他从事教育改革实验的根本出发点，是学生的健康成长，是教育的长远发展，是民族的兴盛富强，而没有其他任何功利目的，所以他胸怀博大、气度轩昂。

敢峰先生具有"情有独钟到白头"的事业心。从景山学校开始，近半个世纪以来，由于组织上的安排，敢峰先生的工作几度变动。但不管到哪里，他都心系教改，情系教改，对于教改事业，他是毕生追求、矢志不渝的。

敢峰先生具有非凡的改革勇气。他在力迈学校的教改实验，是在“应试教育”盛行和教育生态遭到严重破坏的社会教育环境下进行的。用他的话说，是“带着镣铐跳舞”，“顶着风唱歌”。但是他无所畏惧，勇敢探索，沿着素质教育的方向，一路高歌唱大风。

敢峰先生具有冷峻的理性和火热的豪情。他是一个思想者：他看传统教育存在的弊端，鞭辟入里；他思考教育改革的问题，入木三分。但他一涉足教改，则豪情万丈。当年在景山学校是“他年教改功成日，北斗摘来当酒瓢”，如今在力迈学校是“誓师天竺夺雄关，莫道奇峰不可攀”！

敢峰先生具有脚踏实地的工作作风。他是深深植根于中国教育改革沃土的教育家。他研究教育不是纸上谈兵，而是以实验学校为载体，扎扎实实地实践，认认真真地总结。无论是在景山学校还是在力迈学校，他都深入教育教学活动第一线，甚至亲自带“差生”班。他与浅尝辄止无缘。

敢峰先生具有“领异标新二月花”的创新精神。锐意进取、刻意创新是敢峰的性格。他出任力迈学校校长时虽已年近古稀，但他发出了“此曲何须天上有，但留创造在人间”的呐喊！不墨守成规，不故步自封，这是一位老教育家难能可贵的品格。

教育事业需要“提倡教育家办学”，时代呼唤教育家不断涌现。

为中国教育家成长呼风唤雨！

祝愿千百个新时代的敢峰脱颖而出！

大学之变·大学之源·大学之魂

——《欧洲中世纪大学》的学术使命

王保星

（华东师范大学）

一、大学之变

大学是一种变革性机构，是在变革中成长发展的文化教育机构。在不断适应社会需要的过程中，变革已经成为并将继续成为大学生存的基本方式和不竭动力。作为人类文明制度设计中最有价值且最具生命力的文化机构之一，大学自中世纪诞生至今，已经历悠悠千载的发展与变革历程。大学从最初偏于世界一隅、囿于高墙之内的“僧侣村庄”，从一个学者（大学教师与学生）的共同体，按照大学内部知识传递与更新的逻辑，在适应外部社会越来越多样、越来越迫切的人才培养与知识服务的需求过程中，已经成长为一个现代化的变化无穷的知识都市，并越来越快地与周围的社会产生互动，实现与社会物质、精神、人才与信息的交换，成长为人类文明的内在部分，核心部分，成长为社会的“轴心机构”，在民族国家的框架内最终确立“大国与大学”的共生关系。

在大学成长的过程中，大学自身不断发生着“羽化成蝉”甚至“凤凰涅槃”般的变化：在秉持学术自由、自治与中立（Academic Freedom, Academic Autonomy, Academic Neutrality）原则、坚持“学者行会”这一中世纪大学立场的基础上，大学对于建筑物、图书馆、实验室以及教育经费提出越来越强烈的诉求。这与中世纪大学表现出显著区别，“中世纪大学几乎没有什么设备，没有实验室；学校的集会只能借助地方教堂举行；教授常在他们自己的住所或租借的会堂里授课……”①；在发挥传统的知识传授的功能之外，大学承担了日益繁重的科学研究和社会服务的任务；在接受传统认识论高等教育哲学观的引导之外，大学越来越注重体现政治论、工具论高等教育哲学理念的价值；在注重为传统入学者提供大学

① 贺国庆等著：《欧洲中世纪大学》，人民教育出版社 2009 年版，第 103 页。

教育的同时，大学还要向成人及其他具有高等教育需求的个人和团体提供服务；在发挥学者参与大学治理（尽管参与的程度有限）的同时，科层管理体制在大学的确立使大学表现出政治化、组织化乃至企业化的治理特征。大学变化与成长的过程，一直伴随着“大学是什么”与“大学不是什么”的争论。日益明确的一点是，尽管在“大学是什么”的问题上达成较为一致的认识尚需时日，但对“大学不是什么”的回答可能更为简明一致：“大学不是行政机关，不是官场，不是企业，不是商场，不是简单的政治工具或经济工具。”①即便在诞生了“威斯康星理念”的美国，20世纪30年代弗莱克斯纳（Abraham Flexner）即开始抱怨美国的大学堕落成中等学校、职业学校、教师培训学校、研究中心和进修机构，堕落成为“公众服务站”。大学又是一种稳定性机构。在认可大学变化的同时，如果我们借鉴法国年鉴派第二代领军人物费尔南·布罗代尔（Fernand Braudel）“长时段”理论，将对大学的考察置于一个更长的历史时段，我们会发现，大学又是一类表现出较强稳定性的机构，表现出顽强的生命力，可以说，“其他事物都变化，但大学大部分持久”。按照前加州大学校长克拉克·克尔（Clark Kerr）的统计，“西方世界在1520年建立的机构中大约有85所仍然存在着，有可以辨认的形式，有类似的功能，有不间断的历史，这其中就包括天主教（教会）……以及70所大学”，“这70所大学仍在原地，有一些原有的建筑物，教授和学生做着大部分原样的事，大多以原样方式进行治理”。②考虑到更为早期的萨莱诺大学、博洛尼亚大学、巴黎大学、牛津大学等中世纪大学（尽管巴黎大学曾遭停办尔后复办的命运）的成长史，那么，大学可谓“生命之树常青”的长寿机构。探索支持着大学坚守自己学术事业的基本理念，即渗透于大学机体、维系大学命脉的大学之魂是什么，梳理大学的历史逻辑，解析维持大学生命活力的大学理念，便成为理解大学生命力的根本要素，成为保证大学在纷扰的世界中独享自身的寂寞与自由（洪堡语），坚守自身的知识立场和学术底线，以一种有尊严的方式和手段参与社会事务的思想保障。

现代社会对于大学提出越来越多样、越来越迫切、越来越艰辛的知识和智力的需求，致使判断未来的大学走向成为一项学术冒险，但思考大学在变革的过程中如何坚守自己的学术尊严、知识立场和核心价值，在继承大学自身历史逻辑，即大学之源的基础上，守持大学之魂，又是一项极具挑战、极富价值的学术事业。

相对于大学未来的不确定性，大学的历史则具有明确的确定性。而且，确定性的大学历史可以帮助我们理解现代大学的特征，可以帮助我们预测未来大学的发展走向。正如美国高等教育专家哈罗德·珀金（Harold J. Perkin）所言：“一个人如果不理解过去不同时代和地点存在过的大学概念，他就不能真正理解现代大学”，“虽然研究高等教育的历史学家手中没有水晶球可作预言，没有魔镜可供占卜，但他在这一领域也能为他人提供有益的东西：如果你想要知道你要去哪儿，它帮助你了解你曾去过哪儿”。③也就是说，对大学之魂的把握需要以了解大学历史为基础，需要以把握大学之源为前提。

在大学之魂与大学之源的理解与把握上，我国知名外国教育史研究专家、河北大学贺国庆教授领衔撰著的《欧洲中世纪大学》，为我们展现了一幅欧洲中世纪大学历史的全景式画卷，告诉我们中世纪时代的大学概念，鲜活地展示出大学之源，生动地诠释了大学之魂，帮助并启迪我们真正理解现代大学，并对大学未来发展趋向做出睿智的测度。

二、大学之源

“大学之源”问题自然涉及对大学起源问题的回答，同时也须厘清处于源头的中世纪大学在结构的层面上如何为现代大学的发展提供组织与机构的元素，如何为现代大学提供基本的结构性框架。《欧洲中世纪大学》开篇从语源学的角度入手，详察大学概念的演变，探讨 studium generale，studium particulare，universitas 之间的区别与联系。作者探究的结果显示，中世纪大学起源时的“行会”性质决定了大学的特殊性：“studium generale

① 杨东平主编：《大学之道》，文汇出版社2003年版，第2页。

② ［美］克拉克·克尔著，高铦等译：《大学之用》，北京大学出版社2008年版，第86页。

③ ［美］伯顿·克拉克主编，王承绪等译：《高等教育新论》，浙江教育出版社1988年版，第49页。

是由教师或学生组成的行会组织，它有高度的司法自治权，有选举其领导人的权利，有独立制定学校法律的权力，有代表学校的统一印玺；还具有从其他地区招收学生的能力，除了讲授自由学科（指‘七艺’）外，还要至少教授法律、神学或医学中的一门高级学科，它有充足的教师能满足不同的教学需要。”①

作为具体的时代产物，欧洲中世纪大学是当时诸多复杂的社会因素综合作用的结果。城市复兴和经济贸易发展为中世纪大学提供了经济基础，十字军东征所促成的12世纪文艺复兴为中世纪大学的诞生提供了知识基础，欧洲社会的需要则为欧洲中世纪大学的横空出世提供了直接的社会动力。②《欧洲中世纪大学》逐一考察了中世纪早期大学的代表——博洛尼亚大学、萨莱诺大学、巴黎大学、牛津大学和剑桥大学的起源史，并引用世界中世纪史研究专家哈斯金斯（Charles H. Haskins）的研究结论，强调“中世纪大学是时代的产物，其精髓和若干特征甚至保留至今”③。

作为现代大学的源头，欧洲中世纪大学还为现代大学的发展提供了制度性与框架性的元素。中世纪大学的组织结构与治理结构、课程与教学体系、教师职业制度、学院制体制和学位制度，无不对现代大学的制度建设产生了深远影响。可以说，中世纪大学与现代大学具有内在的历史延续性，共享一致的大学制度和大学传统。这种关系曾被法国社会学家涂尔干形象地表述为，尽管现代大学的“学术生活已经发生了转型，但依然在中世纪为它挖就的沟渠里流动”④。

在对中世纪大学的类型（以博洛尼亚大学为代表的“学生型大学”和以巴黎大学为代表的“教师型大学”）与结构（管理结构和组织结构）实施细致的探索之后，《欧洲中世纪大学》提出，中世纪大学在管理层面上“所体现出的自治特征和民主精神与全体大会是不可分割的，它在制度和法律层面为大学的独立发展提供了保障和可行的途径”⑤。而作为中世纪大学重要的结构因素，学院（Faculty）组织形式的产生对大学具有重要意义，对保证大学的自治地位、丰富大学的多样性起到了积极作用。

对于中世纪大学学院制对现代大学发展所提供的源头性与奠基性作用，《欧洲中世纪大学》给予了足够的学术重视，详细就中世纪大学学院的诞生、欧洲学院运动、学院教学、生活和建筑以及学院影响等问题条分缕析，令人信服地提出：“学院是中世纪大学最基本的组织形式之一。作为一种被普遍采纳的制度，学院的出现和确立从根本上改变了中世纪大学初期混乱而复杂的结构模式，并对中世纪大学的进一步发展和完善乃至现代大学制度的出现起到了重要的奠基性作用。”⑥

关于中世纪大学学位制度的现代意义，《欧洲中世纪大学》强调：“中世纪大学不但提供了学位制度的称谓，同时关于学位制度的职业定位、所蕴涵的职业资格标准及等级层次的精神，成为现代大学学位制度继承的内在精神。”⑦

关于中世纪大学教师职业制度所呈现的大学教师职业与大学发展的关系，《欧洲中世纪大学》主张：“某种形式的教师任职制度对作为一个机构的大学的健康发展以及对于作为一个职业的大学教师的兴旺都是很必要的。这种认识，不仅适合于中世纪大学，对于现代大学更为适合。”⑧这一认识无疑是对西方语境的“一流学者成就一流大学”的历史性诠释，同时也是对我们所熟悉的“大学者，非谓有大楼之谓也，有大师之谓也”的一种历史注解。

关于欧洲中世纪大学的教学活动的历史影响，《欧洲中世纪大学》也作了深度挖掘，“中世纪大学课堂上的争辩及公共场合的自由辩论不仅提高了才智的敏捷性和思维的准确性，而且发展了一种批判和方法上的怀疑论，西方文化与近代科学在很大程度上正是由此兴起的”⑨。

三、大学之魂

中世纪大学基于满足社会需要而诞生，并在服务于社会需要的过程中成长。在其诞生与成长的过程中，中世纪大学经历了无数次的“大学之变”，每一次变革无不伴随着走向成熟的阵痛。在每次变革中，大学在知识传递与更新的同时，往往不由自主地回望“大学之源”，并勇敢地面对未来更加复杂的成长环境。支撑大学在变革的过程中不断适应越来越繁重、越来越苛刻的社会需要的精神动力源于大学之魂。正是大学之魂决定了

①②③④⑤⑥⑦⑧⑨ 贺国庆等著：《欧洲中世纪大学》，人民教育出版社2009年版，第8、10～14、40、227、73、77、105、128、104页。

大学在变革中坚持自己的知识立场，坚守自己的学术底线，履行自己的社会责任，谨记自己的道德使命。

总体言之，相对于较为固定的大学之源的结构性与制度性属性，大学之魂更多地体现为大学精神层面的因素，即大学理念层面的内容。

关于中世纪大学理念，《欧洲中世纪大学》对其作出一项基础而又重要的界定：一种高度自治的教师或学生行会组织。通过对博洛尼亚大学、萨莱诺大学、巴黎大学、牛津大学和剑桥大学早期发展历史的探索，《欧洲中世纪大学》探索了此类大学所曾经拥有的司法豁免权、自由迁徙权、罢课与罢教权、免交市政税、免服兵役、自行选举校长等权利。此类特权赋予大学高度自治的权利。《欧洲中世纪大学》将这种自治权理解为："大学本身不受外来干涉而具有的自我管理的权限，包括有权处理与外部的关系，监督成员的录用，制订自己的章程等。大学自治来自师生捍卫自身利益和权利的需要，是经过与教会和世俗当局长期斗争的结果。"①《欧洲中世纪大学》援用哈斯金斯的研究结论，认为中世纪大学为现代大学所提供的最直接的大学传统是大学制度，"首先是大学这一名称没有改变，它代表着由教师和学者组成的进行教育生活的社团。中世纪大学这一机构所具有的特征在个人主义盛行的现代世界中仍然是没有什么可以取而代之的"②。

作为中世纪学术发展和知识积累的产物，中世纪大学又是一类致力于知识传播和专业人才培养的教学性机构。尽管现代大学承担了多样化的教育职能，但教学职能仍然是、也应该是大学发挥的一项基本的教育职能。因而，旨在实施普通教育的文科课程和服务于社会职业需要的专业课程成为中世纪大学发挥教学职能的基本体系。《欧洲中世纪大学》援引哈斯金斯的结论，强调欧洲中世纪大学在为现代大学所提供的遗产中，"学习课程"的概念是继"大学制度"之后的又一重要遗产。不仅如此，中世纪大学的教学不仅在当时巩固和加强了正处于婴儿期的大学制度的健康成长，"中世纪大学的教学塑造了欧洲人注重思辨的思维习惯，形成了具有西方特色的学术传统"③。19世纪英国红衣主教纽曼（John Henry Newman）即继承了中世纪大学的教学性，主张大学是教授全面知识的地方，"如果大学的宗旨在于提高科学发现和哲学探索，我就看不出它为何需要学生；如果意在宗教训练，则它又如何能够成为文学和科学的中心呢?"④。

积极参与社会，满足社会需要是中世纪大学秉赋的又一项大学理念。在对中世纪大学办学理念的认识上，《欧洲中世纪大学》破除陈见，认为中世纪大学的成长环境决定了其与社会的紧密联系，明确提出，"大学在中世纪从来就不是与世隔绝的机构，它培养社会所需要的各类人才。从一产生开始，大学就被作为满足社会对职业、牧师和管理等方面的需要的机构"⑤。当然，中世纪大学对社会需要的满足主要是以专业知识服务的方式进行的，这与"为知识而知识"、"知识本身即为目的"的西方认识论高等教育观念存在抵触和矛盾。《欧洲中世纪大学》对这种冲突给予认可，认为大学并不总是职业性或功利性的，并主张"实用和非功利的精神追求仍是现代大学一对难以摆脱的矛盾，大学正是在两者的冲突和平衡中向前发展的"⑥。

作为大学之源，欧洲中世纪大学为现代大学的发展提供了制度性与框架性的历史元素，为理解现代大学概念提供了源头性的诠释；作为大学之魂，欧洲中世纪大学赋予现代大学以基本理念的支持，赋予现代大学在服务于社会需要的同时，彰显自身的学术尊严和知识立场。大学之源赋予现代大学以厚重的历史感，大学之魂则赋予现代大学以理性的责任感。大学之源与大学之魂在大学之变的历史环境中彼此融合，为在日益喧嚣复杂的社会背景下现代大学开辟出一条更为有效的大学改革与发展之路提供历史与现实维度的双重保障，这是《欧洲中世纪大学》的撰写者们为自己确立的学术使命。《欧洲中世纪大学》的出版更是其撰写者"焚膏油以继晷，恒兀兀以穷年"，心无旁骛，潜心向学的结果，其研究结论值得所有关注现代大学成长的人们深思。

---

①②③⑤⑥ 贺国庆等著：《欧洲中世纪大学》，人民教育出版社2009年版，第212、226、104、230、233页。

④［英］约翰·亨利·纽曼著，高师宁等译：《大学的理念》，贵州教育出版社2003年版，第21页。

Vol. 5, No. 2
June, 2010

欧洲中世纪大学遗传下来的十种“基因”

宫敬才
（河北大学）

钱学森先生带着遗憾离开人世。他晚年向生于教育世家、身为一国总理的温家宝同志提出问题：“为什么我们的学校总是培养不出杰出人才?”他没有得到理论上的回答，更没有见到实践中的解决。

中国高等教育的历史源远流长，但大学只有一百余年的历史。反观西方，大学的历史几近千年。一讲到西方的大学我们总是称羡不已，提到美国的哈佛、英国的牛津和法国的巴黎高师，会有不少人视其为“圣殿”。殊不知，上述大学并非始终如此，而是不断探索和改革的结果。例如，经济学中的“圣人”亚当·斯密曾对牛津大学的教学质量抱怨不已；大历史学家吉本无法忍受牛津大学的不当管束，不等毕业便愤而退学。一般我们认为，现代大学肇端于1810年德国柏林大学的创立。柏林大学的立校原则是：学校自治、学术自由、教学与科研相结合。柏林大学凭这三条原则在短时间内脱颖而出，很快独步于西方历史悠久的大学之林，也为德意志民族崛起和赶超英国立下了汗马功劳。这样的办学绩效使西方古老的大学汗颜自责，不得不放下身段，向这个自然年龄上的“小弟弟”学习。据统计，从19世纪初到第一次世界大战爆发，处于“日不落帝国”盛期的英国有数以千计的学生到德国留学，而美国则有近万人到德国留学、访学，其中柏林大学接待了五千人左右。哈佛大学有今天的地位，端赖于办学思路和成就，其办学思路由掌校40年的艾略特确立，而这种思路在很大程度上得益于他任校长前访学德国受到的启发。可以毫不夸张地说，没有美国人虚心向德国人讨教，美国的大学就不会有今天。现在，柏林大学的立校原则成了是否为现代大学的衡量标准，也是现代大学要成功就必须依循的路径。从这一意义上说，这种原则是现代大学的“基因”。

这里需要我们追问的是，作为现代大学“基因”的上述原则从哪里来？是洪堡拍脑门想出来的？亦或是上帝特别垂怜德意志民族和柏林大学而秘启于洪堡？都不是。近读在我国欧洲中世纪大学历史研究领域的第一部专著、贺国庆等撰著、人民教育出版社新近出版的《欧洲中世纪大学》，笔者惊喜地发现，现代大学的诸多“基因”鲜活地存在于欧洲中世纪大学的历史之中，据笔者归纳，这样的“基因”有如下内容。

1. 学校自治。至迟到13世纪，欧洲中世纪的大学便有了自治权。这一权力的来源是教皇、皇帝或国王的特许状或授权书，它们为大学拒排外界干扰和依自己的意愿办学撑起了“保护伞”。自此以后，大学可按发展的需要制定章程，也可凭相对独立的司法权保护自己的教师和学生，还可获得物资供应或税收等方面的好处。总之，此时的大学已不是社会上不管哪一级机关、哪一种社会势力或哪一个人想表示自己的权威性存在就能得逞的地方。此种传统延续至今，这或许是西方大学绵延近千年且不断发展最基本和最重要的“基因”。

2. 学术自由。我们一提到中世纪便会联想到天主教会的专断、腐败和堕落，人们生活于黑暗之中。此时的大学却是另一番景象。为了考察欧洲中世纪大学的学术自由状况，有人“翻阅了巴黎档案馆所有13世纪的文献”，结果发现当时大学的“自由空间很大”，极少数人的“麻烦几乎完全来自于那些被认为是神学异端的东西”。这一事实说明，学术自由始终是西方大学的“命脉”之一，仅有的例外或许是法西斯对德国大学学术自由的践踏和二战后麦卡锡对美国大学学术自由的挑衅。学术自由是大学之所以为大学的标志之一，无学术自由，多么富丽堂皇的所谓大学也只不过是内无灵魂徒具外表的“摆设”。

3. 教学与科研相结合。这一原则发挥作用于西方大学历史的始终。最早的大学——博洛尼亚大学只是靠了罗马法和教会法的教学与研究才成其为大学。没有以科研为前提的教学流于既有知识的传授但了无新意，知识创新的功能发挥不出来；与教学脱节的科研冷落教学，就偏离了钱老所说“培养杰出人才”的正道。

4. 校内民主。这种民主制度主要体现于三个方面，学校领导人的产生、基本制度与重大决策的出台，以及办学绩效的监督，均依靠全体师生的智慧。从运行体制角度看，唯有校内民主制度才是使大学良性运转和不断发展的根本性保障。

5. 教授治校。教授治校是欧洲中世纪大学的固有传统，最早的大学之一巴黎大学为这一传统的确立作出了独特贡献。如果追溯这一传统的缘起时间，便是巴黎大学刚刚产生的12世纪初。这一原则主要体现于如下几个方面：重要动议的提出、学术性事务的决策和主导、学校重大决策的根本性参与和对办学绩效（包括校领导才能、绩效与品行）的监督是教授的“天然”权利。大学不是官府，也非军队或公司，它是学术组织。教授治校是这一组织的根本性特点。

6. 大学人（包括教师、学生、管理者和其他工作人员）靠自身的价值获得地位和尊重。欧洲中世纪的大学身处多种评价体系并存的环境中。官府中位阶高低是官员价值大小的评价标准；贵族靠血统获得自身的价值评价；教会中的人士，以意识形态刚性和在教会中的地位作为评价其价值大小的标准；商人可以通过论斤称两的金银数量来衡量其价值大小。独有大学人以自身价值特别是学问大小获得地位和尊重。具体说，教师的教学和科研成就，学生学习知识的态度和成绩，管理者的管理水平和绩效，是评价其价值大小的标准。现代西方的大学不也是如此吗？

7. 学问的神圣化。西方近代学者培根首倡学问的实用化倾向，自此后这一倾向用花样翻新的借口，不断地搅扰大学对学问的追求过程。但是，欧洲中世纪大学产生时便发挥根本性作用的学问观源自亚里士多德，即出于惊异和好奇的为学问而学问。这种学问观在欧洲中世纪大学甚至到牛顿时代的特殊表现形式是为上帝而学问。牛顿曾坚定地表示，研究物理学和揭示自然规律的目的是证明上帝的伟大。上帝何谓？除是能让人赋予多种含义和情感的概念外，什么也不是。这种学问观貌似无理，实则确认了学问的神圣性。

8. 文化知识的多样性。欧洲中世纪的大学对所接触到的知识，总是认真地学习、研究和吸取，如对阿拉伯世界的数学、医学和天文学等方面知识的态度便是如此。更明显的例子是对语言的态度。除拉丁语作为通用的学术交流语言外，此时的大学还对古希腊语、希伯来语和阿拉伯语有浓厚兴趣且投入大量人力物力地学习和研究。语言是世界的家，了解一种语言便是了解这种语言所表征的世界，实际是这个世界中人们的生活、文化及其历史。不同知识门类大师的云集，恰是好大学的标志之一。这种评价标准说明，文化知识的多样性是西方任何一个时期大学的“基因”。

9. 开放性。欧洲中世纪大学的开放程度比现在高，主要表现于如下几个方面。一是学生和教师的来源没有严格的国家界限，以法学见长的博洛尼亚大学和以神学与哲学著称于世的巴黎大学可作例证。仅有的界限是地理性和民族性的，以阿尔卑斯山为界有山南山北之分，以民族属性为界限组成不同的学生社团，但这些因素不是进入大学学习和任教的障碍。二是有教无类，农民之子、工商业者的后代和贵族家的少爷，都可到大学沾些文气或一试身手。三是宽进严出的政策。大学的入学条件很低，避免了因一考定终身而扼杀青年人才华的弊端；至于以硕士或博士身份走出大学，制定的标准却很严格。这样的办学理念为大学增加了成本和麻烦，但对学生和社会有百利而无一害。

10. 不断改革的精神。大学是社会中的大学，它能影响社会历史变迁但不能左右社会历史变迁。这是对大学的硬性要求，它必须伴随社会历史变迁的脚步不断地与时俱进，与时俱进的首要前提是不断地改革自身。虽然我们没有见到研究西方大学改革史的专著问世，但西方社会近千年翻天覆地的变化中大学始终屹立不倒且不断成长壮大的事实，足以说明西方大学不断改革自身的欲望和绩效。自欧洲中世纪大学产生以来，这样的改革主要表现于如下几个方面：一是自身的管理制度；二是课程体系设置；三是课程内容的教学方式；四是服务社会的方式；五是与政府处理关系的方式。与社会处于互动状态中的大学不断地改革自身是在劫难逃的命运，不如此，自身的生存已成问题，更遑论发展和为社会作出贡献。

在以往的时间里，贺国庆教授不断有真材实料和真才实学的专著或论文问世，如《德国和美国大学发达史》、《近代欧洲对美国教育的影响》和《大学还原》。笔者坚信，《欧洲中世纪大学》也不会令读者失望。

力行而后知之真

晓 展

作为教育部委托的重大课题“改革开放三十周年高校哲学社会科学发展研究”的最终成果，“历史新起点”书系近日出版发行。这套丛书是高等学校哲学社会科学工作者坚持中国特色社会主义理论、全面把握中国经济和社会发展重大理论和现实问题的一次成果检阅。其中由杨泉明教授主编的《中国高等教育改革发展研究》无疑是非常引人注目的一本。

该书结构完整且内容精当，史论结合而观点鲜明，兼具史鉴性、分析性和引导性。从人才培养与教育教学改革、科学研究与社会服务、学科建设与高水平大学建设、队伍建设与人事分配制度改革、管理体制与配套改革、高等教育法治化与现代大学制度建设、对外交流与合作、党建与思想政治工作等八个方面，充分描述和总结了中国高等教育所取得的伟大成就。其中，《导论》提纲挈领地总结了改革开放三十年来中国高等教育的发展巨变，高屋建瓴地分析了建设高等教育强国和人力资源强国的基本路向。研究者对中国高等教育给予了客观准确的基本评价：改革开放三十年来，中国高等教育最鲜明的特点是始终高扬改革开放的伟大旗帜，最显著的成就是实现了高等教育的跨越式发展，最突出的标志是与时俱进和坚持走中国特色高等教育的发展道路。这可以说是对改革开放的社会发展大背景下高等教育“中国经验”的概括。

以改革开放以来中国高等教育三十年的生动实践作为问题域，着力突出以中国高等教育实践引领高等教育发展方向，这可以说是全书的最大特色。该书的研究者长期工作在高等教育管理和研究的第一线，是高等教育改革发展三十年辉煌巨变的亲历者和见证者。该书主编、四川大学党委书记杨泉明教授，曾经长期担任四川师范大学党委书记和校长等职。研究者在凸显高等教育实践导向的前提下，全景式地展现了改革开放以来中国高等教育在人才培养、科学研究、社会服务和文化建设中的改革路径、发展历程和发展成果。

历史的回顾和经验的总结是高等教育发展研究的重要前提和基本手段，而不是高等教育事业发展研究的终极目标和全部内容。在全书《导论》中，研究者明确提出了建设高等教育强国的基本思路：准确把握中国高等教育的历史方位、科学理解中国高等教育的发展目标、努力坚持正确的高等教育发展理念、全面突出中国高等教育的战略重点、切实打造中国高等教育的特色品牌。在第十章《从高等教育大国向高等教育强国迈进》中，基于对中国高等教育历史使命的科学认识，通过中外高等教育发展经验的比较研究，研究者立足国家经济社会发展的全局高度和高等教育发展的战略高度，对加大高等教育的改革创新力度、建设高等教育强国和人力资源强国、办好人民满意的高等教育，提出了富有建设性的对策和建议。

明末清初思想家王夫之曾经说过“力行而后知之真”。作为对中国高等教育历史、现实和未来发展进行实证研究的有益尝试，《中国高等教育改革发展研究》是“力学力行”的“实践真知”，是对中国高等教育实践的鲜活再现，是对中国高等教育发展的理性展望。

《日本学习借鉴外国教育之研究》评介*

单中惠
（华东师范大学）

沈阳师范大学教科院教授关松林博士在多年来对日本教育问题研究的基础上撰写了《日本学习借鉴外国教育之研究：“和魂洋才”的建构与嬗变》一书，由人民教育出版社出版，我作为他攻读博士学位期间的导师为此感到由衷的高兴。

日本教育是一个值得高度重视和需要深入研究的问题。因为在日本社会和经济的发展过程中，日本教育的改革与发展曾经并正在起着重要的作用。尤其是日本不断学习与借鉴外国的教育，并在实现现代化的过程中形成了以追赶欧美发达国家为目标的“追赶型”的现代化教育模式。因此，自明治维新以来，日本教育的发展实质上就是一个“洋”与“和”斗争、融合、统一的过程。

在本书中，关松林博士从比较教育的视角并利用大量第一手资料对中国儒学与古代日本教育、古代印度教育与日本僧侣教育、西方启蒙思想与日本近代教育、美国教育思想与日本现代教育诸方面进行了深入的研究和细致的论述。其中，既论及日本不同时代的教育发展，又论及日本不同时代的教育思想及教育家。通过分析和论述，本书清楚地揭示了日本教育在学习借鉴外国教育过程中所形成的鲜明特点，那就是：日本教育善于吸收外来文化，积极融合东西方文化的精华，有选择地吸收外国教育的长处，逐步形成适合日本国情的教育制度。在某种意义上可以说，日本教育是学习借鉴外国教育的一个样板。

从书中不难发现，全书的框架体系颇为清晰，从中国儒学在日本的传播与发展开始，到“文明开化”的明治维新时期教育改革，再到二战后日本教育的飞跃及国际化，关松林博士都作了精心的构建。由于占有十分翔实的史料，因此，全书的论述分析不仅得当，而且也有相当的深度。

日本教育在学习借鉴外国教育上积累了十分丰富的经验，对世界各国教育的学习交流无疑起到了示范作用。正是在这一点上，本书的出版对于我国教育进一步落实“面向现代化，面向世界，面向未来”是具有启迪意义的。

关松林博士长期从事外国教育史的教学和研究工作，尤其长于日本教育的研究。本书正是他多年来学术研究和教学成果的结晶。希望这本书的出版对推动和深化我国对日本教育的研究、对开辟国际与比较教育研究的新天地起到一定的积极作用。

在本书即将出版之际，我欣然应允作序，以示祝贺。当然，在祝贺关松林博士学术成果出版的同时，我也期盼他在今后的学术道路上能取得更多更好的学术成果，为我国的比较教育和外国教育史学科的发展添砖加瓦。是为序。

* 关松林著：《比较教育文库·日本学习借鉴外国教育之研究——“和魂洋才”的建构与嬗变》，人民教育出版社2010年版。

教育科研机构

浙江师范大学

浙江师范大学本部位于国家历史文化名城金华市，地处浙江中部，北依沪杭，南联闽粤，交通便捷。学校占地面积3 300余亩，建筑面积100余万平方米。校园环境清幽，绿树成荫，芳菲似锦，与国家级风景名胜双龙洞交相辉映、相得益彰，是求知成才的理想之地。

浙江师范大学前身为杭州师范专科学校，创建于1956年。1958年升格为杭州师范学院。1962年，杭州师范学院与浙江教育学院、浙江体育学院合并，更名为浙江师范学院。1965年，浙江师范学院从杭州搬迁至金华现校址。1980年被列为省属重点高校。1985年更名为浙江师范大学。2000年、2001年、2004年浙江财政学校、浙江幼儿师范学校和金华铁路司机学校相继并入。

浙江师范大学是一所以教师教育为主的多科性省属重点大学，现有初阳学院、经济与管理学院、法政学院、教师教育学院、杭州幼儿师范学院、体育与健康科学学院、人文学院、外国语学院、音乐学院、美术学院、文化创意与传播学院、数理与信息工程学院、化学与生命科学学院、地理与环境科学学院、工学院、职业技术教育学院、国际文化与教育学院、行知学院（独立学院）等18个学院61个专业，全日制本专科在校生25 480余人，研究生（含专业学位研究生）4 300余人，各类成人高等学历教育学生15 000余人。在职教职员工2 640余人，专任教师1 460余人，具有正高职称教师300余人，副高职称教师680余人，具有博士学位教师470余人，其中中国科学院院士1名、共享中国科学院院士4名、中国工程院院士1名，国家“千人计划”入选者1人，长江学者特聘教授2人，国家突出贡献专家1人，享受国务院特殊津贴26人，“国家新世纪百千万人才工程”入选者2人，教育部“新世纪优秀人才支持计划”入选者4人，教育部高校教学指导委员会成员4人；省特级专家1人，省有突出贡献专家2人，省“百人计划”入选者1人，省“钱江高级人才”特聘教授5人，省“新世纪151人才工程”第一、二层次入选者38人，省高校中青年学科带头人53人。学校为首批国家级语言文字规范化示范校之一，并拥有教育部确定的全国重点建设职教师资培训基地、铁道部确定的铁路机车司机培训基地、浙江省高校师资培训中心、浙江省幼儿师资培训中心、浙江省幼儿园园长培训中心等人才培养培训基地。

浙江师范大学现有1个教育部创新团队，3个省重中之重学科，3个省高校人文社会科学重点研究基地，1个省级社会科学重点研究基地，1个省级非物质文化遗产研究基地，1个国家体育总局体育文化研究基地，16个省级重点学科；4个国家级特色专业建设点，8个省级重点专业，12个省级重点建设专业，1个国家级教学团队，2门国家级精品课程，1门国家级双语教学示范课程，曾获4项国家级教学成果奖。2009年，学校成为博士学位授权立项建设单位，现有5个一级学科、63个二级学科硕士点、6个专业学位硕士点，并是中职教师在职攻读硕士学位研究生培养单位。学校教学基础设施先进、功能齐全，图书馆、资料室现有纸质图书300余万册、电子图书185万余种；拥有实验室48个，其中省部共建教育部重点实验室1个，国家级实验教学示范中心2个，省级重点实验室、省级实验教学示范中心5个。实验室总面积12万余平方米，教学、科研仪器设备总值达2.8亿元。

浙江师范大学坚持开放办学，先后与美国、英国等40余个国家的100余所高等院校或教育机构建立了合作和交流关系。1996年学校在喀麦隆建立汉语培训中心；1997年取得招收长、短期来华留学生资格；2004年获教育部“教育援外基地”资格，长期承担我国教育援非高层培训工作；2004年经教育部、公安部和国家工商行政管理局批准成立“出国留学服务中心”，为广大师生自费出国留学提供相关服务；2006年，经教育部批准，获中国政府奖学金来华留学生招生资格；2007年，学校先后在乌克兰、喀麦隆建立了孔子学院。

充满生机和活力的浙江师范大学将秉承“砺学砺行、维实维新”的校训，朝着把学校建设成为综合性、高水平、特色鲜明的教学研究型大学的目标阔步迈进。

孙起孟——钟情于教育的好园丁

孙起孟（1911—2010），中国著名的教育家和社会活动家，中国民主建国会和全国工商联的卓越领导人，第七、八届全国人民代表大会常务委员会副委员长，中国民主建国会第七、八届中央委员会名誉主席，中华职业教育社理事长。他为民建的创建和发展作出了卓越的贡献。

一、成长得益于恩师

具有悠久历史的江苏省新苏师范学校，其前身是苏州女子师范学校。1991 年 4 月，孙起孟来新苏师范视察，重新回到了他自己生活征途的第一站，看到这所学校在当年的旧址上已经发生了巨变，感慨系之。他深情地说："你们这所学校是我在三十年代工作、学习过几年的一所学校。在与当时同学共同学习和共同生活中，我获得了对我一生有益的启迪和长进，所以我一直对你们怀着深挚的感情。"

孙起孟中学时就读于离家不远的苏州东吴大学第一附属中学。虽然附中是美国基督教会办的一所学校，但这所学校有着一批富有爱国主义情感和强烈反帝意识、始终坚持中华民族节操的优秀教师。在这批优秀教师中，有一位姜尚愚先生曾经给孙起孟留下了终身难忘的美好回忆。姜先生常年穿一件竹布长衫，总是那么整洁挺括。他学的专业是数学，不知为什么没有教数学，而是教国文。姜先生上国文课，能非常熟练、非常巧妙地把语文教学和思想教育结合在一起，使学生在听他讲解教材的过程中不知不觉地增进了爱我中华的思想感情，同时也逐渐懂得了反对帝国主义的道理。姜先生遇事认真，一丝不苟。他上课总是在铃响之前就到教室，不论严寒酷暑，不论刮风下雨，几年如一日，从不迟到。他批改全班同学的作业，规定哪天发，准在这天发到同学的手里，而且对每个人的每篇作业看得都非常细致。他的笔致是那么挺秀工整，正如他的形象。孙启孟曾说："我受教于姜老师在半个多世纪之前，但至今不敢怠惰，处理事情也还比较注意时效；追溯根由，这是姜老师给我的终生受用的教益。"

二、自荐走上教师路

中学毕业后，孙起孟升入东吴大学，侧重于学哲学。当时"毕业即失业"是社会的痼疾顽症。他学的专业更增加了就业的困难。毕业前夕，正在他到处求业之际，知道东吴大学一位教授不想再在她已经应聘的苏女师兼课，孙起孟也顾不得苏女师开设的那些学科自己教得了教不了，就托这位教授举荐自己先去带课，那时他还不到 20 岁。1930 年大学毕业后，孙起孟才正式受聘继续在苏女师执教。

为了谋生，从没有经过师范专业培训的孙起孟初登教坛，对教育事业还不可能有什么深刻的认识。但当他任教之后，就以前辈教师为楷模，全身心地投入到为中华振兴培养人才的教育事业中。他回忆步入教师生涯的情况时说："记得我到苏女师最早教的学科如中国文化史、文字学、西洋文化史等，都是我在大学里从来没有学过的。然而，我没有知难而退（何况无路可退），把全部心思精力投入到备课中去，有时是没日没夜地苦读原著，查考资料，虽说是'现学现卖'，毕竟是尽我最大的可能备好课的。"

孙起孟说："我在苏州女子师范学校教的时间最长的是国文，我在大学里学的主科是哲学（美国的实用主义哲学）。我没有学过教育科学，更谈不到有什么教学经验。但是我有一颗炽热的心，一颗把学生教好的心。我也曾寻思过，我当教师的条件可以说是很差，为什么得到学生们那么大的信任和支持呢？想来想去，我想出了一条，这就是：全心全意地扑在为学生服务的工作上。回想当时的心情，几乎很少考虑这考虑那，想的全是学生需要什么，我便努力去做什么。"

朱光熙同志（北京师范大学离休干部）是孙起孟当年的学生。她在谈到半个多世纪前接受孙老师教育的突出感受时说："孙起孟是教书育人的好老师。在女师三年，孙老师在课上课下潜移默化地使我们懂得了做什么样的人，怎么做人。他无论课上教学、课下辅导，都严谨不苟。讲课干净利落，既无说教也无废话，提问恰当，学生只感到课时太短，从无厌倦之感。尤为难得的是我们的各种课余活动，孙老师总是积极参与，态度认真，既严肃又和蔼，既是老师，又像兄长，半个世纪过去了，学生们仍念念不忘。”

当年的学生、曾任全国妇联副主席的罗琼和宋庆龄基金会副主席的吴全衡介绍说，孙老师除课堂教学外，还要求学生在课外多读书报杂志。罗琼、吴全衡在1985年第一个教师节写信给孙起孟说：“每当我们回忆征途，您五十多年前的教诲，仍然萦回在我们的脑际，是您把我们从死读书、读死书的圈子引向救国救民、追求革命真理的光明道路。”

三、发散思维灵活教学

教师的劳动是创造性的劳动。孙起孟从不拘泥于旧的教学模式，在教学方法上很有其独到之处。他采用灵活多样、富有实效的教学方法，在教学的整个过程中，始终以学生为主体，以教师为指导。孙起孟说：“所谓教学质量，我理解，应当是学生主体作用和教师主导作用的充分发挥和恰当结合。”据罗琼、吴全衡回忆，当年孙老师给她们上课时，无论讲哲学、逻辑学，还是讲西洋文化史，总是深入浅出、循循善诱，启发她们开动脑筋，鼓励她们独立思考。

再如教国文，孙起孟当时推行这样一种办法，鼓励、帮助学生每人各编一本词典，而且根据应用的需要，还各自编集同义词和反义词等分册。在评审学生国文学科的成绩时，学生自编词典的质量被作为评定成绩的重要依据之一。批改作文一直是令语文教师伤脑筋的事。孙起孟批改作文，不是采用学生作文、教师批改的传统方法，而是同学生一道研究制定一套大家同意的批改符号，由老师先阅读学生的文章，就文中有问题需要修改处打上不同的符号，要求学生自己研究，加以修改或补充。有时也在文末提出一些关于主题思想等方面的问题或意见，跟学生共同探讨。学生考虑修改后再交给教师。对第二次收上来的作文，孙老师看情况作些必要的补充和修润，有时也再打上批改符号再次发还学生，请她们再作处理，直至老师和学生共同定稿为止。这种批改法，可以实实在在地提高学生的写作能力和思想水平，但对教师来说是要花费更多的时间和精力的。

孙起孟执教，重视学生能力的培养，并积极为学生创造锻炼能力的机会，为学生提供可以施展才能的场所。

素有天堂美誉的苏州，在解放前其实仅是富人的天堂。女师所在的新桥巷邻近苏州有名的贫民区，那里住着靠苦力为生的“下等人”，或者苏北逃荒来的灾民。他们的孩子，小的任其满地爬，稍懂点事有一点劳动能力的就得和大人一样去承担生活的重负，根本不可能有受教育的机会。孙起孟和苏女师的进步教师在陶行知教育思想和办学主张的启示下，带领师范的“小先生”（师范生）把附近无力入校读书的孩子组织起来，开办平民学校，由“小先生”轮流给孩子们上课，这一做法给师范生提供了实践教学的场所，又使贫民苦力的子弟有了学习文化的机会。由于为社会办了好事，学校与周围老住户的关系一直很好。

孙起孟执教还十分注意拓宽学生的知识面，从掌握知识的能力上提高学生的素质。他除了必修课外，还给学生安排选修课。1932年，他为学生开设了《论理学》（《逻辑学》旧称）课。在他制订的教学大纲中写道：“所以设此选科者，因为学生不论研究何种学问，正确思考之法则实有详悉之必要。由于论理学之训练，学生或可望在消极方面矫正思辨上不良之习惯，在积极方面增加治学之效能。”

孙起孟在苏州女子师范任教期间，担任的科目是多样的。有中西方文化史、论理学、国学概论、历史、国文等。他治学态度极为严谨，对哲学、中西方文化史、文艺理论等学科都进行过认真的思考和探索。在1933年5月的苏女师《校刊》，曾登载了一篇孙起孟为自己编著的《哲学概论》写的《自序》。他针对当时某些所谓名家宣称哲学早就可以“寿终正寝”，社会上出现正视哲学的人愈来愈少的倾向，阐述了学习哲学的深远意义。他说：“吾并不想为哲学怎样地捧场，但哲学能激起人的智慧之火，这是不可忽视的。”他又说：“吾以为智慧之真正活水源头只是怀疑而非他。只有在怀疑之火燃烧的时候，人才寻思分辨。要是人家所讲的尽已探得宇宙之秘，则吾们除做白痴外，实无一事可为。”作此文时，孙起孟还只是一位二十余岁的青年，文章的字里行间，既有对学术问题的探讨，也不乏对旧观念、旧传统的针砭。

四、“不是亲人胜似亲人”

“九·一八”事变后，面对日本侵略者的暴行，全国同胞同仇敌忾，美丽平静的苏州也沸腾起来。苏女师向以历史悠久、学风“驯良”闻名于江苏教育界。学生虽被闭锁在高墙深院里，每两周才能出校门一次，但此时她们也按捺不住了。在孙起孟和其他进步、爱国的教师指引下，学生鼓起勇气，冲出校门，手拿小旗，身背竹筒，走向街头，向群众宣传抗日救国的道理，向群众募款支援东北抗日义勇军。在校内，有40多名热血女学生自动组成了“救国团”，每天晨光朦胧的时候在操场上进行军事训练，学习救护，准备杀敌的本领。在当时的历史条件下，这40多名学生的行为是被视为“危险的行为”的。可是，孙起孟天天早晨冒着刺骨的寒风，和学生们一起走向操场，以自己的实际行动支持学生，鼓励学生。

后来，苏女师的好多位学生走上了革命道路，有的去了延安，有的参加了八路军、新四军。当这些青年遭到国民党反动派迫害时，不论她们在校还是离校以后，孙起孟都在力所能及的范围内对她们予以保护；当她们行将失业的时候，孙起孟总是想方设法为她们介绍职业，帮助她们参加革命队伍。正像受到过孙老保护的学生们所说的那样："在我们成长的过程中，处处凝聚着孙老师的心血。"

用"不是亲人胜似亲人"来表述孙起孟和学生们的关系，并不过分。他对学生的学习指导，除掉课堂教学和集体讨论以外，还着重采取个别交谈的形式，深入了解各个学生学习中以及与学习有关的种种问题，进行学习方面和思想方面的个别辅导。谈心的机会多了，对各个学生情况的了解也就比较具体和全面，同时学生们也增进了对他的了解和信任。晨操、旅游、运动、演说、竞赛、文娱活动、学生运动等，他都和学生一起参加，成为她们中间的一员。假期来临，有些学生留校温习功课或者准备升学，他照样给她们帮助、辅导。他还利用休假的时间到学生家里进行访问或者应邀作客，深入了解情况，千方百计地把学生家庭的积极因素调动、组织到学校的工作中来。后来他在上海创办比乐中学的时候，仍坚持这种主张并且付诸实践。

人们往往把教师比作蜡烛，照亮别人毁灭了自己。孙起孟多年教师生涯的感受却并不如此。学生在半个多世纪以后，还念念不忘他的教诲。然而，孙起孟却把这珍贵的教育成果和贡献视为"教学相长"的产物。他在一篇文章中说："我认定学生是教学中的主体，我是她们忠诚的引航员，逐渐确立了一切为了学生，一切依靠学生的指导思想。我和学生的年龄相差无几，远不如当时其他一些老师那样年高德劭。学生后来告诉我，她们是经过周密的考查才对我这个新教师寄以信任的。群众的信任、青年的向往，是一种难以估计的巨大力量。依靠它、组织它、运用它、发展它，什么困难都能克服。这是我这样一个从未经过专业培训又无实际经验的教师能够逐步做好教学工作的取之不竭的力量源泉。"

在孙起孟的经历中，像在苏州女子师范学校那样全身心地直接从事为青年一代服务的教育工作，为时是短暂的，即使这样，他仍不愧为一位优秀的、称职的好园丁。因为革命事业的需要，孙起孟没能再返回教育园地进行耕耘，但他对教育事业的热爱和关注，与半个多世纪前一样，依然是那么深挚和执着。他多次反复地这样说过："如果给我以择业的机会，我提出的第一志愿是当教师。此志不渝，终身以之。"

孙起孟同志一生追求真理，热爱祖国，心系人民。早在青年时期任教师范学校时，他就积极宣传进步思想，团结青年学生与国民党的反动教育政策进行斗争。"九·一八"事变后，他因参加爱国进步活动受到国民党当局的迫害，被迫离职，辗转贵阳、重庆从事爱国民主运动。1939 年夏，他向周恩来同志提出加入中国共产党的要求，周恩来同志鼓励他服从革命需要，并以党外布尔什维克相勉。此后，他通过多种渠道，积极投身抗日救亡和争取和平民主、反对独裁内战的斗争。1942 年至 1946 年，在昆明中华职业教育社任职期间，他不顾自身安危，帮助了不少共产党员，并掩护共产党的地下电台，为革命作出了积极贡献。在长期的民主斗争实践中，他更坚定了跟共产党走的信念，更自觉地为实现党的主张而奋斗。1948 年，他积极响应中国共产党"五一口号"，代表民建赴东北解放区。新中国成立前夕，他起草了民建反驳美国中美关系白皮书的声明，阐明了中国民族资产阶级接受中国共产党领导、走新民主主义道路的历史必然性，得到毛泽东同志的高度赞誉。新中国的成立，为他报效祖国开辟了广阔的天地。1950 年 1 月，他光荣加入中国共产党，实现了自己的夙愿。他以强烈的爱国热忱努力工作，积极投身新中国的建设，为社会主义现代化事业和中华民族伟大复兴贡献了全部精力和智慧。即使在"文化大革命"期间身处逆境、受到监禁，他仍对坚持中国共产党的领导、走社会主义道路矢志不渝。1998 年从领导岗位上退下来以后，他仍然热切关注国家建设和人民生活，拥护中共中央提出的一系列治国理政的新思想、新举措。他始终把自己的命运与国家、民族的命运紧密联系在一起，殚精竭虑，竭诚奋斗，在共同的事业中与毛泽东、邓小平、江泽民、胡锦涛等中共中央领导人结下了深厚友谊。

综上所述，孙起孟同志是著名的教育家。青年时期，他就抱着教育救国的理想和信念，进入师范学校任教，开始了教书育人的生涯。他是我国职业教育的主要倡导者和实践者，在昆明中华职业教育社、重庆中华职业教育社四川办事处工作期间，积极探索我国职业教育的发展道路。他长期担任中华职业教育社领导职务，认真研究我国职业教育的发展方向，主动配合政府有关部门制定加快发展职业教育的方针政策。在近半个世纪的职业教育生涯中，他为推动和发展我国的职业教育事业呕心沥血，作出突出贡献。特别是 1995 年，他从中华职业教育社自身特点出发，倡导并实施温暖工程，把扶助弱势群体、促进劳动力就业作为基本任务，坚持"为国分忧、为民效力，急人所急、雪中送炭，灯亮一盏、光洒成片"的指导思想，大力开展职业培训及捐资助学活动，取得显著成效，赢得社会各界广泛赞誉。

学术动态

2010年国家社科基金年度项目评审工作会议在京召开

2010年5月16日，国家社科基金年度项目评审工作会议在京召开。中共中央政治局委员、中央书记处书记、中宣部部长、全国哲学社会科学规划领导小组组长刘云山出席会议并讲话。他强调：哲学社会科学战线要认真贯彻党的十七大和十七届三中、四中全会精神，以邓小平理论和“三个代表”重要思想为指导，深入贯彻落实科学发展观，坚持解放思想、实事求是、与时俱进，积极推动理论创新，不断拓展研究领域、研究内容、研究方法，多出精品、多出人才，为建设中国特色社会主义事业贡献新的智慧和力量。

刘云山说，近年来，哲学社会科学战线认真贯彻中央要求，坚持高举旗帜、围绕大局、服务人民、改革创新，积极推动哲学社会科学繁荣发展，取得了丰硕成果和显著成效，为巩固马克思主义指导地位、打牢全党全国人民团结奋斗的共同思想基础做出重要贡献，为提高全民族思想道德素质和科学文化素质、促进人的全面发展做出重要贡献，为促进改革发展稳定、全面推进小康社会建设做出重要贡献。

刘云山强调，哲学社会科学战线要充分认识世情国情党情的深刻变化提出的新要求，进一步加强对关系党和国家事业发展全局的重大理论和现实问题研究，不断为改革建设实践提供有力的理论支撑。要继续深化中国特色社会主义理论体系的研究阐释，大力推进马克思主义中国化、时代化、大众化；深化科学发展观的研究阐释，积极推动科学发展观的学习实践；深化中国发展道路的研究阐释，充分展示中国特色社会主义的制度优势；深化加快经济发展方式转变的研究，促进经济社会又好又快发展；深化经济社会发展前瞻性战略性问题研究，为“十二五”规划制定实施提供支持；深化社会主义核心价值体系研究，凝聚全民族团结奋进的精神力量；深化提高党的建设科学化水平研究，更好地服务党的执政能力建设和先进性建设；深化基础理论研究，构建具有中国特色的哲学社会科学学科体系和教材体系。要不断提高国家社科基金管理工作水平，注重政治方向，注重改进创新，注重战略谋划，发挥好国家社科基金项目的导向性、示范性作用。

2010年度国家社科基金23个学科共收到27 000多项申报课题。经过通讯初评，有4 600多项课题入围本次会议评审。会议将按照公平、公正的要求，评审出2 300个左右拟立项目。

全国政协副主席、中国社会科学院院长、全国哲学社会科学规划领导小组副组长陈奎元主持会议。全国哲学社会科学规划领导小组成员和评审专家共280多人出席会议。全国教育科学规划领导小组办公室常务副主任曾天山、副主任刘贵华出席会议。

全国教育科学“十一五”规划2010年度课题评审会在京召开

2010年5月6～8日，全国教育科学“十一五”规划2010年度课题评审会在京召开。会议由全国教育科学规划领导小组成员兼办公室主任袁振国主持，全国哲学社会科学规划办公室主任佘志远出席大会并作重要讲话。来自京内外的102位评审专家参加了本次评审工作。

本年度课题申报数近 7 000 项，申报数量和质量明显提高，结构趋于合理，经费投入大幅增加。评审结果报全国教育科学规划领导小组终审后已在全国教育科学规划领导小组办公室工作网站公布。

第十一届全国大学生心理健康教育与心理咨询学术交流会召开

2010 年 5 月 28 ~30 日，以“高校心理健康教育与咨询 20 年：回顾与展望”为主题的第十一届全国大学生心理健康教育与心理咨询学术交流会在北京师范大学举行。

北京师范大学党委书记刘川生在致辞中代表学校，对奋斗在心理健康教育战线上的工作者们表示感谢。她指出，2010 年是中国心理卫生协会大学生心理咨询专业委员会成立 20 周年，是北京师范大学“5・25”大学生心理健康节设立 10 周年。加强大学生心理健康教育，是高等教育深化改革推进通识教育的重要内容，是适应社会进步促进大学生健康成长的迫切需要，是应对变革时代挑战培养创新人才的重要途径。北京师范大学的心理健康教育工作走在全国高校的前列。学校心理学科全国排名第一，拥有中国唯一的心理学一级国家重点学科。依托雄厚的心理学科力量，北师大不断加强和改进大学生心理健康教育工作，创立了较为科学的心理健康教育学科体系，形成了较为健全的咨询服务体系和危机预防与干预体系，为全国培养了大量的心理工作者，有力地推动了高校心理健康教育工作的蓬勃开展。她希望此次大会的举办，能够进一步促进科学、有效的心理健康危机干预工作模式不断完善，进一步推进心理健康教育的国际交流与合作，进一步提升心理健康教育水平，从而创新人才培养模式，培育更多的高素质创新拔尖人才。

中国心理卫生协会大学心理咨询专业委员会主任委员、北京航空航天大学副校长王建中做了专委会工作报告。林崇德、松原达哉、罗博特・波特诺伊、张德聪、梁湘明等十位业界国内外知名专家作了大会主题报告。与会人员围绕当前高校心理健康教育工作的组织与管理、高校心理咨询的理论和技术、高校心理健康教育的理论研究、高校心理健康教育的实证研究等课题进行了分组研讨。会议还以“专家工作坊”的形式，就心理咨询中热点的技术和方法进行了交流。

本届学术交流会的召开，进一步明确了今后一段时期内我国大学生心理健康教育的总体要求，指明了前进方向，为中国心理卫生协会大学生心理咨询专业委员会和各高校心理咨询中心的发展提供了理论指导和方法。

2008 ~2009 年度教育部优秀教育新闻颁奖式暨《对话教育热点 2009》新书首发式隆重举行

2010 年 2 月 8 日下午，2008 ~2009 年度教育部优秀教育新闻颁奖式暨《对话教育热点 2009》新书首发式在京隆重举行。教育部党组书记、部长袁贵仁向特别奖获得者和优秀奖获奖代表颁奖并讲话。新华社副社长鲁炜、中宣部新闻局副局长刘汉俊出席会议。教育部党组成员、部长助理吴德刚主持颁奖会。评选委员会主任、中国社会科学院新闻与传播研究所所长尹韵公介绍了本次评选活动情况。此次评选活动共收到参评作品539件，共评出特别奖8个，优秀奖176个。颁奖式上，中央教育科学研究所所长袁振国对《对话教育热点2009》一书的编辑出版情况进行了介绍。教育部有关部门负责人、在京媒体的获奖代表以及其他相关人员出席了会议。

袁贵仁部长指出，当前，我国教育改革发展正处于关键时期，人民群众对教育的关注度与期望值空前提高。与此同时，新闻舆论传播方式和媒体格局正在发生深刻变化，舆论的影响力日益凸显。教育新闻宣传是教育工作的重要组成部分，在新的一年里，教育部将进一步加强和改进新闻宣传工作，不断创新工作的体制机制和方式方法，力求更及时地发布新闻，更深入地解读政策，更主动地回应百姓关切。在谈到《对话教育热点2009》时，他指出，教育部新闻办与中央教科所联合推出了《对话教育热点2009》一书，这是加强教育宣传的一次尝试。书中涉及的都是当前的教育热点问题，一方面是回应群众关切，同时更是要求我们继续改进、做好工作，逐步破解这些问题。

袁振国所长就为什么写《对话教育热点2009》以及怎样撰写该书的情况进行了介绍。他说，关于"为什么要写这本书"，如果用一句话来概括的话，就是回应民声，释疑解惑。教育关乎国计民生，涉及千家万户。对于一个国家来说，国家的发展，民族的强盛，关键在人才，根本靠教育。对一个人来说，教育决定一个人发展的程度和生活质量。随着社会发展水平和人民生活水平的不断提高，教育的作用越来越突现，人民群众对教育自然也就越来越重视、越关心。人民群众对教育的关注度越高，对教育的选择要求越高，对教育的疑问也就越多。这是社会文明水平提高的表现，对教育部门来说，则是新的挑战。响应这种挑战，积极回应社会对教育的疑问、批评和期待，不仅有利于提高我们的认识水平，而且有利于提高我们的思想境界和改进我们的工作作风。

胡锦涛总书记在全党深入学习实践科学发展观活动动员大会上的讲话中指出："必须紧紧依靠人民群众，做到谋划发展思路向人民群众问计，查找发展中的问题听人民群众意见，改进发展措施向人民群众请教，落实发展任务靠人民群众努力，衡量发展成效由人民群众评判。"编写《对话教育热点》系列读本，就是为了回应人民群众的关切，释疑解惑；阐明教育问题的复杂原因，增进人民群众对教育工作的理解和支持；从人民群众的问题中获得工作的方向和动力，推动教育事业科学发展。我们相信：人民群众对教育的关切是教育发展的强大动力，虚心听取和真诚回应人民群众的意见和疑问，会让教育的未来之路越走越宽广。这就是我们编写这本书的出发点。

关于"希望写成怎样一本书"，如果也用一句话来概括的话就是，来自群众，走进群众。结合制定《国家中长期教育改革和发展规划纲要（2010～2020年）》的调研工作，我们通过网络报刊等媒介，通过各种形式的座谈会，一共征集到210多万条关于教育改革和发展的意见和建议。在此基础上，我们梳理出有代表性的100多个热点问题。2009年首选了百姓特别关注的18个热点问题。这些问题涉及学前教育、基础教育、职业教育、高等教育、国际教育等多个教育层次和教育类型。这些问题不仅是热点问题，而且都是时间较长、因素复杂的问题，怎样回答这些问题，我们采取了对话的态度，就是平等的交流，真实回答，真诚回应，真心反馈。

一是真实回答。教育关系到每一个家庭、每一个人的日常生活。几乎所有的人对教育都有自己的看法、想法，都可以对教育问题发表自己的意见。面对千言万语，我们不回避矛盾，有针对性地就问题谈问题，努力做到既尊重事实又积极引导。

二是真诚回应。读本以真实典型的事例开始，客观分析问题的表现和原因，呈现各级政府和教育部门以及广大校长、教师的艰苦努力及其取得的客观进展，准确阐明已有的和将要实施的政策和措施，努力做到既鼓舞人心又实事求是。

三是真心回馈。尊重百姓的知情权，增强教育工作的透明度，更重要的，也是通过回答问题，促进政府部门的工作与人民群众的希望相对接，以回馈人民群众对教育工作的信任与期盼，切实改进我们的工作。

同时，本书力图用身边的事例说明深刻的道理，用真实的数据展现变革的历程，用解决问题的思路增强人民群众的信心。为了达到较好的效果，作者也力图深入浅出，编辑力图图文并茂，希望它成为人民群众喜闻乐见的读物。